# 卓越法治人才暨公证人才
# 教育培养改革研究

ZHUOYUE FAZHI RENCAI JI GONGZHENG RENCAI
JIAOYU PEIYANG GAIGE YANJIU

主　　编 ⊙ 唐稷尧　向海平
执行主编 ⊙ 陈　山　曾　巍

四川大学出版社

项目策划：李勇军
责任编辑：李勇军
责任校对：曾 鑫
封面设计：何东琳
责任印制：王 炜

**图书在版编目（CIP）数据**

卓越法治人才暨公证人才教育培养改革研究 / 唐稷尧，向海平主编. — 成都：四川大学出版社，2020.10
ISBN 978-7-5690-3892-7

Ⅰ.①卓… Ⅱ.①唐… ②向… Ⅲ.①法学教育－人才培养－研究－中国 Ⅳ.① C964.2

中国版本图书馆 CIP 数据核字（2020）第 190002 号

| | |
|---|---|
| 书名 | 卓越法治人才暨公证人才教育培养改革研究 |
| 主　编 | 唐稷尧　向海平 |
| 执行主编 | 陈山　曾巍 |
| 出　版 | 四川大学出版社 |
| 地　址 | 成都市一环路南一段 24 号（610065） |
| 发　行 | 四川大学出版社 |
| 书　号 | ISBN 978-7-5690-3892-7 |
| 印前制作 | 四川胜翔数码印务设计有限公司 |
| 印　刷 | 郫县犀浦印刷厂 |
| 成品尺寸 | 170mm×240mm |
| 印　张 | 17 |
| 字　数 | 323 千字 |
| 版　次 | 2020 年 12 月第 1 版 |
| 印　次 | 2020 年 12 月第 1 次印刷 |
| 定　价 | 68.00 元 |

■ 版权所有 ◆ 侵权必究

扫码加入读者圈

◆ 读者邮购本书，请与本社发行科联系。
　电话：(028)85408408/(028)85401670/
　(028)86408023　邮政编码：610065
◆ 本社图书如有印装质量问题，请寄回出版社调换。
◆ 网址：http://press.scu.edu.cn

四川大学出版社
微信公众号

# 目 录

## 人才培养改革

论"课程思政"在当代中国法学教育中的实现路径 …………… ( 3 )
普通地方高校卓越法治人才"创新创业教育"改革探索 ………… ( 10 )
新时代卓越法治人才培养模式的改革与创新 …………………… ( 25 )
卓越法治人才培养协同育人工作之反思 ………………………… ( 33 )
人工智能时代的法科教育变革 …………………………………… ( 46 )
"课程思政"下法理学对法律人"法魂"的培植 ………………… ( 56 )

## 深化课程改革

混合教学模式下的中国法制史教学改革路径分析 ……………… ( 65 )
"互联网＋"时代：宪法学课程改革的前瞻探索 ………………… ( 74 )
国际私法在线开放课程的建设、应用与意义 …………………… ( 83 )
民事诉讼法学从"静态"到"动态"教学体系改革探索 ………… ( 93 )
民法总论教学质量提升的对策探讨 ……………………………… (104)
关于做好"国际法"课程教学应注重的几个问题 ……………… (115)
议知识产权法教学中档案意识的培养 …………………………… (124)
知识产权法混合式教学探略 ……………………………………… (130)
论品格形成、知识传授和能力培养三者关系与法学人才培养模式的创新与
　转型 ……………………………………………………………… (141)

## 实务课程创新

法科生民事诉讼举证、质证训练课程研究 ………………………………（153）
法学专业特色课程之"民事诉讼实务模拟"面临的挑战与创新 ……（165）
民事非诉讼实务课程的创建与探索 ………………………………………（173）
刑事司法实务模拟课自主性学习的逻辑与经验 …………………………（180）
法学本科刑法学实务教学新探索 …………………………………………（189）
法学本科民事非诉讼法律实务能力培养模式探索 ………………………（196）
在线直播课程"翻转"探究 ………………………………………………（207）
论本科法学实践教学的现状与改革 ………………………………………（220）

## 公证人才培养

论公证法治人才培养 ………………………………………………………（233）
公证人才培养的意义与问题 ………………………………………………（240）
论高校的公证人才培养路径 ………………………………………………（248）
论公证机构人才培养中的问题及其机制构建 ……………………………（257）

编后记 ………………………………………………………………………（266）

# 人才培养改革

# 论 "课程思政" 在当代中国法学教育中的实现路径

唐稷尧[①]

**摘　要**：法学教育中的"课程思政"的核心目标是要在专业课程与专业课堂上有意识地凸显正确的法律价值观与历史观并将其有机融入专业基础知识与专业理论体系中。实现路径之一是重视并善于运用马克思主义法学理论与法律价值观指导法学专业教学中各部门法的学习与研究；实现路径之二是树立正确的历史观，挖掘中华法系的优秀经验，总结当代中国法治建设的制度创新成果。此外，法学"课程思政"还必须批判地对待西方发达国家的法治经验，处理好法律领域继承、借鉴与创新的关系。

**关键词**：课程思政；价值观；历史观

## 导论：何为法学教育中的"课程思政"

习近平总书记指出："要用好课堂教学这个主渠道，思想政治理论课要坚持在改进中加强，提升思想政治教育亲和力和针对性，满足学生成长发展需求和期待，其他各门课都要守好一段渠、种好责任田，使各类课程与思想政治理论课同向同行，形成协同效应。"2019 年 8 月，中共中央办公厅、国务院办公厅印发了《关于深化新时代学校思想政治理论课改革创新的若干意见》（以下简称《意见》），提出要"建成一批课程思政示范高校，推出一批课程思政示范课程，选树一批课程思政教学名师和团队，建设一批高校课程思政教学研究示范中心"。至此，如何在大学专业教育中实施"课程思政"，成为高等教育界关注的

---

[①] 唐稷尧，法学博士，四川师范大学法学院党委书记，教授，教育部青少年法治教育中心（西南）常务副主任。

焦点和高校热议的话题。按照《意见》的基本内容，所谓课程思政，就是在大学专业课（非思政课）教学中，融入思想观念、政治观点、道德规范等思想政治教育，以构建全员、全程、全课程育人格局的形式，将各类课程与思想政治理论课同向同行，把"立德树人"作为教育的根本任务的一种综合教育理念，其核心是在当前中国大学的各专业教育领域和专业课学习过程中，加强对学生的世界观、人生观和价值观的教育，积极引导当代中国大学生树立正确的国家观、民族观、历史观、文化观。

法治是当今世界上现代国家的基本治理模式。全面推进依法治国，建设中国特色社会主义法治体系，促进国家治理体系和治理能力现代化，建设社会主义法治国家是中国共产党和当代中国的国家战略。在中国特色社会主义建设进入新时代的大背景下，面对纷繁复杂的国内外形势，以培养法治建设人才为根本目标的当代中国法学教育与法学专业必须回答培养什么样的法治人才和怎样培养法治人才这一根本问题。作为典型的社会科学，法学的内涵不仅仅是各种法律条文的堆积，而具有强烈的价值取向特征，其时代性与历史性共存；法学专业教育与法律人才培养的目标也不仅是培养在专业"流水线"上熟悉法律条文的司法官吏或法律服务"熟练工"，而是要塑造具备特定法律人格与法治理念的现代法律人。因此，通过法学专业的教育实践，培养树立正确的法律价值观与历史观就成为当代中国法学教育的重要任务。而法学专业领域的"课程思政"教育，其核心就是要在专业课程与专业课堂上有意识地凸显正确的法律价值观与历史观并将其有机融入专业基础知识与专业理论体系中，培养具有中国特色社会主义道路自信、理论自信、制度自信、文化自信的社会主义法律人。

从中国法律与法治发展的历史眼光来看，在当代中国的法学教育中开展"课程思政"还具有特殊的意义。源远流长的中华文明孕育了灿烂辉煌、高度发达的古代中国法律制度，深刻影响了中国周边的东亚、东南亚各国，形成了自成体系、独具特色、蔚为大观的中华法系，与古代西方世界的罗马法构成"双峰对峙"的两极。然而，自清末修律以来，中国的法律制度与法学教育体系开始全面转向西方。新中国成立后，在废除旧中国"伪法统"的同时，中国法律又开始了系统性向苏联法学习的历程。改革开放之后，在反思新中国前30年民主法治建设的经验与教训的基础上，批判法学的过度"苏联化"，向世界上法治发达国家学习，引进其法学理论，借鉴其法律制度。自改革开放以来，虽然当代中国的法治建设取得了举世瞩目的成就，法学教育获得了长足的进步，中国特色社会主义法律体系也得以基本建成，但中国的法治历程中也出现了"向西方看齐"的倾向，这不仅导致了现代法治中国与中华法系传统之间的巨大断裂，更出现了盲目"崇洋"的苗头,如果任由此种状况发展下去,当代中国的文化自信与制度自信就不可能在法律与法学领域建立。而在法学教育中开展"课程思政",正是要纠正这种盲目"崇洋"的苗头,弥合历史与现实的断裂,其最终目标是要通过正确的法律价值观与历史观教育,树立中国特色社会主义法律体系的制度自信与文化自信。

## 本论:法学教育中实施"课程思政"的基本路径

法律与法学所具有的强烈的价值取向使得法学专业课程天然蕴含着丰富的思政元素。但法学专业教育中课程思政的开展显然不是简单的"课程"加"思政",不是在专业课程中剥出几节课时讲授思政内容,两者不应该是机械组合而应该是有机融合,尤其要避免将德育内容生硬楔入专业课程的倾向。这就要求专业教师注重挖掘法律背后的中国特色社会主义的价值倾向、时代特色与中华法律文化中的优秀历史经验,将其体系化并有机融入法律基本知识与基本理论的学习之中,以达到"润物细无声"的效果。具体而言,应当存在两大基本路径:

路径一:重视并善于运用马克思主义法学理论与法律价值观指导法学专业教学中各部门法的学习与研究。在当代中国的政治术语体系中,虽然马克思主义法学被奉为中国特色社会主义法治理论的重要依据,具有中国特色社会主义法学的指导思想的地位。但由于现行的各部门法学及法律规定的基础理论、术语体系多借鉴西方法治发达国家,在"去苏联化""向西方看齐"乃至"崇洋"的倾向下,大学的法学教学体系、教材体系建设等方面不同程度地存在着将马克思主义法学矮化为一般的西方法学流派甚至被有意无意地忽略或者无视的状态。在较长的一个时期,马克思主义法学理论在当代中国的法学理论中实际上则是处于边缘化地带。

而在事实上,自马克思主义诞生之日起,法律作为上层建筑的重要组成部分就是这一理论的重要研究对象。在马克思主义经典作家的文献中,不仅包括专门的法学著述,如马克思《关于林木盗窃法的辩论》中关于犯罪、犯罪客体的本质的论述,马克思《黑格尔法哲学批判》中有关法的本质的论述,恩格斯《家庭、私有制与国家的起源》中有关婚姻家庭制度与财产继承制度的论述等,而且在马克思主义的哲学、政治经济学和科学社会主义三大理论组成部分中均充满了丰富的法学思想。这些法学思想与法律价值观以历史唯物主义为基础,科学分析了法律这种人类社会的上层建筑的本质与发生规律,其理论逻辑与分析结论都有着巨大的历史穿透力与理论深度。

在马克思主义法学奠定之作的《德意志意识形态》一文中，马克思、恩格斯指出："那些决不依个人'意志'为转移的个人的物质生活，即他们的相互制约的生产方式和交往形式，是国家的现实基础，而且在一切还必须有分工和私有制的阶段上，都是完全不依个人的意志为转移的。这些现实的关系绝不是国家政权创造出来的，相反地，它们本身就是创造国家政权的力量。在这种关系中占统治地位的个人除了必须以国家的形式组织自己的力量外，他们还必须给予他们自己的由这些特定关系所决定的意志以国家意志即法律的一般表现形式。"[①] 在《哲学的贫困》一文中，马克思写道："无论是政治的立法或市民的立法，都只是表明和记载经济关系的要求而已。"[②] 而在《资本论》中，马克思在提出"商品是天生的平等派"[③] 这一论断后，通过揭示法权关系的实质提出交换过程中意志自由、契约自由仅仅是法律的表象。所有这些论述构成了建立在唯物史观基础上的马克思主义法律观——"法是主观意志性和客观基础性的统一"，为后世的我们正确理解与解释人类社会的各种法律现象，开展法学研究提供了一个锐利、强大的思想武器。循着这个法律观出发，我们能够从商品经济的客观物质条件的角度更为深入地认识"主体平等""意志自由""等价有偿"等民法基本原则背后的决定性的社会客观条件，理解债权、合同等法律现象与术语的本质；也只有从这个法律观出发，我们才能理解"犯罪是孤立的个人反对统治关系的斗争"这一精辟的论断，而不会在刑法学的教学与学习中陷入将犯罪片面理解为法律所规定行为的泥沼；也才能从为资本提供"自由劳动力"的角度理解为什么只有到了资本主义社会"自由刑"得以成为刑罚体系的主角，进而认识到导致人类社会刑罚体系由重到轻历史嬗变背后的物质力量。

路径二：法律制度与法律文化是国家影响力与软实力的重要组成部分，在中华民族伟大复兴的历史进程中，无论如何也少不了法律领域的制度自信与文化自信。因此，树立正确的历史观，挖掘中华法系的优秀经验，总结当代中国法治建设的制度创新成果，是当前法学教育中开展"课程思政"的另一路径。

从历史的角度来看，这种自信的追寻与重建意味着当代中国的法学教育者必须有意识地挖掘、重拾中华法系在理念、制度与方法上的经验与精华，从而树立正确的法律史观。例如，由于法律解释是法律适用的前提与基础，如何达成合理的解释结论一直是法学研究与法律适用的核心问题。而在这一点上，作

---

① 《马克思恩格斯全集》第3卷，人民出版社1956年版，第377—378页。
② 《马克思恩格斯全集》第4卷，人民出版社1956年版，第121—122页。
③ 马克思：《资本论（第一卷）》，人民出版社1975年版，第102页。

为中华法系高峰之作的"唐律"就为后世提出了一条经典且精辟的解释原则。《唐律疏议》"名例律"提出,"诸断罪而无正条,其应出罪者,则举重以明轻;其应入罪者,则举轻以明重"①。"举重以明轻"与"举轻以明重"这两条"当然解释"准则有效地补充了律法条文的疏漏之处,并且自成逻辑,千年以来被视为唐律超越时代之高超立法技术与法律解释技术的证明,直至今天依然具有强大的指导意义,也是中华法系对世界法律制度的贡献。又如,在处理多人犯一罪的共同犯罪人的分类上,中华法系独辟蹊径提出"作用分类法",区别于西方大陆法系国家近代以来普遍采取的"分工分类法"。《唐律疏议·名例》中规定:"诸共犯罪者,以造意为首,随从者减一等。"② 我国刑法将此分类规则运用到共同犯罪的规定中,相较于"分工分类法",更有助于罪刑相适应原则的实现。

从现实的角度来看,这种自信的追寻与重建意味着法学教育者还应当有意识地提炼、总结中国特色社会主义法治实践在理念、制度与方法上的创新,引导学生理解社会制度的历史性变革和国家在法治领域取得的历史性成就,彰显法律的时代性与民族性。就实体法的教学而言,2021年1月1日实施的《中华人民共和国民法典》应当是一个开展"课程思政"的重要机遇与领域。在民法典制定过程中,中国的立法机关及法律学者都强调民法典要体现社会主义的中国特色,彰显21世纪民法的任务并在法学理论上有所创新。在最终出台的法典中,这种时代性与民族性也的确有较突出的体现。例如,民法典对传统的法人制度进行了重构,舍弃传统民法社团法人与财团法人的分类方法,将法人分为营利法人与非营利法人,创设非法人组织;设置了特别法人制度,将机关法人、农村集体经济组织法人、城镇农村的合作经济组织、基层群众性组织法人纳入具有公法人性质的特别法人范围,使中国当前基层自治组织——居民委员会、村民委员会具有了参与民事关系的重要机能。又如,民法典对社会主义公有财产制度的确认与保护是中国特色社会主义法律体系最重要制度特色之一,针对中国的土地公有财产制度,民法典根据物权法定原则,设计了5种用益物权——土地承包经营权、建设用地使用权、宅基地使用权、居住权、地役权,以发挥土地公有制物尽其用的经济效率,使土地进入市场,活化市场经济,构建了中国特色的公有制物权法体系。就程序法而言,一方面,中国共产党从群众路线出发所形成的"马锡五审判""枫桥经验""调解制度""诉源治理"等多

---

① 《唐律疏议》,上海古籍出版社2013年版,第108页。
② 《唐律疏议》,上海古籍出版社2013年版,第92页。

元纠纷解决机制为法治中国开辟出了一条迥异于西方的具有中国特色与东方智慧的新路径；另一方面，面对互联网时代的新形势与新要求，我国在北京、广州、杭州建立了三家互联网法院，集中管辖特定类型互联网案件，在世界范围内率先实行"网上案件网上审理"新机制，探索构建适应互联网时代需求的新型诉讼规则，在案件审理、平台建设、诉讼规则、技术运用、网络治理等方面形成了符合互联网时代要求的特色经验，推动网络空间治理法治化，加强了我国在网络空间治理的国际话语权和规则制定权，体现出我国法律制度与时俱进的时代特征。当代中国法治实践的这些显著成绩与鲜明特色正是法学专业教育中开展"课程思政"的富矿，值得我们深入总结与挖掘。

## 余论：对待西方法治要有批判性

需要指出的是，虽然在立德树人目标方面，法学教育与法学领域中的"课程思政"纯粹的大学思想政治课程存在同一性，但二者在课程性质及其"立德树人"目标的实现路径、手段方面具有本质的区别。前者从本质上讲依然属于专业领域的专业课程与专业教育，只是由于法学专业知识本身具有明显的价值倾向、文化特色而使之同时承载了价值、历史观教育的功能。这就要求专业教师不能硬性灌输，生硬地直接给出结论，而要打破长期以来思想政治教育与专业教育相互隔绝的"孤岛效应"，依托专业知识的讲授，由近及远、由表及里，把马克思主义指导下的、以中国特色社会主义法治理论为核心的历史观、价值观、方法论渗入专业课程的方方面面，最终实现"润物无声"的效果。也就是说，法学教育的"课程思政"必须以专业课程的讲授与学习为前提与基础。

对于当代中国的法学教育而言，这就要求我们开展"课程思政"时对西方法治要有批判性，处理好法律领域继承、借鉴与创新的关系。这一方面是因为自近代以来中国的法律变迁与发展已经有所借鉴西方法律体系。当代中国的法律制度与法学体系无论是部门法的划分，还是基本法律术语与概念乃至基本法学理论也有所借鉴，例如法理学中权利的概念及公法与私法的划分、民法学中物权、债权、合同等基本制度以及刑法中的犯罪构成理论等。此外，中国对外开放的基本格局与战略也决定了中国法律体系需要与国际的法律制度进一步协调、对接。新出台的中国民法典合同编就大量借鉴了《联合国国际货物买卖公约》中的规定——如采取统一性违约概念、归责责任采用严格责任、违约责任与买卖物瑕疵责任一体化，形成了现代化、国际化程度更高的违约责任体系。从这一角度来说，法学专业中的"课程思政"绝不意味着法学专业教育与学习的故步自封和闭关锁国，而依然需要在正确的历史观与价值观指导下继续秉承开放的姿态。另一方面，自罗马法开始尤其是资产阶级革命以来，一些经验，也为很多国家借鉴，已经成为全人类的共同的法治经验与遗产。在中国共产党所领导的当代中国法治建设进程中，同样需要借鉴，使之与中华法系的文化、制度精华以及当代中国的法治创新协同共力、相得益彰，最终成为具有中国特色社会主义法学体系与法律制度的有机组成部分。这就要求法学教育中的"课程思政"必须充分认识、科学评价并合理吸收全人类的共同的法治经验与遗产，将其纳入科学的法律价值观与历史观之中。

---

① 参见【英】洛克：《政府论（下）》，叶启芳、瞿菊农译，商务印书馆1964年版，第36页。

# 普通地方高校卓越法治人才 "创新创业教育"改革探索[①]

## ——以四川师范大学法学专业为例

陈 山[②]

**摘 要**：大力推行"创新创业教育"是普通地方高校法学专业生存之道。在法学专业教育之"创新创业教育"改革中，"创新"是灵魂，是基本的，"创业"是辅助，是导向，是非基本的。"创新创业教育"不能千篇一律。普通地方高校法学专业要重点突出三个方面：构筑普通地方高校法学专业"创新创业教育"的母机——"教学科研行业"一体育人机制；推动法学专业学科竞赛与专业学习有效结合；开设突显法律职业特色与学科背景特色的课程。

**关键词**：普通地方高校；卓越法治人才；创新创业；一体育人机制

四川师范大学是四川省省属重点高校，自1995年开始设立法学本科专业以来，迄今已有二十余年的法学本科办学历史（图1），为社会培养、输送了四千余名法学本科毕业生，为社会主义法治建设，特别是为四川乃至整个西南地区经济、社会发展做出了重要贡献。四川师范大学法学专业得到了社会的认可，其打造的"卓越法治人才法律职业能力1234培养模式"及其模拟教学资源体系荣获了第七、八届四川省高等教育优秀教学成果奖三等奖、二等奖，入选了中国法学教育研究会模拟法庭教学专业委员会常务委员单位，是四川省首批"卓越法律人才教育培养计划（2013）"入选单位，承担了四川省"专业综合改革－法学（2012）"项目。2018年，学校筹建了教育部青少年法治教育中心，着力探索培养地方法治教育人才。

---

[①] 本文系四川省2018－2020省级质量工程暨教学改革项目"普通地方高校法学专业创新创业教育改革"的阶段性成果。

[②] 陈山，法学博士，四川师范大学法学院院长，教授。

## 普通地方高校卓越法治人才"创新创业教育"改革探索

| 1987 全日制法律专科 | 1995 全日制法学本科 | 2000 省首批法学本科培养基地 | 2013 省首批卓越法律人才基地 | 2014 省校外实践教学基地 | 2018 教育部青少年法治教育中心（省部共建） |
|---|---|---|---|---|---|
| 1996 宪法与行政法硕士点 | 2011 法学一级学科硕士点 | 2013 法律硕士授予权 | 2014 省地方立法评估基地 | 2016 模拟法庭专业委员会常委单位省属唯一普通高校 | |

图1　四川师范大学法学专业建设发展图

党的十八大以来，中国特色的社会主义法治建设进入了全面依法治国的新时代；全面依法治国方略的实施须臾离不开大量合格的法治人才，法学教育则肩负着教育培养合格法治人才的重任。然而，四川师范大学并非传统985、211重点高校，亦非国家"双一流"建设高校，与绝大多数地方高校一样，生存发展空间逼仄，话语权与办学自主权微弱，办学经费等教学资源严重不足，[①] 如何在全国六百多个法学专业之中脱颖而出，创建"一流"法学专业，[②] 培养出适应中国特色社会主义法治建设需要的，能够服务于地方法治建设、广为社会认同、行业认同的专业人才，这是必须认真思考的问题。

## 一、新时代高等教育改革的主题词："创新创业"

"创新创业"是新时代高等教育改革的主题词，也是后发的中国法学教育实现"弯道超车""跨越发展"的关键所在。在法学专业教育之中倡导"创新创业教育"，将其贯彻于法学专业人才培养的各环节、全流程，是新时代普通地方高校面临新机遇、新挑战的发展之策、生存之道。

（一）"创新创业教育"之由来

大力开展"创新创业教育"是党和国家在新时代对高等教育改革提出的目标，也是中国高等教育不断改革探索发展的成果。

新时代之初，国务院办公厅颁发了《关于深化高等学校创新创业教育改革的实施意见（2015）》（以下简称《意见》），明确要求"全面深化高校创新创业教育改革"；教育部主导的《法学类本科专业教学质量国家标准（2018）》（以下

---

① 张竞水、易萌：《普通地方高校发展面临的难题与对策》，载《新西部》2015年第22期。
② 根据教育部《实施一流本科专业建设"双万计划"的通知》，在新的历史时期，将建设一百三十七个"一流"法学类专业。

简称《标准》)将创新创业能力作为法治人才的必备素质。在2018年召开的"新时代全国高等学校本科教育工作会议"上,教育部部长陈宝生指出,要持续深化创新创业教育改革,推动"创新创业教育"与专业教育紧密结合。

"创新创业教育"概念的提出是一个历史的发展过程。事实上,2010年颁发的《国家中长期教育改革和发展规划纲要(2010—2020年)》(以下简称《纲要》)就要求高等教育培养"拔尖创新人才"、"加强就业创业教育",已经蕴含着加强"创新创业教育"的思想;同年,教育部在《关于大力推进高等学校创新创业教育和大学生自主创业工作的意见》(以下简称《工作意见》)中正式使用了"创新创业"的表述。根据学者王占仁的研究,①"创新创业"教育可以溯源至"创造教育""创新教育""创业教育"这几个相互推演、转承的概念。百年之前《教育杂志》首倡"创造教育",陶行知是"创造教育"的集大成者,其在合川区创办了育才学校,全面进行"创造教育"实践;改革开放之后,"创造教育"再度在全国范围内兴起,1985年《中共中央关于教育体制改革的决定》中明确提出要培养具有科学精神的创新型人才。进入20世纪90年代,知识经济时代对中国社会发展带来了新的挑战,"创新教育"不断出现在党和国家领导人的重要讲话之中;1995年,江泽民在全国科学技术大会上指出:"创新是一个民族进步的灵魂,是一个国家兴旺发达的不竭动力";1998年,中央教育科学研究院正式提出了"创新教育"的概念,并在全国范围内开展研究实验。"创业教育"的概念出现稍晚一些,在1988年由胡晓峰提出,他指出"创业教育就是在人生历程之中进行创造和职业相结合的教育";1989年,在"面向21世纪教育国际研讨会"上详细介绍了柯林·博尔的三张教育"通行证"的主张,包括:"学术资历"通行证、"职业技能"通行证、"事业心和开拓技能"通行证,其中有关"事业心和开拓技能"教育即为"创业教育";2002年,教育部在全国9所大学开展"创业教育"试点工作,标志着我国高校"创业教育"由自发探索进入教育行政部门引导下的多元探索阶段。随着研究的深化,"创新教育"与"创业教育"逐步融合发展,直至2010年教育部《工作意见》的出台。

(二)"创新创业教育"的本质

"创新创业教育"的本质与大学教育的本质相吻合,相对于传统的大学教育其是一种以"创新"为根本特征、以"创业"为引导方向的提高性大学教育活动。

首先,"创新创业教育"是一种提高性的大学教育活动。一般认为,大学教

---

① 王占仁:《创新创业教育的历史由来与释义》,载《创新创业教育》2015年第4期。

育的本质是一种素质教育与专业教育相结合的高等教育。理论上一度认为大学教育的重点是一种通识教育、素质教育、文化教育。例如，衣俊卿曾指出，大学教育应走出"工具化"的误区，应当在归根结底的意义上把大学的功能概括为文化启蒙和文化创新。① 然而，这种看法没有很好地把握高等教育相对于初中等教育的特殊性，并不符合中国社会的实际情况。相对于初中等教育，大学教育增加了素质教育、文化教育之外的专业教育，大学培养的人才必须符合行业发展的取向。这一点在《纲要》中表达得很清楚："高等教育承担着培养高级专门人才、发展科学技术文化、促进社会主义现代化建设的重大任务。"诚如有学者所言："大学教育是教育的一部分……是素质教育与劳动教育的结合。"② 那么，"创新创业教育"与其他大学教育活动的区别何在？实则，"创新创业教育"是其他大学教育活动的高阶，是一种提高性的大学教育活动。其他大学教育活动注重传统知识与素质的培养，而"创新创业教育"更加注重在此基础上的"创新创业"素养、能力的培养。

其次"创新教育"是"创新创业教育"的基本内涵，其是贯穿于整个人才培养过程的"灵魂"，从课堂教学到第二课堂，从校内实践到见习、实习。所谓"创新教育"就是以培养学生全面"创新品质"的教育实践活动，"创新品质"包括"创新精神""创新思维""创新能力""创新个性"。③ "创新教育"的第一步是培养学生的"创新精神"，它构成"创新教育"的出发点，体现为受教育者开拓创新的勇气、永不停息的信念。具有"创新精神"的学生方能在职业生涯之中，不断地尝试新的方法、新的路线、新的技术、新的手段，"创新精神"是其他"创新品质"的发生器。"创新教育"的第二步是培养学生的"创新思维"及其"创新能力"。岳晓东研究认为，"创新思维"包括"聚合思维"与"发散思维"。"简单说来，聚合思维是把解决问题的各种可能性都考虑到之后，再寻求一个最佳答案，而发散思维则是围绕着问题多方寻求答案……可以说，没有聚合思维，就没有创新和变革的条件和基础；而没有发散思维，就没有创新和变革的想象基础和动机"。④ 相较而言，"发散思维"更具有创新的品质，因为"发散思维"具有独特性（反常规）、变通性（不局限）、多向性（易变通）的特征，⑤ 具有产生新生事物的潜力。但它并非否认"聚合思维"的作用，"聚合思

---

① 衣俊卿：《回归大学的文化本质凸显大学的文化功能——关于大学本质和功能的文化哲学思考》，载《中国高等教育》2007年第2期。
② 廖碧波、王莉芬：《大学教育的本质及其实现》，载《当代教育论坛》2006年7月（上）。
③ 朱永新：《创新教育论纲》，载《教育研究》1999年第8期。
④ 岳晓东、龚放：《创新思维的形成与创新人才的培养》，载《教育研究》1999年第1期。
⑤ 钟金丽：《浅谈学生的发散性思维能力》，载《经济与社会发展》2001年第8期。

维"有助于在大量"发散思维"成果上聚合形成高水平创新成果,杜绝停留在浅层次的创新。"创新能力"与"创新思维"有密切关系,"创新能力"是"创新思维"的延伸,"创新思维"向行为层面延伸就表现为"创新能力";"创新能力"是"创新思维"的载体,对"创新思维"进行培养归根结底需要以"创新能力"的训练为抓手。因此,培养"创新思维",关键在于培养"创新能力",通过大量的训练最终提升学生的"创新能力",发展学生的"创新思维"。"创新能力"主要包括:第一,"独立自主的能力"。"创新思维"需要个体意识的唤起,这就需要学生具有一种独自面对问题、情景的"独立自主的能力"。第二,"辩证、批判分析的能力"。"创新思维"需要跳出既有模板,给出不同的答案,辩证分析能力、批判分析能力给予不同方案、不同路径的可能性。第三,"建构的能力"。"创新思维"归根结底需要给出答案,"聚合思维"起着关键性的作用,因此"建构的能力"对于"创新思维"而言是关键一步、临门一脚。"创新教育"第三步是培养学生的"创新个性"。"创新个性"的培养是深层次的"创新教育",旨在将"创新精神""创新思维""创新能力"深刻内化于学生的人格结构之中,学生作为教育的"产品","创新个性"的养成是判断"创新教育"成功的"金标准"。

最后,"创业教育"是"创新创业教育"的非基本内涵。换言之,"创业教育"不是"创新创业教育"最为主要的方面,其仅仅属于一种"辅助性""引导性"因素。根本在于:创业并非大学所能够"真正"教授的。大学教师是从事教学、科研工作的知识分子群体,创业活动并非大学教师所长;大学生偶有创业成功的范例,但是绝大多数尝试创业的并没有取得理想的效果,[1] 甚至背上了沉重的债务包袱,严重地影响了学习、生活;在"回归常识"的新时代,大学生课业要求将明显增加,创业缺少充裕的时间。因此,"创业教育"只能是"辅助性"的。所谓辅助性,是指"创业教育"系"创新教育"的派生教育,"创业教育"依附于"创新教育",不存在一种独立于"创新教育"的"创业教育"。"创业教育"的辅助性特征决定了"创业教育"只占"创新创业教育"的极小分量;"创业教育"不能脱离"创新教育",与"创新教育"没有逻辑关联的"创业教育"并非真正意义上的"创业教育",不应当纳入课程,最多只能作为一种"创新环境""创新文化"因素。所谓引导性,是指"创业教育"能够部分地引导"创新教育"活动,毕竟大学教育是一种素质教育与专业教育相结合

---

[1] 何玉帅:《大学生创业大概率会失败,但试错、积累经验更重要》,载《南方都市报》2018年7月11日版。

的复合型教育活动。"创业教育"就是要为大学生毕业之后干事创业奠定坚实的基础,因此,大学阶段的"创新活动"原则上不能离开"创业教育"的指向。但是,不能因为这种"引导性"就认为"创业教育"的重要性超过了"创新教育",恰如前述,"创新教育"才是"创新创业教育"的基本内涵。

## 二、卓越法治人才与"创新创业教育"

"创新创业教育"就是卓越教育。我国大学开展的诸种"卓越计划"与"创新创业教育"的目的是一致的。一般认为,所谓"卓越"意味着"精英",而卓越人才必须具备"创新创业"能力。对于卓越法治人才而言,具备法律上的"创新创业"素质与能力才是真正意义上的卓越法治人才。

（一）从卓越法律人才到卓越法治人才

2012年教育部、中央政法委联合颁发了《卓越法律人才教育培养计划》（以下简称《法律人才计划》）,在全国高校等大力实施,建设了一系列国家级"卓越法律人才教育培养基地",各省也配套建设了数量众多的省级基地;2018年教育部、中央政法委又联合颁发了《卓越法治人才教育培养计划2.0》（以下简称《法治人才计划2.0》）。两者对比如表1:

表1 《法律人才计划》与《法治人才2.0》对比表

| 名称 | 质量标准 | 思想教育 | 培养机制 | 实践教学 | 师资队伍 | 其他方面 |
| --- | --- | --- | --- | --- | --- | --- |
| 《法律人才计划》 | 应用型、复合型法律职业人才、涉外法律人才、西部基层法律人才 | 加强社会主义法治理念教育、学生职业意识、职业伦理教育；增强学生服务社会主义法治国家建设的责任感和使命感 | 探索"高校－实务部门联合培养"机制,实施高校与实务部门人员互聘"双千计划"；"国内－海外合作培养"机制 | 加大实践教学比重,确保法学实践环节累计学分（学时）不少于总数的15%。加强校内实践环节。建设一批校外法学实践教学基地 | 探索建立高校与法律实务部门人员互聘制度,努力建设一支专兼结合的法学师资队伍。鼓励法学骨干教师到海外学习、研究,积极引进海外高层次人才和教学团队 | 其一,建设卓越法律人才教育培养基地。其二,制定卓越法律人才培养标准 |

续表1

| 名称 | 质量标准 | 思想教育 | 培养机制 | 实践教学 | 师资队伍 | 其他方面 |
|---|---|---|---|---|---|---|
| 《法治人才计划2.0》 | 应用型、复合型、创新型、法治人才 | 德法兼修：注重培养学生的思想道德素养。将社会主义核心价值观教育贯穿培养全过程。积极开展理想信念教育、社会公益教育、中华优秀传统法律文化教育。实现法律职业伦理教育贯穿法治人才培养全过程 | 协同培养机制：健全法学院校和法治实务部门双向交流机制。在法学院校探索设立实务教师岗位，吸收法治实务部门专家参与人才培养。构建涉外法治人才培养新格局 | 将中国法治实践的最新经验和生动案例及时转化为教学资源。提高法学专业实践教学学分比例，支持学生参与法律援助、自主创业等活动。推动建立实习法官检察官助理等制度，将接收、指导学生实习作为法治实务部门的职责 | 建设全国法学专业教师培训基地，举办中国特色社会主义法治理论与实务研修班。健全师德考核，强化师德监督。组织开展专题研修，开展法治中国国情教育活动 | 其一，发展"互联网+法学教育"：打破校园与法治实务部门间的时空屏障；建立多维度智慧学习环境。其二，构建中国特色、世界水平的法学教育质量保障体系，制定法学专业认证三级标准，开展专业认证 |

两个计划前后相继，均追求卓越，不同点是关键词的变化，即从"卓越法律人才"转变到"卓越法治人才"，其蕴含着新时代全面依法治国亟须法治人才的殷切希望。

（二）卓越法治人才的"创新创业"教育

仔细审读《法律人才计划》与《法治人才计划2.0》，不难发现卓越法治人才的教育培养离不开"创新创业教育"。"创新创业教育"是培养卓越法治人才的关键一步。

两个计划之间虽有传承，变化却也颇多。特别值得关注的是：第一，在人才质量标准上，"卓越法治人才"新增了"创新型"这一内涵要素。在两个计划期间，国家"创新创业教育"蓬勃发展，《意见》《标准》相继出台，新的计划自然应当有所呼应。《标准》首次提及了法学专业应当培养"复合型、应用型、创新型法治人才"；《法治人才计划2.0》基本上复制了这一新提法。因此，"卓越法治人才"这一概念相较于"卓越法律人才"而言，除增加了"法治"含义外,还有就是增加了人才的"创新性"素质要求。第二,在人才培养环节上,做到了"补齐短板""强化行业""创新方法"。所谓"补齐短板",是指以往道德与伦理教育地位不够突出,此次则大力提倡"德法兼修",要求"实现法律职业伦理教育贯穿法治人才培养全过程",强调教师的道德与理想信念。另外,"补齐短板"也指进一步强化专业质量保障,积极开展法学专业认证。所谓"强化行业",是指更加强调法学专业与法律行业之间的协同培养,保留了以往的人员"互聘",更加注重"双向交流",力图改变以往高校向实务部门单向流动的尴尬,探索设立"实务教师岗位"以实现"回流",赋予法律实务部门以更大的社会责任培养法治人才。所谓"创新方法",是指为培养创新型法治人才,需要在具体措施、办法上实现法治人才的创新培养。依据《法治人才计划2.0》,这种创新主要有:一是要求教学资源创新。"将中国法治实践的最新经验和生动案例及时转化为教学资源";二是要求教学方法因时而新。在互联网、人工智能时代,发展"互联网+""人工智能+"法学教育。

《法治人才计划2.0》虽然提出了培养"复合型、应用型、创新型法治人才"的标准,但是仅就以上内容来看,离"创新创业教育"的本质要求还有很大的距离。事实上,稍早几个月出台的《标准》更符合"创新创业教育"的要求。除培养目标明确提出"创新创业"的观念外,还体现在如下一些方面(见表2):

表2 《标准》倡导"创新创业教育"一览表

| 典型体现 | 4.3 能力要求 | 具备利用创造性思维方法开展科学研究工作和创新创业实践的能力 |
| --- | --- | --- |
| | 5.2.1 理论教学课程(3)专业课 | 鼓励开发跨学科、跨专业的新兴交叉课程与创新创业类课程 |
| | 5.2.2 实践教学课程(1)实践教学环节 | 强化案例教学……挖掘充实各类专业课程的创新创业教育资源 |
| | 5.2.2 实践教学课程(2)实验、实训和专业实习 | 各专业应根据专业教学的实际需要,利用模拟法庭、法律诊所、专业实验室、实训基地和校外实习基地,独立设置实验、实训课程,组织专业实习,开展创新创业教育 |
| | 7.2.2 教师水平要求 | 应具备基本的人文社会科学知识,实事求是的工作作风,勇于创新的科学精神;应具有较强的教学能力和科研能力,并能够将科研成果转化为教学内容 |

续表 2

| 典型体现 | 9.1 课堂教学效果 | 教师的课堂讲授富有启发性,注重培养学生的批判性与创造性思维,激发创新创业灵感 |
|---|---|---|
| | 9.3 生源与就业 | 各专业应把生源质量与招生规模、创新创业教育相关情况、毕业生就业率等内容作为教学效果考核的指标 |

这样,《标准》从人才培养目标、能力要求、理论与实践课程体系与教学资源、教师水平、课堂教学方式,乃至教学效果考核等诸多方面构筑起一个法学专业"创新创业教育"体系。尽管在稍后的《法治人才计划2.0》没有更多提及这一体系,但《法治人才计划2.0》既然认同了《标准》设立的人才培养目标,也就意味着认同了《标准》所创立的"创新创业教育"体系。

但是,这一体系属于规范性的"样板戏",在落地之际,必然面临着诸多问题,最主要的有两个方面:其一,该体系并未很好地处理法学专业人才"创新创业教育"内涵及其内部关系问题;其二,该体系也没有很好地回答在不同教学活动之中需要什么样的"创新创业教育"问题。缺乏对这两个问题的回答,必然导致在实施过程中会遇到更多的衍生问题。基于前述对于"创新创业教育"本质的解读,这里对这两个主要问题的回答如下:

首先,创新包括理论创新与实践创新,创业是实践创新的高级形态。创新是创业的基础,创业是创新的一种表现形态。因此,法学专业教育应当先培养理论创新之思维与能力,然后才是培养实践创新的思维与能力,最后是训练创业;所谓创业,在专业教育层面来看,并不是根本的目的所在,更大程度上其属于创新教育的自然衍生,或者说有了创业教育才能进行创新教育。就此而言,法学专业的"创新创业教育"应该是"创新主导型"的。

其次,法学专业的创新创业有其特殊性,其应当是"法律型－创新创业教育"。既然属于法学专业开展的教育活动,就离不开专业本身、学科本身,法学专业的"创新创业教育"内容有明确的指向性,创新应当是法学创新思维与能力的培养,创业应当是法律行业领域的创业。虽然不排除法学专业学生有可能创新出其他专业、学科知识,或者开创出非法律行业领域的服务及产品,但是这本身已经超出了法学专业教育的能力范畴,最多能够纳入所在学校素质教育的范畴。

## 三、不同层次高校法学专业改革实践

大力开展"创新创业"教育正逐步成为中国高等教育界的共识,在国家层面除颁布系列规范性文件外,还通过发布"深化创新创业改革示范高校"名单,举办"互联网+创新创业大赛",设立"大学生创新创业项目",营造环境、推动工作,在全国各个高校也纷纷开展了一系列的"创新创业教育"改革。例如,2015 年,温州大学启动的"3+1"创新人才培养模式改革试点,颇有影响;① 2016 年,武汉大学的"创新创业教育"改革就得到了刘延东副总理的肯定。② 这些均为大学层面的"创新创业教育"改革。

(一)中国政法大学的改革举措

中国政法大学系传统的政法类 211 院校,也是"双一流"高校,在办学条件上居于全国领先水平。因为系政法类院校,其法学专业推行的"创新创业教育"改革是在全校层面布局、谋划的,兹依其在教育部网站公布的方案,予以简单概括:

第一,体现创新创业精神的人才培养方案。"将创新创业教育与卓越法律人才培养有机融合,形成特色鲜明的中国政法大学人才培养模式",培养具有时代全局视野的法学创新创业人才。

第二,突出高度国际性、实践性的协同育人机制。通过暑期国际小学期、联合培养、国际交流交换、国际实习实践等模式培养具有世界眼光、国际视野的创新创业人才;通过进行校外实践教育基地建设,将专业学习与实习实践高度结合,成为"创新创业教育"的直接课堂;聘请学院实务副院长;跨专业交叉培养创新创业人才。

第三,健全"创新创业教育"课程体系。以创新创业课程信息化为手段,以课程内容的丰富与质量的提高为核心,以创新创业课程分类化改革和跨学科设计为途径,建立健全"创新创业教育"课程体系。

第四,围绕创新创业改革教学方法和考核方式。加强案例课、研讨课等启发式、讨论式、参与式教学,培养学生的批判性和创造性思维,激发创新创业灵感。通过实施学期制改革,为学生自主学习提供更加丰富多样的教育资源。

---

① 柯进:《创新创业教育实践的中国样本》,载《中国教育报》2017 年 9 月 16 日版。
② 刘延东:《深化创新创业教育改革,全面提高人才培养质量,为创新型国家建设提供有力支撑》,http://www.gov.cn/guowuyuan/2016-10/15/content_5119676.htm,2016-10-15。

通过改革考核模式，引领学生创新创业实践。

第五，强化创新创业实践。通过进行实践教学改革，促进实验教学平台共享，建立校内创新创业学科竞赛平台体系，鼓励学生积极参与校内外创新创业竞赛。

此外，中国政法大学还在教学管理创新、师资队伍提升创新创业教学能力等方面做了大量工作，是目前可以看得到的国内最高水平的法学专业"创新创业教育"改革行动。[①]

### （二）辽宁大学法学院的改革实践

辽宁大学是国家 211 院校和一流学科建设高校，其法学专业是国家级特色专业建设点，法学学科被列入辽宁省高校一流特色学科层次。辽宁大学法学专业的"创新创业教育"改革也值得关注。[②]

第一，人才培养目标突出创新创业。培养具有创新精神、创业意识，具有突出的法律实务操作能力与法律应用能力，服务社会主义经济社会发展所需要的创新创业法学人才。

第二，培养举措注重创新创业。以课程体系改革为基础，推动法学专业教育与创新创业教育和大学生自主创业相结合，不断扩大实践（实验）教学的学分学时在培养方案中的比重，以创新创业能力教学为核心，开设创新创业基础类课程和拓展类课程，在专业教学中融入"创新创业教育"的思想和内容；注重课程知识更新，及时修订教学大纲，编写体现创新创业法学实践性教材；落实精品课程建设，促进课程资源的开放共享。

第三，新型实践教学基地建设。增进与传统法律实务部门的联系与合作，将校外实践教学基地建设延伸至工会组织、妇联组织、法律援助中心以及电台、网站等媒体的法制节目新兴领域。

另外，辽宁大学法学专业还特别强调了"创新创业教育"资源的保障，诸如搭建专业的电子数据信息平台，建立有地方特色的高水平法学实验实训素材库等。

中国政法大学与辽宁大学法学专业的"创新创业教育"改革是全面、深入、

---

① 中国政法大学："中国政法大学深化创新创业教育改革实施方案"，http://www.moe.gov.cn/s78/A08/gjs_left/s3854/cxcyjy_ssfa/201605/t20160516_244075.html，2016-5-16 登录。应当注意的是，中国政法大学是在学校层面布局的"创新创业教育改革"，其中有针对所有专业的通用性改革，也有专门针对法学专业的专门性改革。

② 王印：《法学专业创新创业教育改革研究》，载《法制博览》2014 年第 10 期。此文系辽宁大学本科教学改革立项《卓越法律人才课程体系改革研究》阶段性研究成果。

系统的,特别是中国政法大学的改革方案超越了《法治人才计划2.0》与《标准》,这与中国政法大学作为国内最高水平的政法院校地位是相匹配的。作为普通地方高校而言,其借鉴性意义并不显著,无论是财政经费投入、办学自主权,还是社会资源状况均决定着无法参照其简单复制。

## 四、普通地方高校法学专业"创新创业教育"改革实践
### ——以四川师范大学法学专业为例

"创新创业教育"可谓是昂贵的教育,因为其要超越传统,传统的法学专业教育需要升级,这对于普通地方高校而言是难以承受之重。普通地方高校缺乏传统上985、211这类硬资格,也未入选新的"双一流",办学经费投入捉襟见肘,学生入口与出口均面临社会的挑剔,办学条件不断恶化,办学举步维艰。不说"跨越发展""弯道超车",只恐"望尘莫及"。因此,普通地方高校法学专业应当认真思考如何响应《法治人才计划2.0》与《标准》的号召,在"创新创业教育"改革中赢得生存的空间。

(一)"创新创业教育"改革也需要创新

开展"创新创业教育"改革是国家的战略要求,也是时代的深切呼唤,不进则退。普通地方高校法学专业的"创新创业教育"改革要真正实现"弯道超车",只能将"创新创业教育"改革之创新精神发挥到极致,最终达至最接地气、最低耗费、最佳效率的目标。兹以四川师范大学法学专业近年来所做或者拟做的较有创新特点的"创新创业教育"改革为例,对普通地方高校法学专业"创新创业教育"命题做一些探索见图3。

(二)构筑"创新创业教育"的母机——"教学科研行业"一体育人机制

在《法治人才计划2.0》《标准》之中均描述了一种协同育人的机制,在中国政法大学、辽宁大学的实践中也体现了这一特点,但是它们侧重于教学与行业的浅层次联系,"创新""创业"似乎还停留在原来的老套路上。应当构筑一种"教学科研行业"深度整合的一体育人机制,其是普通地方高校法学专业"创新创业教育"母机:"教学"应当更多地讲授学科前沿、行业动态内容;"科研"源自教学之中的困惑,吸纳学生进入科研团队,科学研究的最新成果及时向学生分享;"行业"应当为"教学""科研"提供教学资源、科研条件,学生应当深入行业学以致用,见习、实习或者开展行业科学研究。其一,"教学"是

核心。在"创新创业教育"改革之中,"科研"与"行业"均以"教学"为核心,最终要以有利于教学活动开展、学生素质与能力得到提升为标准。但是,以"教学"为核心并非意味着"科研"与"行业"不重要,相反"教学"必须延伸到"科研"与"行业"之中,此种教育改革才是成功的。其二,"科研"是灵魂。在"创新创业教育"改革之中,"科研"是灵魂,在"教学"上应当提倡一种创新性的教学,带领学生接触学科前沿,创新知识;在"行业"上应当提倡创新行业知识品牌,鼓励学生成为行业创新的参与者。其三,"行业"是基础。在普通地方高校法学专业"创新创业教育"改革之中,"行业"永远处于基石地位,"教学""科研"自始至终都是为"行业"培养人才、创造成果,"行业"为"教学""科研"提供资源与条件,素材、问题、经费,甚至包括师资队伍的培养都离不开"行业"。关系简图(见图2):

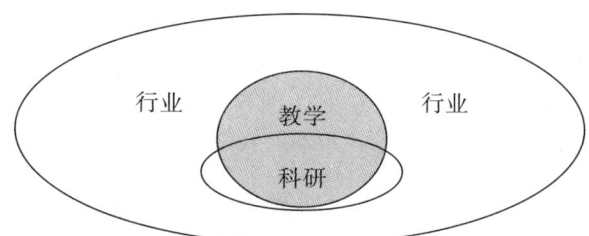

图2 "教学科研行业"一体育人机制关系图

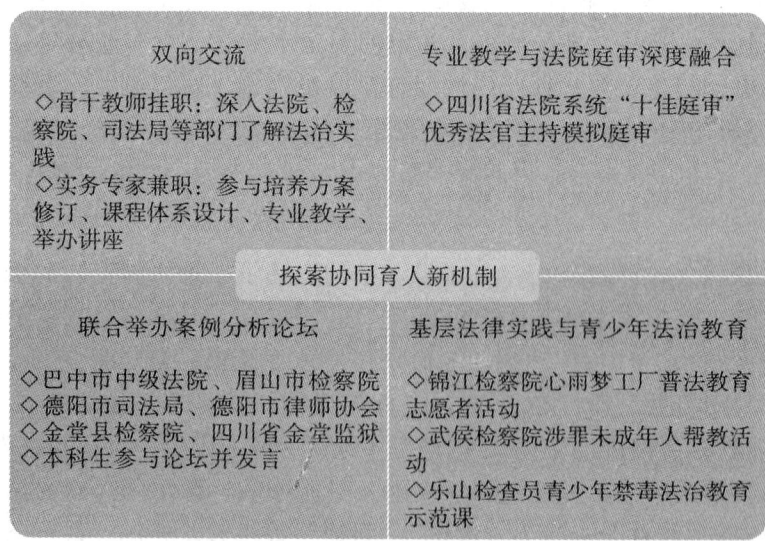

图3 四川师范大学法学专业近年探索协同育人新机制图

（三）推动法学专业学科竞赛与专业学习有效结合

普通地方高校校内教学中最有效的"创新创业教育"手段是开展法学专业学科竞赛。学科竞赛具有对抗性、趣味性，能够很好地激发学生创新意识，有利于学生运用法学专业知识去解决理论与实践之中提炼出来的疑难问题，天然具有创新性，能够实现"以赛促学、以学助赛"的良性循环。当然，学科竞赛本身具有一定的特殊性，诸如覆盖面偏小、投入经费较多、比赛周期性较强、占用课堂教学现象突出，对于普通地方高校法学专业而言，需要很好地处理"赛学"关系。

四川师范大学法学专业正致力于打造一个能够覆盖大多数法学专业学生、综合提升法律职业技能的"赛学平台"，组建了"学科竞赛部"。成立包括教学副院长、教学督导为主要成员的"学科竞赛部"，负责决定法学专业学生参加学科竞赛的类型与人员。当前各类学科竞赛繁多，要适度选择符合专业教学特色的全国性、区域性学科竞赛，防止将办学精力、办学经费无序、无限地投入到意义不大的学科竞赛之中；指定、遴选指导教师负责学科竞赛的指导工作，根据指导教师建议名单确定最终参赛队员名单、陪练队员名单，确保各类学科竞赛教学活动的公平性；决定学科竞赛成绩与专业课成绩之间的转换与认定，破除学科竞赛与专业课程之间的"屏障"；联络行业协会参与学科竞赛的训练与指导、成绩评定，引导行业组织设定竞赛科目、投放竞赛资金。

（四）开设突显法律职业特色与学科背景特色的课程

普通地方高校法学专业的传统课程需要适度改造以适应"创新创业教育"的需要，但从成本与效益的角度看，打造本校法律职业特色课程与学科背景特色课程才是重点。四川师范大学法学专业主要打造了两类特色的课程体系：

重点打造法律职业特色课程——法律职业核心技能课程体系。包括以案件分析能力为培养目标的"刑事案件分析课程""民事案件分析课程""行政案件分析课程"，以综合办案能力为培养目标的大型模拟课程"刑事司法实务模拟""民事诉讼实务模拟""民事非诉讼实务模拟"，以案件的实际处理能力为培养目标的实践课程"法律诊所"。这样就形成了一个较为完备的法律职业核心技能课程体系，实现了从法律知识到法律职业技能、从校内模拟到校外实践的全过程训练与培养。

重点打造学科背景特色课程——法学创新创业课程体系。开设旨在实现教学、科研、行业一体培养的"法学研究中心课"，由青少年法治教育中心、少年司法研究中心、科技与法律研究中心面向法学专业学生开设；旨在推动教学与科研的良性互动的"科研项目专题课",由承担教育部、国家哲学社会科学规划项目的老师面向法学专业学生开设。这些课程彻底打破了专业教育与学科建设之间的"隔阂",对于培养学生的创新精神与能力有重要的意义。

在新时代,随着信息技术、人工智能等现代科技的发展,借助互联网、人工智能设备实现新知识、新技术的分享与训练显得极为必要。法学专业的"创新创业教育"应当注重互联网法学教育、人工智能法学教育,将其最大限度地融入现代科技环境之中。

# 新时代卓越法治人才培养模式的改革与创新

胡晓[①]

**摘　要**：本文从教学范围和质量标准对新时代的卓越法治人才概念进行重新定义。结合当今的法学教育现状，提出卓越法治人才培养的改革需求和富有创新性的教学理念、模式，以强调新时代背景下卓越法治人才培养模式的必要性和重要性。

**关键词**：卓越法治人才；培养模式；创新；改革

国家统计局的数据显示，在2017年，全国教育经费总投入为42562.01亿元，比2016年的38888.39亿元同比增长9.45%。同年普通高校学生一般公共预算教育事业费支出情况是20298.63元，比上年的18747.65元同比增长8.27%。截止到2018年，国家在教育领域的财政拨款总预算为1479亿元，与2017年相比增加了100亿，其中在高等教育和来华留学教育的方面增幅较大，分别比去年增长2.74%、16.08%。[②] 当今，全球处于科技不断创新、经济一体多样化的环境中，而教育与科技、经济发展有着密不可分的联系。根据2018年9月17日教育部出台的《中央政法委关于坚持德法兼修实施卓越法治人才教育培养计划2.0的意见》，表明新时代卓越法治人才的培养是法学教育的核心问题。

## 一、新时代卓越法治人才的定义

探索新时代卓越法治人才培养模式的道路，需要明确卓越法治人才的定义。

---

[①] 胡晓，法学博士，四川师范大学法学院讲师。
[②] 中华人民共和国教育部，《2017年全国教育经费统计快报发布》。

笔者将从以下三个方面进行阐述。

### （一）新时代卓越法治人才的范围——本科学生

将卓越法治人才定位在本科学生的范围，这是因为本科学生是高等教育环节中最为关键的一部分。全国高等院校的本科在校生中，本科生与研究生的比例为8比1；大学为社会提供的毕业生中87%是本科生，截至2017年本科毕业生接近400万人。① 本科生培养质量的高低直接影响着高等教育整体质量，正可谓"本科不牢，地动山摇"。笔者在研读文献资料后发现卓越法治人才培养模式的探索大都集中在本科，正好印证了本科教育是硕士、博士教育阶段不可忽视的"地基"。

本科阶段的学习过程趋向于多而广，法学专业尤为如此。如果放任学生自主掌控，没有合理正面的引导，大多数学生都会走入"歪门邪道"，做许多"无用"的工作，让学习质量流于表面，白白浪费学习时间和机会。因此，卓越法治人才培养模式首当其冲进行改革的就是本科阶段，人才培养模式力图给予学生更多有关本科教育的指导性建议。学生若在本科阶段培养了良好的学习习惯和能力，就能从容地应对以后的学习和工作。

### （二）卓越法治人才培养模式的质量观

新时代的卓越法治人才培养模式，必定有一个衡定人才质量的标准来评判其实践结果。依据新时代的社会价值人才观的全新要求，笔者概括总结了三个特点：复合化、实用化、国际化。第一，复合化是指要想成为一名优秀的法律人才，不仅需要熟练掌握本专业的知识技能，还要有其他的擅长之处，比如掌握第二门外语技能或运用本专业知识与其他学科知识进行跨专业的融合的能力。第二，实用化是指法律人才不仅有扎实的理论基础，在实践的过程中也具有良好的阅读理解、沟通交流、批判性思辨等能力。第三，国际化是指具有良好外语能力的法律人才能够积极参与国际谈判、商事仲裁等国际活动的情形。笔者认为要想成为一个卓越的法治人才，这三点缺一不可。

### （三）卓越法治人才培养模式的微观现状

笔者在参考了中央财经大学、武汉大学、中山大学、中国政法大学、中国人民大学等知名高校的法学教育实践基地方案后简略概括了我国卓越法治人才培养模式的微观现状：

---

① 教育部党组书记、部长陈宝生：《坚持以本为本推进四个回归　建设中国特色、世界水平的一流本科教育——在新时代全国高等学校本科教育工作会议上的讲话》，2018年6月21日。

高校秉持改革现有人才培养模式弊端，探索、建立、完善以实践为导向的法学人才培养模式和培养机制，包括建立法学教育实践基地群以及广泛利用"双师互聘制"和对口共建单位之间互相选派教师，实现优秀教师与对口基地业务骨干之间的遴选和在校内组织学生积极参与专业实习、社会实践、法律讲座、法律诊所、模拟法庭竞赛等专业相关活动。其中令笔者印象最为深刻的就是中央财经大学尽全力发挥学校的财经特色，在教学时坚持将法学和经济学、管理学等相结合，贯通金融与法律的理论和实务，致力于培养新型财经法律人才[①]。而中山大学则利用自己毗邻港澳台地区的优势，组织学生赴港澳台地区进行学习交流活动。

通过上述阐述可以总结出新时代卓越法治人才培养模式的定义，即以本科学生为主，以新时代的社会价值观为辅，始终坚持以学生为中心的思想观念，力争构建优质化、复合化、实用化、国际化即符合时代特征的卓越法治人才培养模式。

## 二、卓越法治人才的改革需求

（一）大学生人才培养质量的新要求

衡量大学生人才培养的质量不仅包含广泛的普通大学生群体，还有占比虽小却不可忽视的拔尖学生。纵观各大高校的法治人才培养机制，不难发现各学校都在积极转变法学教育思想观念，改革落后于时代的法学专业人才培养模式，重点加强法学教育的实践环节，提高指导教师实践教育水平。而社会对于法学专业拔尖学生的质量要求就是需要他们具备更为优秀的实践创新精神、司法实践能力、国际法律视野、法律职业道德、社会责任感和创新创业的能力。只有在校期间以这样的培养目的去要求学生，他们才有希望在毕业后成为高质量的卓越法律人才。

（二）大学生人才培养观念重心——学术性创新

司法实践能力、社会责任感和法律职业道德，学生可以在教学实践中逐步领会，而实践创新精神、国际法律视野和创新创业能力是无法在教学实践中完全领悟的。所以，在进行卓越法治人才培养时，不仅要着眼于教学实践，更为重要的是要提升学生的学术性创新能力，这样不仅可以帮助他们更好地走上工

---

① 中华人民共和国教育部高等教育司：《中央财经大学法学教育实践基地建设方案》。

作岗位,还有利于他们进行工作后的二次学习。

## 三、卓越法治人才培养模式的创新——教学理念和模式

众所周知,学术性创新能力不是一蹴而就的,而是在不断地学习实践过程中逐渐提升来的。下面笔者将从专业设置体制、课程设置模式、教学管理形式、教学评价方式这四个方面阐述。

(一)卓越法治人才培养模式之专业设置改革

目前,我国各大高校广为实行的专业设置体制均仿照了过去苏联时代的培养模式,即本科学生在填报志愿或是进校初始时就进行专业分流,这种传统的专业设置体制虽然满足了过去特定时期社会的需求,但其弊端也十分明显,那就是许多学生进校后才发现对填报的专业并不感兴趣或是不适合该专业的学习。对于开设了法学专业的学校来讲,这样的情况更是多不胜数。许多同学在填报法学专业时只是片面地理解为该专业学成后一定能当上律师或法官,但在学习的过程中发现要想学好法学,需要在课外狠下功夫,进行大量的阅读,而内向性格的人也并不适合这个专业。如果想要转专业,又害怕跟不上其他专业的学习进度,只好被迫碌碌无为地熬过大学四年。

所以,笔者认为根据当下的情况,有以下四种改革方式解决现存问题:

第一,增加本科跨专业学生的名额。

第二,给予本科想要跨专业学习的学生更多帮助。(1)学校开放跨专业学习学分抵扣制度。学校负责提供学习渠道,学生在大一上学期自主选择本专业和想要跨读的专业的课程,合理安排学习的时间学习两门专业的课程并完成相应的考核,如果该生在跨专业考试中达到跨专业考试标准,即可用原就读专业的课程学分折抵跨专业考试的大一上学期部分课程的学分。(2)在跨专业考试方面,在试卷题库中按照不低于大一(跨专业)难度的试题进行跨专业考核。(3)对全体学生开放各个专业的课表。有意向跨专业的学生自主申请想要跨考的专业的课程学习,自主选择上课课程和听课时间,以上述(2)中要求的达标的方式作为转专业的考核结果。

第三,调整大学生课程设置和时间。即大学生的第一年和第二年作为基础课程学习阶段,大学生的第三年作为法律业务基础实践课程阶段。(1)增设实务操作等课程;(2)增设收集文献资料等课程;(3)增设专业性较强的课程,如制作法律文书等课程;(4)增设与法律有关联的专业培训等课程;(5)增加

院办、校办社团、协会在学校、学院以及社会的认同度、知名度；（6）加大模拟法庭的参与度等；（7）大学生的第四年开始进行实务操作实践阶段——俗称实习阶段。

第四，利用大数据库建立法科生学生档案，积极收集大学生的学习诉求和实践诉求。

（二）卓越法治人才培养模式之优化课程设置模式

在我国，通识教育主要以思想政治课、英语课、体育课、数学课、语文课为主，根据不同地区高校开设课程的标准不同，设置的课程种类也有所不同。目前通识课程分为线上和线下两种形式，线上的形式主要以不占据教学场地和无固定时间进行学习。这种形式虽然可以设置丰富多样的课程来吸引学生，但是由于学生无法与教师面对面的交流，导致教学效果较差。线下的形式主要是学生通过学校选课系统进行选择性的申请兴趣课程，但由于在选课中尚未对课程内容和目标进行讲解，导致学生在选课后发现自己期望的课程和实际课程内容大相径庭，丧失了学习乐趣。

笔者认为学校应当积极优化课程设置模式，以学院之名邀请或聘请有关课程的专家学者对达到精英教学条件的学生制定通识课程方案给予规划，向学生提出适合自身的建议，以免学生盲目地选择课程，浪费宝贵的学习精力和时间。大学课程设置模式的优化应时刻谨记"一切为了学生，为了一切学生，为了学生的一切"原则，在过程中贯彻以人为本、以生为先的教学管理思想。

（三）卓越法治人才培养模式之更新教学管理形式

正如雅斯贝尔斯所言："如果经过严格条件挑选出来的大学生，在整个学习期间仍要走一条由学校规定控制的安稳之路，然后达其终点，这就不成其为大学了。高等学府的本质在于，对学生的选择是以每个人对自己负责的行动为前提，他所负的责任也包括了到头来一无所成、一无所能之冒险。"① 各个高校都不乏有个性突出、成绩卓越、能力优秀的同学，但是学校对他们没有给予足够的关注和重视，使他们淹没在茫茫学海中，学生可能丧失以后在某专业领域继续深造的机会。

笔者认为，在现有的教学管理形式上，可以积极开展"小班制"和"导师制"以及"访学交换制""实习制"的多样化教学管理形式，用"四管"齐下深入培养卓越法治人才。

---

① ［德］卡尔·雅斯贝尔斯著，邹进译：《什么是教育》，北京：生活·读书·新知三联书店，1991年1月。

"小班制"是指通过自主选拔考试，将一部分占学生人数极小比例的优秀同学重组为一个小班，人数限制在20人左右。小班制班级的课程内容比普通班的要更为艰深复杂，甚至可以邀请具有交叉学科背景的教师或是跨学科的老师从各自学科的视角和研究方法出发，共同讲授一门跨学科课程，培养理念也不仅仅在于学懂，还要让学生进行自主的学术性创新。与此同时，小班制凭借其人数优势可以很容易地开展读书报告会或是前沿学术研讨会等学术活动。例如法学的很多专业需要较大的课外书籍阅读量，但一直"啃大部头"可能对同学而言过于枯燥，读书报告会活动能更好地激起同学们的学习和阅读热情，在与其他同学进行读后讨论的同时进行思维火花的碰撞，更有利于理解书的主旨。而前沿学术研讨会也是学术创新必不可少的。同学们埋身学海，可能对于学术前沿课题尚不了解，开设研讨会不仅有利于开阔同学们的视野，还有利于他们锻炼自己的思维和表达能力。

"导师制"是指在小班制的基础上给班级里的同学按照一比一的比例进行导师的配置。导师都是在该专业领域有一定学术造诣、学识渊博、经验丰富的专家，可以在论文写作或是课题研究上提供建议指导学生，帮助他们更好地培养学术性创新能力。[1]

"访学交换制"是指学校安排学生在假期到国内或是国外知名高校进行交换体验。开展交换制度有利于学生接触学术前沿，开阔国际视野和提升跨学科、跨文化的理解交流能力，极大地促进学生进行学术创新。学校可以依据自身实际情况，努力扩大国外和国内合作高校的范围，为学生提供更多的访学项目和访学机会。尤其针对小班制的参与了卓越法治人才项目的学生，应该保证每位学生都有国外或国内访学的机会。

"实习制"则是指学生在校期间根据课余时间安排对本专业知识理解以及提高学生实践能力的实习活动，以增强学生在公检法或律师事务所的实践经验和校外实习基地的实践的能力。

（四）卓越法治人才培养模式之重塑教学评价方式

对于以学分制为主的教学评价方式，笔者是赞同的。不可否认，学分制有着不可比拟的优势，学校通过对总学分的要求实现了对学生自主学习结果的评定，并对学生的学习过程，包括学习时限、学习内容等都给予了充分的自由。笔者认为该制度仍有改进的地方，那就是结合学生的培养目标，各门课程的学

---

[1] 林敏喜、于世忠、金亮新：《以需求为导向的应用型卓越法律人协同培养机制探析与实践》，载《辽宁大学学报》，2018年第4期。

分比例应当在实际情况下不断修改调整。众所周知,学分制、绩点制中的学分和绩点①是唇亡齿寒的关系,因此课程的学分很大程度上影响着学生的学习动机和学习态度。对卓越学生培养目标贡献较低的课程可以适当降低其学分占比。

将学分制作为教学评价的主要目的是反馈、矫正与调控教学质量。而对于本文主体的卓越法治人才这样具有个性化特质的人才培养模式来说,教学评价最为重要的目的是促进优秀学生进行学术创新和个性发展,若将其目的定位于选拔和淘汰,则评价失去了它原本的意义。笔者认为在改革法治人才培养模式时,应当重塑教学评价功能的认识,转变教学评价观,使教学评价发挥出真正的育人功能。

以法学专业为例,教学评价范围应该更加广泛,不仅有最为基础的成绩结果评价,还要加强过程评价的占比。过程评价是对学生学习一门课程过程中对于知识、能力等全面发展水平的综合性评价,包括学生平时课堂上的表现尤其是课堂发言讨论的质量,课下个人阅读与研究的学术成果,与他人合作学习的能力等。在进行教学评价时,不应只是将期中、期末成绩简单相加,而应该将上述成绩统一看待,不对学生进行片面测评。

在教学评价方式上应该更加多样,要力争改变以考试为主的单一方法,侧重点置于在不同的学习生活情境下考查学生解决实际问题的能力。笔者认为可以淡化一次性考核和单一笔试,增设以课外活动的多元教学评价体系,充分运用课堂发言、课下独立研究、撰写文书、搜集文献和撰写学术小论文、口试、面试等多种方法考核学生的学术创新能力和个人素质。同时在进行成绩评价时不应当只看学生在该门课程或是该专业上取得的成绩,也要参考他在其他领域取得的成绩。如学生在课外通过自己的努力,在雅思、托福、全国比赛、国家级考试等方面取得了优异成绩,在评价时,都应该作为评价指标。

教学评价方式得当,可以鼓励和激发学生学习热情;教学评价方式不当,则阻碍学生的个性发展。

## 四、卓越法治人才培养模式改革创新的时代已经来临

(一)改革卓越法治人才培养模式的价值

中国当前正处于社会主义建设的关键时期,我们正昂首阔步走在积极探索

---

① 绩点,即评估学习成绩的一种方法,国内大部分高校通用的计算方法是:绩点=分数/10-5,学分绩点=学分×绩点=学分×(分数/10-5)(90分以上按90分计算)。

中国特色社会主义法治的道路上。当下对于卓越法治人才的要求应该是明法笃行、德法兼修的高素质。要想建设好法治国家、法治政府、法治社会，就务必要培养出我国的卓越法治人才。只有改革创新现有的卓越法治人才培养模式，才能够更好地找准人才培养和行业需求的结合点。改革创新现有的法治人才培养模式能为全面推进新时代法治中国建设提供有力的人才保障。真正实现"深化高等法学教育的教学改革，强化法学实践教育，构建社会和学校的法治人才培养共同体，创造一流法学专业，培育一流法治人才"。

（二）卓越法治人才培养模式的意义

新时代卓越的人才队伍应该依靠教育事业的培养，而卓越的人才素质应由培养模式所决定。不断地改革与创新法治人才的培养模式，不仅有利于丰富现阶段的人才培养模式内涵、有利于拓展个性化人才培养模式的理论体系，更有利于深化对人才培养规律的认识。因此，研究卓越法治人才培养模式具有重要的意义。

# 卓越法治人才培养协同育人工作之反思

李荣 杜应芳 何美霖 李润①

**摘　要**：我国卓越法治人才培养协同育人机制经历初始建设与深化建设两个阶段，在培养目标、教师队伍、资源共享和管理协同方面取得成效，但这一工作依然存在法律障碍、定位障碍、路径偏差与动力不足等问题，需调整定位，从协同育人机制逐渐过渡到共同育人机制，搭建更高层级的协同育人协调机构，打造多层次全方位法治人才培养体系。

**关键词**：卓越法治人才；协同育人机制；共同育人机制

从卓越法律人才培养计划到卓越法治人才培养计划，培养"具有法律之德性、法律之知性和法律之技性三位一体的法治人才"②一直是核心目标。通常，高校作为人才培养的主阵地，当之无愧需要承担这一任务，但受其自身资源和定位的局限，法治人才培养中"偏重于法学专业知识理论的教学，对法治实践能力的培养训练不充分"③。鉴于法治人才培养是全面推进依法治国系统工程的重要组成部分，是基础性、先导性工作，④加之法学学科具有很强的实践性，因此仅仅依托高等院校的法学教育是无法完成法治人才培养这一历史重任的，必须引入政府部门、法院、检察院、律所、企业等法制实务部门力量参与法治人才培养，搭建运行良好的协同育人机制，共同完成法治人才的培养任务。

---

　① 李荣，法学博士，四川师范大学法学院教授；杜应芳，四川师范大学法学院民商法专业 2017 级硕士研究生；何美霖，四川师范大学法学院民商法专业 2018 级硕士研究生；李润，四川师范大学法学院 2017 级法律硕士研究生。

　② 何跃军、陈淋淋：《从法律人才到法治人才——卓越法律人才培养计划实施六年检讨》，载《宁波大学学报（教育科学版）》2018 年第 5 期。

　③ 米莉：《德法兼修培养卓越法治人才——中国政法大学校长黄进访谈录》，载《北京教育：高教版》2017 年第 7 期。

　④ 黄进：《志存高远培养卓越法治人才》，载《光明日报》2017 年 5 月 26 日版。

## 一、卓越法治人才培养协同育人工作政策溯源与实施现状

（一）政策溯源

1. 协同育人机制初始建设

这一阶段，主要是提出建设"高校——实务部门联合培养"机制。这一机制包含两个层面的建设，一个层面是人才培养队伍的建设机制，一个是人才培养实施机制。

首先，人才培养队伍建设机制主要以人员互聘为内容。2011年12月，教育部和中央政法委员会联合发布《关于实施卓越法律人才教育培养计划的若干意见》（以下简称《卓越法律人才若干意见》），提出要建立"高校——实务部门联合培养"机制，加强高校与实务部门的合作，共同制定培养目标，共同设计课程体系，共同开发优质教材，共同组织教学团队，共同建设实践基地，探索形成常态化、规范化的卓越法律人才培养机制。并提出要"探索建立高校与法律实务部门人员互聘制度，鼓励支持法律实务部门有较高理论水平和丰富实践经验的专家到高校任教，鼓励支持高校教师到法律实务部门挂职，努力建设一支专兼结合的法学师资队伍"。实施高校与实务部门人员互聘"双千计划"，选派1000名高校法学骨干教师到实务部门挂职1－2年，参与法律实务工作；选派1000名法律实务部门具有丰富实践经验的专家到高校任教1－2年，承担法学专业课程教学任务。[①]

2012年7月，最高人民法院颁布了《关于建立人民法院与法学院校双向交流机制的指导意见》，明确指出坚持以中国特色社会主义理论体系为指导，以培养造就政治坚定、品德优良、知识丰富、本领过硬的高素质法律人才为目标，搭建人民法院与法律院校及法律科研机构的良性互动交流平台，正式建立法学专家学者来院交流挂职制度。[②] 同期，最高人民检察院也建立了检察机关和法学院校双向交流机制。

2013年7月，教育部、中央政法委员会、最高人民法院、最高人民检察院、公安部、司法部联合发布《关于实施高等院校与法律实务部门人员互聘

---

[①] "教育部、中央政法委员会关于实施卓越法律人才教育培养计划的若干意见"，载教育部网站，http://www.moe.edu.cn/srcsite/A08/moe_739/s6550/201112/t20111223_168354.html，访问日期2019年1月25日。

[②] 新华社："最高人民法院建立法院与法学院校双向交流机制"，载中央政府门户网站，http://www.gov.cn/jrzg/2012-07/22/content_2189317.htm，访问日期2019年1月20日。

"双千计划"的通知》(下简称《通知》)。《通知》明确提出,要在 2013 年至 2017 年,选聘 1000 名左右有较高理论水平和丰富实践经验的法律实务部门专家到高校法学院系兼职或挂职任教,承担法学专业课程教学任务;选聘 1000 名左右高校法学专业骨干教师到法律实务部门兼职或挂职,参与法律实务工作。

2014 年 10 月,党的十八届四中全会《中共中央关于全面推进依法治国若干重大问题的决定》明确提出,要健全政法部门和法学院校、法学研究机构人员双向交流机制,实施高校和法治工作部门人员互聘计划。

为进一步加强法院与法律院校及法律科研机构司法合作交流,2015 年 7 月,最高人民法院制定颁布了《关于建立法律研修学者制度的规定》,建立法律研修学者制度。这一制度由最高人民法院组织实施,以最高人民法院审判业务部门重点工作、调研课题和重要司法解释为专项研究内容,组织国内青年法律学者进行专题研修活动,为审判实践和司法改革提供智力支持。最高人民法院按年度公布有关研修课题及人选要求,法律研修期限一般为 1 年,集中研习时间不少于 60 天。

其次,人才培养实施机制主要以法律实习生制度建设为内容。要提高学生的法治实践能力,"只有让学生亲自去做、亲手去不断修正错误,最后才能掌握知识和技能"。[1] 组织法律院校学生参加审判实践活动是一项长期性工作。为更好开展这一工作,2015 年 7 月,最高人民法院制定颁布了《关于建立法律实习生制度的规定》,建立法律实习生制度,推动完善法制人才培养机制。[2] 法律实习生制度由各级人民法院根据工作实际定期组织开展,向社会公布,采取统一组织方式进行。采取导师制,实习期限一般为 3 至 6 个月;实习期间担任实习法官助理或实习书记员,在指导人员的帮助下,参与案件审理、案件记录、起草法律文书等审判辅助工作;或参加审判工作专题调研,提高在司法实践中分析问题、解决问题的能力。实习工作管理由人民法院组织人事部门、用人部门与法律院校共同负责,实习人员的思想教育和学习交流等活动由人民法院共青团组织负责。[3]

2. 协同育人机制深化建设

2018 年,在总结前期经验基础上,教育部出台《关于加快建设高水平本科

---

[1] Robert Dinerstein, Report of the committee on the future of the in-house clinic, Journal of Legal Education, 1992, p. 25—36.

[2] 陈学勇:《建立法律研修学者和法律实习生制度》,载中国法院网,https://www.chinacourt.org/article/detail/2015/08/id/1696338.shtml,访问日期 2019 年 1 月 20 日。

[3] 罗书臻:《完善司法合作交流机制推动优秀法治人才培养——最高人民法院政治部负责人就建立法律研修学者和法律实习生制度答记者问》,载《人民法院报》2015 年 8 月 26 日第 4 版。

教育　全面提高人才培养能力的意见》（下简称《意见》），提出要建立与社会用人部门合作更加紧密的人才培养机制，"构建全方位全过程深融合的协同育人新机制"，突出"全方位""全过程""深融合"，并进一步明确若干机制：培养目标协同机制、教师队伍协同机制、资源共享机制、管理协同机制。①

教育部、中央政法委结合我国法治建设提出的新要求、新情况，总结卓越法律人才培养计划实施经验，及时出台升级版的卓越人才计划——《关于坚持德法兼修　实施卓越法治人才教育培养计划2.0的意见》（下简称《卓越法治人才2.0意见》），明确提出，构建法治人才培养共同体，切实发挥政府部门、法院、检察院、律师事务所、企业等在法治人才培养中的作用，健全法学院校和法治实务部门双向交流机制，选聘法治实务部门专家到高校任教，选聘高校法学骨干教师到法治实务部门挂职锻炼；在法学院校探索设立实务教师岗位，吸收法治实务部门专家参与人才培养方案制定、课程体系设计、教材编写、专业教学。经过5年的努力，建立起凸显时代特征、体现中国特色的法治人才培养体系。②

（二）协同育人机制内涵演进

尽管《卓越法律人才若干意见》提出了协同育人机制，但并未明确这一机制具体的内容，学界对此展开了诸多探讨，有学者认为，这一协同育人机制其实就是"产学研联合培养模式"，建立法治人才培养的共同体机制（共同使命和责任）、责任机制（人才培养责任主体的责任追究）、监督检查机制（检查、考核、评估制度）。③

《意见》在总结近年学界和实务界的成果后提出，构建全方位、全过程、深融合的协同育人机制，需要健全培养目标协同机制（共同制定人才培养标准）、教师队伍协同机制（建设专兼职教师队伍）、资源共享机制（将社会优质教育资源转化为教育教学资源）、管理协同机制（搭建管理平台，协同管理人才培养）。

---

① 《教育部关于加快建设高水平本科教育　全面提高人才培养能力的意见》，载教育部网站，访问日期2019年1月25日。
② "教育部、中央政法委关于坚持德法兼修　实施卓越法治人才教育培养计划2.0的意见"，载教育部网站，http://www.moe.gov.cn/srcsite/A08/moe_739/s6550/201810/t20181017_351892.html，访问日期2019年1月25日。
③ 何跃军、陈淋淋《从法律人才到法治人才——卓越法律人才培养计划实施六年检讨》，载《宁波大学学报（教育科学版）》2018年第5期。

（三）协同育人机制运行现状

1. 师资队伍双联合培养，人员互派不断加深

参与卓越人才计划的高校和法治实务部门依托"双千计划"，积极加强教学队伍的实践化培养。截至2017年，第五批选聘工作结束，共选聘了923名实务专家到高校法学院系兼职或挂职任教，选聘850名法学专业骨干教师到法治工作部门兼职或挂职。同时，法院系统和检察院系统主动响应，在强化挂职锻炼的同时，积极出台新的协同举措。最高人民法院在人员互派基础上，创新设立法律研修学者制度和法律实习生制度，取得很好的社会反响。截至2018年初，来自北京大学、清华大学、中国人民大学、中国社会科学院、武汉大学、吉林大学等10余所京内外高等院校、科研院所的两批20名法律研修学者走进最高人民法院，参与司法改革、审判执行等实践工作。法律研修学者制度为科研院校的学者与法院业务部门协同开展理论与实证研究搭建了桥梁。① 各级法院和高校也不断创新队伍交流形式，北京大学、中国政法大学、西北政法大学、西南政法大学、吉林大学、湘潭大学等多所高校均开展了双向交流合作，② 如选聘法治实务部门资深专家担任校外导师，安排高校教师到法治实务部门挂职或兼职，高校与法治实务部门合作开展项目研究等方式，加大双方人员交流。

2. 资源协同不断加大

高校和法治实务部门有自身的资源优势，各个部门之间不断加强资源整合力度。2018年7月20日，四川省高级人民法院与在川部分高校召开合作共享座谈会并签署合作协议；2019年1月，北京互联网法院与中国人民大学、北京大学、清华大学、中国政法大学等十所高校交换了共建协议，依托北京互联网法院平台技术支撑，为高校建立远程案例教学，并就典型性案件进行远程庭审学习、庭后深入探讨，各高校充分发挥自身资源优势，在党建、数字图书馆、社会资源等层面与互联网法院共建、共享，并通过学术讨论、授课、带教等方式提升法官能力。③ 中国政法大学采取多种举措，实现国内优质司法资源，包

---

① 许聪：《在更高层次上推进法学理论与审判实务深度融合——最高人民法院法律研修学者制度运行综述》，载中国法院网，https://www.chinacourt.org/article/detail/2018/01/id/3154514.shtml，访问日期2019年1月20日。
② 周敏、谢鹏远、李少伟：《法学院校与政法实务部门人员双向交流之张力与融合》，载《陕西教育（高教）》2016年第9期。
③ "北京互联网法院与十所高校签约共建互联网法律人才培养中心"，载央广网，http://china.cnr.cn/gdgg/20190122/t20190122_524490532.shtml，访问日期2019年1月25日。

括动态的庭审过程、司法卷宗等大批量汇集进校园、进教学、进课堂,并建立检察案件原始案卷副本档案阅览室、审判案件原始案卷副本档案阅览室、公益法律援助原始案卷副本档案阅览室,受赠原始案例卷宗副本超过60000套,实现使用真实案例进行教学。①

3. 法治人才培养实训互动不断增强

一方面,法治实务部门积极通过传统的走进高校路径,如开设讲座、参与案例教学、指导模拟法庭训练与竞赛、担任案例大赛评委、庭审进高校等,发挥实践经验培养学生。

另一方面,参与法治人才培养,提供法治实践机会。其中,除了提供庭审观摩等见习之外,还在教学实习方面提供实训。其中,尤以最高人民法院的法律实习生制度为甚。在法律实习生方面,最高人民法院自2015年接受第一批法律实习生开始,至今已经接受6批共305人次实习生(具体见表1)。在每一批次接收人数上,原计划只接收30人,但因为"报名的人员非常踊跃,优秀的学生比较多,法律实习生名额从30名增至50名"。②法律实习生担任实习法官助理或实习书记员,参与审判实践、司法调研和司法行政等各项工作。最高法安排审判长、法官担任指导老师,实习生在指导老师的要求下直接参与审判执行工作,参与案件调查、记录和调解等工作。各级法院也根据自身情况,积极落实法律实习生制度,每年接收不同数量的法律实习生。如吉林省高院2018年接收25名法律实习生;2016年开始,成都中院先后公开招募接收了六批共386名实习法官助理,实习法官助理由资深法官担任校外指导老师,与校内指导老师共同指导实习,参与案件审理、案件记录、文书起草、理论调研等工作。北京互联网法院则与共建高校协作建设实训机制,由法学院设计实习课程,派学生到互联网法院开展实习,法院给予评价,实习课时可折算课程学分,法学院学生可自愿报名到法院开展志愿者服务。③

---

① 黄进:《志存高远培养卓越法治人才》,载《光明日报》2017年5月26日第11版。
② "最高法发布第三批法律实习生名单 在这儿实习是怎样一种体验",载中国审判微信公众号,https://mp.weixin.qq.com/s?__biz=MzIwOTA4NzMyOQ%3D%3D&idx=1&mid=2651775792&sn=06da1c895e026ea23c8f32d11c475284,访问日期2019年1月25日。
③ 靳昊:《北京互联网法院与10所高校共建互联网法律人才培养中心》,载光明网,http://legal.gmw.cn/2019-01/23/content_32399349.htm,访问日期2019年1月25日。

表1 最高人民法院接收法律实习生一览表

| 批次 | 时间 | 人数 | 实习生所在单位 | |
|---|---|---|---|---|
| | | | 在京 | 京外 |
| 第一批 | 2015 | 50 | 22 | 10 |
| 第二批 | 2016 | 50 | 25 | 17 |
| 第三批 | 2017 | 55 | 20 | 20 |
| 第四批 | 2017 | 50 | 19 | 15 |
| 第五批 | 2018 | 50 | 16 | 20 |
| 第六批 | 2018 | 50 | 18 | 15 |

## 二、卓越法治人才培养协同育人工作实施障碍

（一）法律障碍

1. 现行法律制度的制约

法治人才培养中涉及的教育和法律工作均是专业性很强的行业，国家实施严格的职业资格准入，相关的从业人员需要取得相应的教师资格证或者法律职业资格证。在法治卓越人才培养协同机制中实施的师资队伍双联合培养中，这一资格准入成为重要制约。其实《通知》已经注意到这一问题，在选聘条件中专门规定：到人民法院、人民检察院、公安机关兼职或挂职的，还应符合《中华人民共和国法官法》《中华人民共和国检察官法》《中华人民共和国人民警察法》等有关法律法规规定的任职条件和资格。选聘担任法律实务部门行政领导职务的，还应具备正高级专业技术职务和较强的组织管理能力，符合《党政领导干部选拔任用工作条例》规定的任职条件和资格。不过，这一文件却未规定到高校法学院系兼职或挂职任教的法律实务部门专家的任职资格。这明显不符合《高等教育法》的规定。《高等教育法》第四十六条规定，高等学校实行教师资格制度。中国公民凡遵守宪法和法律，热爱教育事业，具有良好的思想品德，具备研究生或者大学本科毕业学历，有相应的教育教学能力，经认定合格，可以取得高等学校教师资格。不具备研究生或者大学本科毕业学历的公民，学有所长，通过国家教师资格考试，经认定合格，也可以取得高等学校教师资格。很明显，"双千计划"在实施中无法越过职业资格限制。从法律职业资格角度

看,高校法学教师多数取得了法律职业资格证书,选聘到法院交流时的资格障碍并不大,但从教师资格的角度看,法治实务部门很少有人取得这一资格。因此,法治实务部门的专家选聘到高校从事教学工作时,不可避免存在教师资格障碍,以至于很多高校不得不采取变通手段,如到行政岗位、兼职教师、客座教师等方式进行安排,一定程度上降低了法治实务部门专家交流的效用。

2. 协同育人机制规范制度缺失

当前,除了前述的相关文件外,没有任何制度可为高等院校、法治实务部门之间的协同育人机制提供制度保障。尽管最高人民法院出台的《法律实习生制度》对此有了新的尝试,但授权法院根据工作需要接收法律实习生,对各级法院没有强制性约束力,其仅仅具有指导性作用,不执行法律实习生制度也不承担相应的法律责任。其他法治实务部门所在系统尚未出台相关的制度,顶层的规范制度缺失,参与到卓越法治人才培养计划的单位大多也未制定相应的协同管理制度,"大多数单位对于管理制度方面的规范很少,且缺乏具体的操作规则"。[①] 其与高校之间的协作完全可有可无,可配合也可不配合。同时,当下高校与法治实务部门之间的协作主要是通过双方签订合作协议、共建协议进行,然而协议本身不具有强制性的约束力。

(二) 定位障碍

协同一词来自古希腊语,或曰协和、同步、和谐、协调、协作、合作,包含多重意思,一则是指协调一致、和合共同,即协调两个或者两个以上的不同资源或者个体,协同一致地完成某一目标的过程或能力;一则是指协助、会同,在此合作过程中,以某一主体为中心,其他主体协同一致完成某一目标的过程。

当前,协同育人机制的协同内涵在各种政策文件中主要以后者进行定位。虽然中共中央、中央政法委、教育部、司法部等诸多部门单独或联合出台文件支持、整合人才培养资源,但不可否认的是,法治实务部门是用人单位,人才培养是教育部门的职责的传统人才培养分工认识导致当下的协同育人机制是以教育部门为主、其他部门辅助的运作机制,教育部门与法治实务部门分属不同系统,无法调动法治实务部门的资源。相比之下,具体承担人才培养任务的高校就更处于被动地位,即便高校有协同的意愿,制定了相应的人才培养计划,但能否协同、协同效果如何不是高校能够掌控的,其取决于法治实务部门的落实程度。

---

① 周敏、谢鹏远、李少伟:《法学院校与政法实务部门人员双向交流之张力与融合》,载《陕西教育(高教)》2016年第9期。

这一状况也可从卓越人才计划近些年的实施情况得到佐证。最高人民法院党组成员、政治部主任周泽民在卓越法律人才教育培养计划启动工作会议上指出："人民法院要主动加强与教育部门、高校的联系沟通，找准共同培养人才的结合点，积极参与人才培养进程。"① 这一讲话代表的是法院系统的态度，卓越人才的培养，法院的定位是"参与"，而不是"履行"人才培养职责。虽然在最近的几年中，法院系统、检察院系统相较其他法治实务部门来说，在参与卓越计划方面是最为积极的，但从人才培养的角度看，参与的广度和深度还远远不够。统计2015-2017年，法治实务部门派出人员到高校的参与单位共504家，法院和检察院系统占304家，占比60.32%；派出人员到法治实务部门的参与高校共291所，派出人次676人次，其中法院和检察院聘用472人次，占比69.8%。②

同时，考察《卓越法治人才2.0意见》的表述，"切实发挥政府部门、法院、检察院、律师事务所、企业等在法治人才培养中的作用，健全法学院校与法治实务部门双向交流机制……吸收法治实务部门专家参与人才培养方案制定、课程体系设计、教材编写、专业教学"。可以看出，法治实务部门虽然也承担育人职责，但不是其主要职责，在协同育人中的定位应当是协助、配合，会同教育部门更好发挥育人功能。应该说，这符合"奠基于现实需求上的卓越计划，更强调置业能力"的整体运行逻辑，也就是卓越法治人才的培养，以高等院校为主，其他法治实务部门为辅，协同完成。然而，法治实务部门发不发挥这一育人功能，对其核心职能影响并不大，在没有强制性义务、责任制约的情况下，这一次要职能也就很难得到有效落实。据一项实证调研显示，参与调研的法学院领导对卓越计划实施中与实务部门的合作效率不高表示不满的占比达到83.7%。③ 也有研究表明，以"高等院校为主、其他法治实务部门为辅"的协同育人机制"难以发挥高素质理论和实务专家在'面'的层次上对于法学教育全过程、全环节的推动作用"。④

---

① 周泽民：《发挥双方优势 共同培养卓越法律人才——在卓越法律人才教育培养计划启动工作会议上的发言》，载教育部网站，http：//www.moe.edu.cn/s78/A08/gjs_left/moe_739/s6549/s7720/201206/t20120618_159460.html，访问日期2019年1月25日。
② 相关数据根据《教育部办公厅、中央政法委办公室关于公布高等学校与法律事务部门互聘"双千计划"2015、2016、2017年度入选人员名单的通知》公布的名单统计所得。
③ 何跃军、陈淋淋：《从法律人才到法治人才——卓越法律人才培养计划实施六年检讨》，载《宁波大学学报（教育科学版）》2018年第5期。
④ 周敏、谢鹏远、李少伟：《法学院校与政法实务部门人员双向交流之张力与融合》，载《陕西教育（高教）》2016年第9期。

（三）路径偏差

卓越法治人才培养计划的目标是培养适合法治需求的法治人才，但囿于高校与实务部门之间的体制机制制约，当下最容易实施的则是教师队伍的实务化水平提升，双向交流即为明证。教师队伍的实务化水平提升的确有助于将教师队伍培养成法治卓越人才，也有助于其更好培养卓越人才。不过，当下法学院教师队伍实务化水平提升的路径稍微偏离了卓越法治人才计划的初衷，仔细研究卓越法治人才计划，其着眼点并非在这一群体身上，其重点应当是着眼于有志于法治事业的一批批新生力量，即接受法学教育的人群。然而，现有的协同育人机制中除了法律实习生制度外，直接针对这一群体的举措较为缺乏，尚未主动关注这一群体。一方面，针对已经接受过法学教育但尚未达到法治需求的"存量"群体的进一步提升举措需要加强，需要将法官、检察官、律师、法律工作者、行政执法人员等群体统一纳入卓越法律人才培养的框架体系内，整合法治实务部门的各类资源，加强培训。另一方面，接受法学教育的"增量"群体，需要在法学院教学中加强法律职业教育，加大实务化教学内容，提升法学实务技能，并与"存量"培训形成前后衔接、各有侧重、协调统一的培养体系。目前"增量"路径稍有重视，但极不完善，教学实习流于形式并不鲜见，而"存量"路径也因分散在不同部门之中而未能有效整合到卓越法治人才计划中，培养目标缺少协调。

（四）动力不足

1. 法治实务部门参与动力不足

首先，缺少强制性法治教育责任规定。党校（行政学院）、法学会、律师协会和中小学校等教育科研单位法治教育的责任不够明确，没有尽到培养法治人才应尽职责；立法机关、行政执法机关、审判机关、检察机关、党委党内法规工作机构以及律所、企业法务部门等机构，对培养法治人才的职责定位模糊不清。[①]

其次，缺乏相应制度落实培养责任。如前所述，卓越法治人才培养并非法治实务部门的主要工作职责，其出于部门自身需要以及部分参与人才共同培养，目前所有的政策文件中并未设置相应制度落实培养责任，也没有相关的检查、考核机制设置，参与人才培养也不是法治实务部门所擅长的工作，实践中常常不受欢迎，在法治实务部门工作任务本来就繁重的情况下，"甚至被看成是增加

---

① 梅哲、王志：《创新法治人才培养机制》，载《红旗文稿》2017年第5期。

负担的工作"。①

2. 参与人员激励不足

相比法治实务部门的专家到高校任教获得的收益,高校教师能够得到更多的收获,特别是能获得"教学和研究中缺乏的实证素材"②,因而有更多的动力参与。但受高校重科研、轻教学思潮的影响,部分老师仅仅把交流当作"政治任务",参与热情不高;部分交流教师在法治实务部门工作内容的模糊也使得挂职教师的身份定位不十分明确,影响到教师在实务部门工作的积极性。③ 反观法治实务部门的专家,一则领取教师资格证书对其没有太多价值,没有动力去考取资格证书;二则受单位工作业务的影响,本身很难直接独立承担人才培养任务,即使有所承担,也无法提供持久性、系统性的教学授课,虽然在高校的教学经历会为其职业成长加分,但这一影响甚微,以至于无法抽出精力参与高校的教学实践。

## 三、卓越法治人才培养协同育人工作优化思考

（一）调整定位，从协同育人机制逐渐过渡到共同育人机制

考虑到法治人才培养的长期性和阶段性,高等院校培养人才仅仅是人才成长的一个阶段或者环节,法学院教育仅仅是法学教育的组成部分,法治实务部门作为用人单位,在用人的同时也需要育人,"法律实务部门是卓越法律人才的使用者,也应当是培养卓越法律人才的参与者"。④ 也就是说,放到人才成长的历史长河中,用人单位和教育部门各自仅仅是人才成长的某一个环节而已,人才培养不仅仅是法学院一家之事,是"法学院和实务部门的共同责任","法学教育是一个整体性系统性的教育过程,不仅有法学院的法学教育,也有实务部门的法学教育","法律职业教育是法学院应当承担的法学教育的一部分,但不是全部,法学院法学教育应当包含法律职业教育的部分内容",但"法律职业教育不是法学院能够全部承担的,它是一个法律职业共同体缔造的过程"⑤。在这

---

① 何跃军、陈淋淋:《从法律人才到法治人才——卓越法律人才培养计划实施六年检讨》,载《宁波大学学报（教育科学版）》2018 年第 5 期。
② 杨春:《国外学界与政界的双向交流》,载《南方日报》2013 年 11 月 6 日。
③ 周敏、谢鹏远、李少伟:《法学院校与政法实务部门人员双向交流之张力与融合》,载《陕西教育（高教）》2016 年第 9 期。
④ 侯斌:《卓越法律人才培养共同体研究》,载《法学教育研究》2017 年第 3 期。
⑤ 何跃军、陈淋淋:《从法律人才到法治人才——卓越法律人才培养计划实施六年检讨》,载《宁波大学学报（教育科学版）》2018 年第 5 期。

种情况下，教育部门和用人单位应当在人才培养中承担起同等作用，双方之间不应当是一种协助、配合关系，而应当是围绕人才培养这一中心目标，协同一致共同采取举措，因此，从应然角度看，教育部门和用人单位在卓越法治人才培养方面应当紧密配合，搭建共同育人机制以有效整合人才培育资源。

当然，在教育部门人才培养阶段也就是法学院教育阶段，人才培养采取教育部门为主、用人单位为辅的育人机制可充分发挥各自优势，是合情合理、无可厚非的，也有助于缩短法治人才理论、实践双重兼具的时间。同时，考虑到观念意识的转变以及资源整合的难度，当前可以考虑主要以教育部门为主、用人单位为辅的育人机制，推进卓越法治人才培养进程。随着人才培养观念的转变，逐步加大用人单位的人才培养责任，过渡到教育部门、用人单位共同培养人才的育人机制。即便过渡到共同育人机制，双方之间也同样存在协同配合的问题，在教育部门人才培养阶段，教育部门为主，用人单位为辅；在用人单位人才培养阶段，用人单位为主，教育部门为辅。

（二）搭建更高层级的协同育人协调机构

如前所述，卓越法治人才培养作为一项系统性工程，需要整合不同主体的人才培养资源，协同划分不同主体的人才培养目标和任务，在教育部门和法治实务部门地位平等，甚至弱于法治实务部门的情况下，依托教育部门协调人才培养目标和任务是不现实的。在此情况下，需要有超越高校、教育部门、法治实务部门的更高层面的协调机构或协调机制，协调不同阶段、不同主体的人才培养目标，明晰不同主体人才培养主体责任，督促不同主体制定人才培养计划并监督检查落实情况，方能有效解决这一问题。可考虑借鉴当下改革中常用的做法，在国务院层面设立"卓越法治人才培养领导小组"，或者直接将这一工作纳入"中央全面依法治国委员会"的职权范畴，统筹协调、整体推进。

在这一协同育人协调机构的统一协调下，制定协同育人或共同育人中长期发展规划，出台相关的制度规范，明确不同主体的人才培养责任，将人才培养情况纳入法治建设工作绩效考评。

（三）打造多层次全方位法治人才培养体系

1. 搭建各类协同育人平台

以中央政法委、教育部批准的"全国卓越法律人才教育培养基地"为载体，分别在教育部门和法治实务部门建设国家级、省级、市级应用型、复合型法律职业人才教育培养、涉外法律人才教育培养、西部基层法律人才教育培养等多个平台；整合律师学院、检察官学院、法官学院与高校之间的资源，搭建教师队伍交流平台,实现不同部门之间的教师资源共享。

2. 强化法制实务部门的人才培养责任

加大高校法学骨干教师到法治实务部门挂职、研修力度,将高校法学教师赴实务部门研究纳入高校教师人才培养规划,争取用一定的时间,实现所有高校法学教师全部具有实务研究经历。建立高校法学教师与法治实务部门联系的常态机制,共享法治资源,使其深度融入司法实践。[①]

加大引入法治实务部门人才力度。发挥法治实务部门离退休专家的作用,引入并充实高校教师队伍;建立法治实务部门专家身份转化制度,可考虑建立"卓越法治人才专家库",将法治实务部门的优秀专家遴选入库,按照高校教师资格证书的条件集中组织培训,取得教师资格证书,从而解决当下的资格准入障碍。

突出落实法治实务部门的实习单位的责任,在最高人民法院"法律实习生制度"基础上,建立法学专业学生担任实习法官、检察官助理、书记员、律师助理等制度,发挥法治实务部门人才培养功能。

---

① 梅哲、王志:《创新法治人才培养机制》,载《红旗文稿》2017年第5期。

# 人工智能时代的法科教育变革

陈山　何昕航[①]

**摘　要**：随着人工智能时代的迫近，法律行业作为一个具有高度专业性的领域，正不可避免地面临着人工智能技术的渗透与影响。在人工智能时代，法科教育面临因法律职业变迁所带来的挑战。在人工智能时代的背景下，未来的法科教育将是一种高度注重塑造内在价值的人格教育。在教育理念上，法科教育应当实现"智能转型"；在人才培养目标上，需要着力培养"智能时代的法律人"；在教学举措上，应当注重建设法律人工智能师资队伍，搭建法律人工智能实验平台，调整法学专业选修课程设置，引入项目式教学、认证式课程等。

**关键词**：人工智能；法科教育；法律职业

## 一、人工智能时代

从大数据到区块链，从电子支付到全面"刷脸"，从李世石败于阿尔法狗再到阿尔法零左右互搏，人类面临着千年未有之大变局。深圳智能公交已全球领先上路，特斯拉将有数百万辆智能驾驶出租车投入使用，人类"老司机"岌岌可危。人工智能无疑是具有终局意义的科技革命，人工智能时代一旦到来，之后便有人工智能时代Ⅰ、人工智能时代Ⅱ……

2018年8月24日，在线教育集团iTutorGroup聘请世界首个机器人公民索菲亚（Sophia）担任人类历史上首位AI教师，打破了传统的真人在线授课模式，进而转变为机器人授课，"人工智能"以教育者的姿态再次进入了大众的视

---

[①] 陈山，法学博士，四川师范大学法学院院长、教授。何昕航，云南大学2019级民商法硕士研究生。

野。斯坦福大学的"人工智能100年"研究项目曾指出，对人工智能给出不同于大众理解的精确和复杂的描述是困难的，因为如何对人工智能进行精确定义目前还没有达成共识。通常意义上我们所说的人工智能是一种采用人工方法制造的具有思维活动性质的类人智能。在人工智能的研究领域中，存在着三种智能形态：弱人工智能、强人工智能和超人工智能。[①] 当下我们时代的人工智能产物，都脱离不了弱人工智能范畴，它不会在工作中真正替代人类，不过是让机器的行为看起来就像是人所表现出的智能行为一样，但并不真正拥有智能，也不会有自主意识。弱人工智能在如今的农业、医学、法学等领域承担着辅助人类解决在实践中遭遇的问题的作用。而在所谓强人工智能时代，人工智能系统随着深度学习、自我学习能力的高度成熟，从而具备了自主意识，即可视为具有了独立人格。在强人工智能的时代，世界上大多数职业将面临被人工智能所替代的风险，重复性、机械性的劳作将不再由人类担任，客观性、模式化的工作也将会由更智能的机器所掌管。当前大多数人所热议的"人工智能能否取代人类"的话题正是在强人工智能这一形态的辐射范围下展开讨论的。关于超人工智能，牛津大学哲学家、未来学家 Nick Bostrom 在他的《超级智能》一书中指出，"超人工智能是在科学创造力、智慧和社交能力等每一方面都比最强的人类大脑聪明很多的智能"，超人工智能的出现即意味着奇点的到来，人类的命运或许会就此改写。

从目前来看，人工智能越来越广泛地参与到我国全面依法治国的建设之中[②]。例如，2016年9月，最高检印发了《"十三五"科技强检规划纲要》，纲要指出，要积极采用科技手段提高检察工作效率，降低司法成本，大力推进检务云和国家检察大数据中心建设，研究基于检务大数据的智能化服务，打造数据驱动的智能化检务知识服务体系。这一纲要以科技强检为指导理念，为检察机关发展智能化检务提供了纲领。又如，2017年7月，国务院印发《新一代人工智能发展规划》，提出将推进"智慧法庭"建设，建设集审判、人员数据应用、司法公开和动态监控于一体的智慧法庭数据平台，促进人工智能在证据收集、案例分析、法律文件阅读与分析中的应用，实现法院审判体系和审判能力的智能化。[③] 由此可见，倘若我们不在法科教育中做好应对人工智能的准备，那么将来就不能培养出能适应人工智能时代的法治人才。尽管当前的我们尚处

---

[①] 张保生：《人工智能法律系统的法理学思考》，载《法学评论》2001年第5期。
[②] 参见周忆陶：《探索信息技术与法律职业的融合——以司法系统信息化为视角》，载《中国培训》2017年第4期。
[③] 乔文心：《提升信息化应用水平努力建设智慧法院》，载《人民法院报》2016年2月26日版。

在弱人工智能的时代,但法律职业领域正不可避免地面临着人工智能技术的渗透与影响,法科教育面临着巨大的挑战,法律人能够为当事人、社会提供的传统法律服务与社会治理正遭受着人工智能的蚕食。

无论"奇点"是否真正降临,无论人工智能是否终将取代人类智慧,所有人都必须认真思考,在人工智能时代下人类职业的命运、人类的前景。作为培养法科人才的法学院该有何作为,值得深入思考。

## 二、当前人工智能在我国法律领域的运用

早在2006年,山东淄博市淄川区法院就研制了一套"电脑量刑"软件系统用于辅助定罪量刑。据介绍,该系统在量刑日期的精准度上可以精确到天数,从而实现量刑的数字化、精确化。但大众对该软件系统存在较大争议,其在实践中的准确度和精确度仍有待考量。2016年3月,最高检与科大讯飞等科技公司达成战略合作,将安徽省人民检察院作为智能语音试点首家单位。在取得成效之后,选取新疆、浙江、江苏、贵州等地检察机关作为首批智能语音试点单位,开始探索智能语音技术与检察工作的融合,取得十分显著的效果,尤其在当事人认罪的"轻刑快审"案件中,原来需要12小时左右完结案件现在被缩短到了一至两个小时,这极大地缓解了检察人员案多人少的压力,提高了司法效率。2017年5月,杭州市江干区检察院开发的"危险驾驶案件智慧公诉办案辅助系统"自上线运行以来,一起案件的办理从阅卷到完成文书制作仅需要20分钟,提审只需要10分钟,开庭仅需5分钟,危险驾驶罪的速裁案件办理时长从一天缩短了到一个小时,大大提高了办理此类认罪认罚案件的效率。2017年8月,江苏省在全省检察机关范围内全面启用了案管机器人。该系统能够在多方面辅助检察官办案,不仅涉及审阅卷宗、甄别疑点、推送类案、提出量刑意见、自动生成批准逮捕意见,也能监督检察官办案,系统能自动对检察机关办理的每一件案件、每一个办案节点、每一份法律文书进行全流程、全留痕式监管;还能主动推送信息,依法保障当事人诉讼权利,确保案件办理公开透明。2017年9月,一款名叫"小崇"的法律机器人正式上线。它是由成都市崇州人民法院自主设计,联合数据服务公司共同制造的一款机器人。人们通过互动性问答,得到自动生成的风险评估报告,从而达到即时调整诉讼策略的效用。至今为止,该机器人的访问量已经达到了3万人次,解答了2.5万次问题。

在法律服务行业,人工智能借助互联网、大数据等信息化手段飞速发展,这要得益于最高人民法院2017年通过的《最高人民法院信息化项目建设管理办

法》、最高检印发的《检察大数据行动指南（2017—2020 年）》，加速了新的信息科学技术的发展，相应的一批提供法律人工智能服务的企业应运而生。2018 年 1 月，中国政法大学法学院数据与研究中心发布《2017 年度互联网法律服务行业的调研报告》指出，自 2014 年开始，依靠"互联网+法律"创办的互联网法律机构进入了飞速上升阶段。当前在不同法律专业领域形成了分工明确、方向明确的法律智能服务策略。例如小纽美国法律咨询为海外移民项目提供法律业务，律驾宝为交通事故提供家庭法律服务，法家云则是为移动网络支付提供企业法律服务。珠海孜孜科技有限公司开发的"Elawofffice"律所管理平台、北京新橙科技有限公司开发的"iCourt"律所管理平台，通过商业大数据分析和智能法律服务的结合，从而简化律师工作、提高律所管理效率、增加客户满意度，实现了律师移动办公和项目协同工作。① 伴随着当前如火如荼开展的"互联网+法律"的弱人工智能模式，变化与创新已经逐渐在法律行业埋下了萌芽的种子，成为互联网法律机构存续及发展的必要条件。我们可以预测未来的法律服务领域纵向上将进一步向垂直纵深方向细分，横向上将进一步把覆盖范围从司法人员、法律服务人员扩展到社会公众。

## 三、法科教育必须实现理念的"智能转型"

2017 年，在达卡尔的世界教育峰会上，来自全球的教育者们都在关注人工智能问题。人工智能之于教育，首先要实现教育理念的转变。

在当前的时代背景下，商业大数据分析和智能法律服务的结合，越来越多的法律服务产品层出不穷，加速了律所的智能化管理，"智慧法院""智慧检务"系统使得法院、检察院办公智能化的实现也成为可能。在未来的人工智能时代，社会变革将会是巨大的。例如"智能代理""智能协作""人机交互"将彻底改变人类职业生态。"智能代理"广泛出现，由智能机器人代理人类非身份职业行为，特别是那些不需要创造性活动的职业行为，法律人可为的法律咨询、法律意见、法律文书等都面临着被代理的可能，因此，传统法律服务中的非诉讼业务将大量消失；"智能协作"正在兴起，由智能机器人运用海量知识与专项技能实时、点对点地指导人类专业化行为，甚至包括依赖于身份的诉讼活动，因此，法律职业领域不仅是非诉讼业务也包括诉讼业务均将面临极大的挑战；"人机交互"一方面会增加职业岗位，包括智能机器人研发、智能机器人操作这些会成

---

① 参见张文：《推进律师事务所信息化建设》，载《中国律师》2014 年第 11 期。

为最有吸引力的新兴职业，另一方面"人机交互"越发展越会导致"智能代理""智能协作"的高度扩张，最终"人机交互"自身也会经历越发达、越萎缩的尴尬历程。因此，"人机交互"所产生的新兴法律职业岗位，会远远小于其所消灭的传统法律职业岗位。因此，对于法律人而言，人工智能时代所带来的挑战前所未有。当然，这并不意味着法律职业消亡，除非人工智能彻底超越人类，"奇点"到来。

现在的共识是，人工智能在知识的搜集、存储、调取方面远远超过人类，甚至在单个领域的技能上也非人类可以企及，但是在人的可接受性与创造力为内核的智慧和情感方面则远逊于人类。这一判断同样适用于法科教育。"法律智慧"赋予了法科学生超越法律机器人的原创力，对于洞察社会情势变化适时创造法律规则与解释、适用法律规则而言，更能够符合社会公平正义之理念；情感特别是"法律情感"赋予了法科学生更能够为当事人、社会所接受的人文因素，能够产生相关的共情、共识、共信，从而基于这样的共情、共识、共信方能为当事人、社会提供更易接受的法律服务与治理活动。因此，法科教育需要实现教育理念的根本转变，充分重视人类与人工智能的优缺点，以更加积极的姿态迎接人工智能时代法律职业变迁带来的挑战。

## 四、法科教育应当注重培养"智能时代的法律人"

在人工智能时代，法科教育在教育理念"智能转型"的推动下，在人才培养目标上应当注重培养"智能时代的法律人"。"智能时代的法律人"最核心的素质是"法律智慧"与"法律情感"，它们共同构造了人与法律机器人相区别的本质特征——"法律人格"；"智能时代的法律人"最核心的能力则是"人机交互能力"。

对法科学生的培养要重点关注"法律智慧"的养成。"法律智慧"就是对公平正义的智慧，包括法律直观、创造力。法律科学是关于公平正义的科学，因此法科学生需要具备公平正义观念。公平正义观念的培养，又重点在于公平正义的智慧，纯粹知识性的概念、规则并非人类之所长。作为智慧之首的直观是一种非线性、非逻辑的"黑匣子"般的人类理性之光，其本源于人类大脑结构与机能的复杂性、不可解析性，因此公平正义的直观是法律机器人无法获得的法律智慧，至少在脑科学未能有效解释人类大脑机能并模拟大脑运作之前均是如此。于法科教育而言，这需要设置并强化公平正义直观的必修课程。通过开设法律见习课程、法律电影课程、法律文学课程等，触发法科学生公平正义的法律直观。创造力是人类创造新生事物的能力，法律创造力则是人类创造新的法律概念与法律规则的能力。创造力是在一定的公平正义观念基础上的创造，仍然带有强烈的非理性色彩，不能够由运算的逻辑法则产生，与直观互逆，其体现的是观念到现实的非理性表达。当然，创造力需要既有制度基础与其后的理性强化，只有在既有制度基础上才可能产生契合情境的新的概念与制度，创新的概念与规则只有得到理性分析的支持才能真正生根，因此，要培养法科生的法律创造力需要开设常见法律课程，确立其法律制度创新的直观法律背景，主要是现行的法律核心课程，例如，刑法学、民法学等，以及确认其法律制度创新的理性分析课程，例如，法哲学、法社会学、法政治学、法经济学等。

对法科学生的培养还要重点关注"法律情感"的养成。情感是人类的一种独有品质，情感是人类对于外部世界的情绪与感觉，是人类活动的调色板，个性鲜明、风格独特。"法律情感"则是人对于法律的情感以及运用法律解决社会问题的情感，其本质是人对法律、对法律效果满足公平正义的观念的情感。良好的"法律情感"能够增进法律人对法律的理解、认同，并引导法律人更好地实现法律所体现的公平正义；在良好的"法律情感"的引导下法律人所做出的法律活动更能够贴近社会大众的情感，能够产生良好的社会效果。因此，可以认为"法律情感"是法律人相对于智能机器人的核心竞争力。由于情感是一种在实践中萌发、成长的因素，"法律情感"的培养主要依赖于法律实践课程中循序渐进的引导与建构，因此需要通过开设法律实习、法律诊所等教学环节与课程，以确立一种法科学生面临真实法律情境的前提，还应当开设一些引导形成善良、温和、美的"法律情感"的课程，因为只有这样的"法律情感"才能够真正符合社会大众的观念。

"法律智慧""法律情感"深入到法科学生的内心，与其认知、意志品质、性格、气质等心理要素融合形成"法律人格"。"法律人格"将法律人与法律机器人根本区分开来，法科教育应当重点培育、塑造法科学生的"法律人格"。"法律人格"是法科学生经过系统的法科教育，将公平正义之理念、信仰融入、内化为其认知、意志、性格、气质的内在心理定型系统。[①] 2018年教育部通过了《普通高等学校法学类本科专业教学质量国家标准》。在该标准下，法学类专业教育被定义为是素质教育和专业教育基础上的职业教育，开展以实践为导向的法学职业教育，为社会培养法治人才，满足社会对法治人才的需求。这在当

---

① "人格"是极为重要的心理学概念。其是较为稳定的人的气质、性格、情感等因素的心理综合体。人格的形成，基本上标志着其在心理上的成熟。因此，"法律人格"是一个成熟法律人应当拥有的心理规格。

前全面依法治国的背景下是必要的，倘若法学院培养出来的学生社会不需要，那么法科教育即便是具备先进的管理经验、教学方法，也不能作为优秀范例予以提倡。但倘若我们把国家标准作为法科教育的不可更易的最高目标，而拒绝前瞻性思考，将不能很好地适应变化多端的时代，更不能适应人工智能时代下对法治人才的需求。对于当前在法学教育领域推行的国家标准，我们要持有辩证的态度。一方面，相比其他人文社会科学类专业，法科教育培养的是最终会直接与社会上的法律职业相对口，例如法官、检察官、律师、企业法务、互联网法律顾问等人才，倘若法科教育过分传授抽象的、空洞的法学理论给法科生，难免会使其与当下与时俱进的社会相脱节。在当前社会背景对实务性法治人才的需求下，法科教育增加实践性教学环节有助于增强法科生回应社会的能力、解决实际问题的能力。另一方面，倘若我们将法科教育拘泥于国家标准定义的职业教育，即便适应当下的社会，但长远来看将会产生利大于弊的效果。一味地强调法科教育的职业性，势必会在思想的引导上，使得原本刚从高中升入大学、尚未完成素质教育的法科生在阅读、吸收知识方面变得更加狭窄，与考试内容无关的、与法律无关的知识像哲学、文学、经济学、政治学等人文社科知识将不在他们的视野范围之内。如果在本科阶段一味地强调学习专业化，而忽略大学本身的教育目的——培养学生形成健全的人格、正确的价值观、批判性思辨能力，同时具备一定的专业知识和专业素养；如果始终强调以职业能力的训练为目标，将违背了大学教育的初衷，对于打算从事法律职业的法科学生来说，将对其知识结构、价值观的形成造成严重的不利影响，即使毕业生看起来职业能力提高了，但缺乏一种"法律人格"，长远来看最终难以成长为未来社会所需要的法治人才，特别是难以满足人工智能时代的要求。因此需要秉持法科教育的人格塑造、价值判断功能，通过法律职业伦理、传统文化价值的弘扬，培养智能时代的法律"人"。①

对法科学生的培养还要注意培养其"人机交互能力"。法科学生的传统法律职业能力主要是一种法律表达能力，如法律文书制作能力、出庭诉讼技能等，而在人工智能时代主要体现为一种驾驭、运用人工智能从事法律活动的能力。②这种能力的培养需要引入操作人工智能机器人的课程以及开发法律人工智能的课程，促进法学思维与技术思维的交错，形成以数据为中心的复合型法学应用

---

① 薛应军：《应增设'人工智能＋法律'课程体系》，载《民主与法制时报》2018年8月16日。
② 但这一判断绝不意味着传统上的法律职业能力的训练并不重要甚至退出了法科学生能力训练的舞台。这里，仅仅是突出新的法律职业能力所作的强调性论述。只要法庭的舞台主角仍然是人类，法律活动的主角是人类，传统上的法律职业能力就永远是法科教育训练、培养的主题之一。

数据思维方式。在国外，2016年6月，IBM的认知计算机Watson支撑的史上首个人工智能律师ROSS"受雇于"一家美国律所，它可以用人类语言和律师交流，给人一种和准雇员共事的体验。在英国，一款名为DoNotPay的机器人律师可以帮助用户挑战交通罚单并准备所需的法律文件，现在已经扩大到了政府住房申请、难民申请等法律服务。2017年一家由墨尔本律所开发的机器人"律师应用"在澳大利亚上线。此外，辽宁沈阳瀛沈律师事务所推出了一款实体法律机器人"小沈"。这样一款实体法律机器人，能够以全方位清晰语音交互、精准脸部识别与点击触摸屏交换等方式，与客户进行多维交流。除了基本的迎宾、指引作用外，在高度专业化方面，能通过智能化问答、输出咨询报告等方式，为有需求的人们提供智能法律咨询服务。因此，培养法科生运用智能机器解决法律问题的能力便显得尤为被人工智能时代所需要。

## 五、人工智能时代法科教育变革之要义

在人工智能时代，在教育理念、培养目标转型牵引下，法科教育尚需采取若干具体举措将这一伟大的法科教育变革落到实处。然而，"我国在人工智能法学领域布局的力量尚显单薄。全国600多所高校建有法学专业，但目前仅有西南政法大学设立了人工智能法学院……传统法学教育应该顺应人工智能发展大潮，及时加快人工智能法学人才建设，并力争为未来我国人工智能健康发展保驾护航"。[①] 因此，法科教育变革亟待采取下列重要举措：

一要建设法律人工智能师资队伍。当前我国高校法学院的现状是普遍缺乏既有人工智能的知识，又具有法学背景的复合型师资队伍。由于未来法科教育中交叉学科学习的必要性，除了高校法学教师本身应不断丰富知识面、构建强大的学科交叉知识体系以外，高校还应为法学专业提供交叉学科的相应专业老师。为了应对人工智能的发展，高校一方面应把现有师资队伍之中的法学人才、计算机科学人才、统计学人才、数据库和软件工程师等与人工智能相关的人才组织起来，从而组建成一支高水平的法律人工智能教学团队；另一方面应积极从学校外部引进人工智能专业人才，并提高其配套待遇，充实法律人工智能教

---

① 刘学涛：《人工智能风险的法律应对》，载《民主与法制时报》2019年4月28日版。

学团队,为教学质量提高和人才培养提供基本保障。①

二要搭建法律人工智能实践教学平台。在法律与人工智能融合的时代下,法科教育应当在理论联系实际总方针的指导下,注重法律人工智能实践性教学平台建设,并逐步实现从"实验法学"到"智能法学"的转变。② 一方面,法学院应积极与当地法院、检察院、律所开展合作,借力当前实务部门"智慧法庭""智慧检务"的智慧司法东风,共同创建基于实务的"人机交互法学实验室",设立相应的实验教学课程,将实务中法律从业者应该掌握的"人机交互能力"加以培养和训练;另一方面,加强产学研合作,鼓励高校与企业等机构合作开展人工智能学科与专业建设。例如,借鉴北京大学携手北大英华科技有限公司建设的"北京大学法律人工智能实验室""北京大学法律人工智能研究中心",西南政法大学联手科大讯飞股份有限公司等共同成立的"人工智能法学院""人工智能法律研究院"。

三要调整法学专业选修课程体系。传统法学专业课程已经无法胜任人工智能时代法科教育理念与人才培养目标的新要求,在坚持开设传统法学专业核心课程、强化通识教育课程的基础上,重点调整法学专业选修课程:第一,需要筛汰一些过时的法律职业能力辅助课程。鉴于智能语音同步转录等技术的推广对书记员等记录人员的解放,法学专业可以考虑在课程设计中简化甚至删除"庭审速录"等渐趋落后的课程。第二,除了前述增设一些培养、训练法科学生"人机交互能力"的实验教学课程外,还应当开设一些法律人工智能的理论课程进行法律、信息学、智能技术、逻辑等跨学科领域的学习。③ 目前,一些高校在这一领域的积极做法,值得借鉴。例如,四川大学法学院联合数学学院、计算机学院做出的探索。④ 在这一方面域外一些法学院的做法较为前沿。例如,美国匹兹堡大学法学院艾希礼教授就介绍了"人工智能法学教学大纲",试图创

---

① 目前我国法学教育界普遍面临着人工智能师资缺乏的问题,法学教师不懂人工智能、人工智能专业人员不懂法律。这种"断裂"体现出时代变迁的需求与供给的紧张关系,唯有在观念转变的前提下经过一段时间的努力方可有效改变这种现状。值得注意的是,一些大学已经清醒地意识到这个问题,正着力改变。例如,西南政法大学人工智能法学院推出的"内培""外引"建设法律人工智能教学师资队伍的举措。参见李婷婷:"'人工智能'遇见'法律'奏响西南政法大学新时代",http://education.cqnews.net/html/2017-12/07/content_43430065.htm,2018 年 12 月 7 日登录。
② 杨继文:《从实验法学到智能法学》,载《检察日报》2018 年 12 月 18 日。
③ 张吉豫:《大数据时代中国司法面临的主要挑战与机遇——兼论大数据时代司法对法学研究及人才培养的需求》,载《法制与社会发展》2017 年第 6 期。
④ 2018 年 7 月,四川大学法学院法律与人工智能研习社、法律大数据实验室面向法科学生开放的"实践与国际课程周"开设如下课程:翁洋(数学学院副教授)主讲《机器学习概论》、张意(计算机学院副教授)主讲《深度学习概论》、李鑫(法学院副研究员)主讲《人工智能司法应用的路径与前景》、王竹(法学院教授)主讲《计算法学概论》。参见四川大学法学院:《法律大数据分析课程安排》,http://law.scu.edu.cn/info/1012/8403.htm,2018 年 7 月 8 日登录。

造性地解决人工智能时代法科教育的课程设置问题。①

四要引入项目式教学。在人工智能时代下,纯粹知识的学习已经变得极为次要,知识的创新才真正具有意义,传统课堂及其教学组织形式将进一步被颠覆,取而代之的是项目式教学将呈现井喷式增长,传统知识传授型课堂将逐步萎缩。项目式教学与人工智能时代的创新精神存在天然的契合,项目式教学通过老师指导学生完成项目的运作,进而产出项目成果,达到培养学生创新力的效果,这符合人工智能时代对创新能力的要求。对于法科教育而言,这种项目式教学主要依托于学校提供的各类立法、行政、司法创新研究项目,也包括教师自己承担、创设的各类法治类课题。因此,可以认为人工智能时代的法科教育是一种真正意义上的教学、科研一体的研究型教学。

五要开展认证式课程。互联网对传统的颠覆将更加彻底,万物互联、一切皆然,源自网络的优秀课程完全解构传统大学,打破壁垒,成为学生提高自身素质与能力的教学资源。大学将与社会资源形成一种联合体,认证式课程则是这一联合的最佳形式。源自互联网优质课程资源的发布者对于通过课程学习的法科学生给予学分认证,对于大学法学院而言则仅需要对该类学分予以认可,进而记入总学分即可。

当然,以上并非人工智能时代法科教育变革举措的全部,而仅仅是可预见的、尚未完全展开的人工智能时代法科教育变革的几个要点,在诸如传统法学理论课程内容升级、教学手段智能化等诸多方面仍有相当广阔的空间。

总之,随着人工智能时代的来临,人工智能已经逐渐融入了人类的生活中,法科教育也是如此。除开上述教育理念转型、人才培养目标调整以及教学举措调整之外,人工智能因素还将全面渗入法科教育的教学组织、教学管理、教学辅助等一切活动与环节,这种趋势将愈来愈强、愈来愈明显,找到应对人工智能给法律行业带来的机遇与挑战的方法,全面改善现阶段人才培养方式,则是未来的法律人不被时代所淘汰的关键。

---

① [美]凯文·艾希礼:《数字时代的法律实践:一份人工智能法学课程大纲》,杨安卓、陈晓莉译,载《法治现代化研究》2019年第1期。这份大纲包含的课程模块主要有:"法律推理计算模型导论""具有论证方案的可废除法律推理""法律信息检索、信息提取和文本处理""未来的人工智能与法律"等。

# "课程思政"下法理学对法律人"法魂"的培植

罗玉尧[①]

**摘 要**：教育是培养人的活动，"培养什么人，怎样培养人，为谁培养人"是教育的根本问题。法理是法律的灵魂，没有法理的法律，失了灵魂，犹如行尸走肉。法理反映法律的精气神，有什么样的内在法理精神就有什么样的外在法律样貌，故法理学反映一个国家法律意识形态。本科法理学教学的过程是为法律人培植"法魂"的过程，其内容和教学效果关系着法律人"法魂"能否培植成功。在教学改革中，对教学模式手段、方式方法进行改进，注意专业知识与"思政"构成在内容上的有机融合，注意专业知识深度与"思政"塑魂广度的有机融合，以马克思主义法学理论、中国特色社会主义法学理论指引，吸收传统文化精髓，融入社会主义核心价值观，培养具有中国"法魂"的法律人才。

**关键词**："课程思政"；法理学；"法魂"；培植

教育是培养人的活动，"培养什么人，怎样培养人，为谁培养人"是教育的根本问题，体现了教育的意识形态。长期以来，思政教育是进行社会意识形态教育的重要途径，高等教育历来是不同意识形态教育的必争之地。

## 一、"思政课程"与"课程思政"

### （一）新中国成立后我国"思政课程"的演化

"思政课程"是对学生进行思想政治教育的通识课程。在新中国成立初期我国学习苏联高等教育模式，建立了"思政课程"，后受到"左倾"冒进和"反

---

[①] 罗玉尧，法学学士、哲学硕士，四川师范大学法学院讲师。

右"斗争扩大化影响，思政课程的探索和教学一度受到影响，到"文化大革命"期间处于停滞状态，1977年—1982年才开始逐步恢复；1982年之后，国家出台了一系列的文件，加强学生特别是大学生思想政治教育，设立思政教研室、安排思政教学计划、统一思政教材、设置思政教师编制、建设思政教育队伍，思政课程从一门向多门扩展①，由专业的思政教职人员和专职的思政工作队伍主导学校思政教育。我国思政课程的演化过程彰显了党和政府对教育领域（特别是高等教育领域）思政教育的重视以及在意识形态占领这一领域的决心。但在实践过程中，这种专职主导、集中思政的模式，一定程度上形成了"为思政而思政"的观念，掺杂了太多的现实与功利的影响，不可避免地将思政教育活动与学生所学专业、未来所从事的职业割裂开来，不可避免地将思政核心要素与学科专业知识割裂开来，形成了思政教育的孤岛效应。

（二）从"思政课程"到"课程思政"

一方面是我国思政课程教育自身的问题，另一方面是国内外局势和环境对思政教育的冲击，我国高校思政教育一度陷入了"说起来很重要、用起来很苍白，理论很完美、现实很尴尬"的境地。为了提高思政教育的实效，切实培养符合社会主义建设需要的人才，2004年中央先后出台关于进一步加强和改进未成年人思想道德建设和大学生思想政治教育工作的文件，上海首先试点思想政治教育教学改革，逐步形成了"课程思政"理念，其影响范围覆盖全国高校②。一场在"课程思政"理念影响下的全国高等学校课程教学改革轰轰烈烈地展开。"课程思政"理念的提出是思想政治教育理念、手段和方式的一次重大革新，打破了思政教育的孤岛和壁垒，让思想政治教育从"思政"教师单打独斗转变为所有课程教师参与的"三全"③育人。

---

① 早期仅为思想品德课（具体名称为"思想修养课""德育课""道德修养课""大学生思想品德修养课"等），后增设法律基础课、形势与政策课。1987年又要求因校制宜开设"大学生思想修养""人生哲理"和"职业道德"；1998年明确规定思想品德课、法律基础课、形势与政策课是学生思想品德必修课；2005年2月，中宣部、教育部再次对大学本科思政课程进行改革，设置马克思主义原理、毛泽东思想、邓小平理论和"三个代表"重要思想、中国近代史纲要、思想品德修养与法律基础，同时开设形势与政策课，开设当代世界政治与经济等选修课。

② 2017年5月，"课程思政"被纳入中央《关于深化教育体制机制改革的意见》，从地方实践探索转化为国家战略部署。2018年，教育部先后印发《高校思想政治工作质量提升工程实施纲要》《关于加强新时代高校"形势与政策"课建设的若干意见》，在全国部署推广课程思政。

③ "三全"指全员、全程、全方位。

## 二、"课程思政"下法理学对法律人"法魂"的培植功能

在全面依法治国,构建社会主义法治国家背景下,高校法学专业承担着培养法律人才的重要责任,"培养什么人,怎样培养人,为谁培养人"是法律教育工作者不得不思考的问题。本文"法魂"一词来源于对灵魂①一词的移植,主要指法律人在从事法律职业中应当具备的精神、思想和情感等品质,是法律职业中起主导或决定作用的德性因素。教育部和中国政法委文件(教高〔2018〕6号)中认为,法学教育改革的首要任务就是"厚德育,铸就法治人才之魂"。②

### (一)法理学为法律人提供宏观视野

法理学是"从宏观和整体性的角度去研究法律现象"③,并不局限于具体案例、具体法律条文、具体法律文件和具体法律部门,甚至不局限于特定一国法律,其研究法学的一般问题,形成法学的一般理论和基础理论。即使法理学关注具体的法律问题或事件,往往也是站在宏观立场上,用抽象而概括的法的理论提供解决问题的思路,而不是提供解决问题的具体措施。

### (二)法理学为法律人明确基本立场

法学作为人文社会科学,必然有其阶级性和阶级立场,法理学作为法学的核心基础学科,无论是西方法理学还是中国法理学势必会"有强烈的政治属性和意识形态色彩"④,法理学所坚持的法学基本立场、观点和方法构成了整个法学体系的核心,法律人往往是在法理学的学习过程中培植其法学基本立场,获得法学基本观点,形成基本方法。

### (三)法理学为法律人引领价值趋向

法具有满足人们需求的属性,法理学站在哲学的维度阐释了法的价值。法的价值观念从某种程度上来说也是社会价值观念的组成部分,价值与时代紧密相连,法的价值也要考虑与社会主流价值的一致性。法理学对于社会核心价值

---

① 灵魂,一指传说附在人的躯体上作为主宰的一种非物质的东西,灵魂离开躯体后人即死亡;二指生命;三指精神、思想、感情等;四指人格,良心;五比喻事物中起主导和决定作用的因素;六指产品中流露出的能够被使用者认同的价值观念。灵魂(汉语词语)—百度百科。https://baike.baidu.com/item/%E7%81%B5%E9%AD%82/73763,最后访问时间:2020.6.15。

② 《教育部、中央政法委关于坚持德法兼修实施卓越法治人才教育培养计划2.0的意见》http://www.moe.gov.cn/srcsite/A08/moe_739/s6550/201810/t20181017_351892.html(生成日期2018.10.08),最后访问时间:2020.6.10。

③ 张文显:《法理学》(第四版),高等教育出版社、北京大学出版社,2011年版,第16页。

④ 张文显:《法理学》(第四版),高等教育出版社、北京大学出版社,2011年版,第17页。

理念的梳理和阐释，可以在法律人面对价值的多元化和价值的冲突时提供导向，引领社会主流价值方向。

（四）法理学为法律人培养职业道德

按照马克思主义哲学的观点，道德是社会意识形态，不同时代、不同阶级具有不同的道德要求和道德观念，立德树人是社会主义教育的根本任务。法理学能够有机地融合社会主义道德相关理论和要求，将法律职业道德的种子植入法律人心中，伴随着法律知识和法律实务的不断增长而成长，形成法律人"忠于法律、追求公正、勇于担责、服务人民"的职业品质。

总之，法理是法律的灵魂，没有法理的法律，失了灵魂，犹如行尸走肉，法理反映法律的精气神，有什么样的内在法理精神就有什么样的外在法律样貌，故法理学反映一个国家法律意识形态。法理学的教学过程实际上就是为法律人塑魂的过程。

## 三、"课程思政"下法理学对法律人"法魂"培植的优化

法理学课程和思想政治教育之间的契合点到底在哪儿？如何在法理学教学中影响法律人的基本立场、观点和方法？如何培植法律人的中国"法魂"？法学"课程思政"建设是一个不断实践—认识—再实践—再认识的过程。伴随着法理学"课程思政"的探讨和教学实践逐步增多，在总结经验和教训的基础上不断反思，争取实现"课程思政"下法理学对法律人"法魂"培植的优化。

（一）政府画红线，学校做方案，教师来实施

中宣部和教育部组织编写了一系列马克思主义理论研究和建设工程重点教材（简称"马工程"教材），并发通知要求全国高校使用[①]，教材中就包括了人民出版社、高等教育出版社共同出版的《法理学》（2010年）。有人认为马工程教材作为通识性教材有余，作为专业性教材不足，不利于人才的专业性培养；有人发现马工程教材中存在知识性错误、逻辑混乱、前后矛盾等情况[②]；有人

---

① 教育部中共中央宣传部关于高校哲学社会科学相关专业统一使用马克思主义理论研究与建设工程重点教材的通知（教高函〔2013〕12号）http：//jwc.njust.edu.cn/b1/b0/c10161a176560/page.htm。

② 通过对网络反馈归纳。《如何看待新课改的一批马工程教材？》—知乎https：//www.zhihu.com/question/265310423；《如何看待马工程法学教材？》—知乎https：//www.zhihu.com/question/263371848；《如何看待马工程法学教材？》—知乎https：//www.zhihu.com/question/263371848/answer/946896459；《怎么评价高校文科马工程教材》—百度贴吧https：//tieba.baidu.com/p/6681852580；最后访问时间：2020.6.18。

认为马工程教材将以前教材的专业性为主变为以政治性为主；在教学实践中，教材选用上普遍存在学校选用教材和教师实际使用教材的分离。显然，从"思政"的视角出发，政府试图通过在全国统一使用马工程教材从而实现思想上的高度统一，但在现实教学实践中却没有达到与之相应的效果，不仅课程"思政"效果不明显，也导致了课程"专业性"的削弱。故要实现"课程思政"下法理学对法律人培植"法魂"的优化，我们应当分工明确，各司其职，各行其是。

1. 政府画红线，负责教材审核工作

首先，明确政府在整个法学"课程思政"教学改革中承担角色。政府无须事无巨细、大包大揽，政府不是具体的实施者，它的作用主要在于引导。政府应该宏观上引导，从整体上把握"课程思政"的目的、任务，确立"课程思政"不可触碰的红线和不可逾越的政治底线。

其次，前置政府对法学教材的政治审核。教材编撰人可以是专业领域的任何人，政府也可以组织专家编写专业教材，但最好不要用行政强制的方式确定必选教材或版本。法学思想具有多元性，法学教材在编撰过程中，教材编撰人的立场必然会影响到教材内容，政府可以对教材中涉及政治和意识形态的内容进行审核。只要是审核合格的教材，都可以作为全国法学高校教师授课的备选教材。

2. 学校做方案，负责"课程思政"监督

首先，学校制定"课程思政"实施方案。教务处是学校教学管理部门，由教务处牵头制定方案，明确"课程思政"的基本原则、具体任务、考核评估、保障措施等，方案应当具备操作性。

其次，学校联络和组织教师参加"课程思政"教研和培训。近两年来，"课程思政"建设推动较快，国家也组织过马工程教材教学培训，但"课程思政"是一个系统工程，并非一两次教材培训即可解决问题，目前大部分教师和学生都在"专业"与"思政"中尴尬徘徊，亟须进行教学研讨和系统培训。

3. 教师来实施，负责"课程思政"的落实

"高校教师承担着传播知识、传播思想、传播真理的历史使命，肩负着塑造灵魂、塑造生命、塑造人的时代重任，是做好青年学生社会主义意识形态教育的关键力量。"[①] 教师是"课程思政"的具体实施者，教师专业素质和思想素质

---

① 周月朋、丁兆明："教师是高校意识形态教育的关键力量"http：//www. qstheory. cn/laigao/ycjx/2018-11/29/c_1123786453. htm，最后访问时间：2020.6.18。

的高低、对两者的融合能力的大小、教学能力、教学方式和手段的不同影响着"课程思政"建设的成败，在不违反国家红线和不违背政治底线的情况下，应当允许教师有自主的教学权利（包括选择教材），选择合适的教学方式和手段。通常情况下，能够进入高校的教师，基本（甚至是较高）的专业素质和能力是具备的，遇到的瓶颈主要是思想层面上的引导，以及专业与"思政"的融合能力的提升。因此，教师一方面要主动学习，提升自己的"思政"素质以及专业与"思政"的融合能力，另一方面也要注意和"思政"教师、学工人员以及学生交流互动，真正做到"同向同行、协同育人"。

（二）专业是塑型，"思政"是塑魂，"型魂"要统一

专业性是识别法律人的重要外在特征，法律人与其他职业人的典型区别就在于专业性（即法律性）。"思政"形成的立场、理论和观点是法律人从事职业起决定性和主导性的因素，是法律人的灵魂。法律人接受专业知识教育，积累专业技能和经验，无疑是搭建法律职业人的外型，若没有"思政"教育的融入，法律人空有其型而缺乏灵魂，这样的法律人缺乏自己的思想和灵魂，顶多算个工具，掌握在谁的手中就为谁服务。"思政"的功能在于运用马克思主义法理学的基本立场、理论和观点为法律人塑造灵魂，但如果忽视了专业知识的学习，再好的"思政"魂魄也只能缥缈浮空、无所依托。在法理学的教学实践中发现，法理学开始受苏联影响较重，改革开放后受西方影响较大，法理学教材中的观点大多采用了"拿来主义"，后虽然国家统一编写了马工程教材，但因马工程教材编写过程中自身存在的问题，专业和"思政"仍似"两张皮"，无法有机黏合在一起，最终导致专业知识不全不精、"思政"塑魂难有实效。因此，"课程思政"理念下的法理学教学改革，不是要在法理学专业知识和"思政"要素之间形成松散、对立或简单拼接的状态，而是在确保专业广度、深度和精度基础上将"思政"要素融入其中，使专业和"思政"相辅相成，共同塑造具有"法魂"的法律人。

（三）多元需引导，教学需渗透，育人需身教

毋庸置疑，改革开放后，人们对于多元化的思想采取了包容的态度，年轻一代甚至出现了一些追捧西方、贬损中国的行为，中国意识形态领域频频受到西方的蚕食。但对于这种意识形态领域的斗争，"思政"的过程中该坚持什么样的立场、采取什么样的手段和方式，才能最终取得胜利呢？

当前社会思想多元化状态已经存在，我们不可否认也不能否认。法理学基本立场、理论和观点在意识形态领域的斗争不可避免，对于多元化的思想宜疏

不宜堵。所以，在法理学"课程思政"教学中，不能因为意识形态的原因就全盘否定甚至删除西方法学相关理论，传授知识的过程中尽可能全面客观公正地表述或进行利弊分析，引导学生选择符合有中国特色的社会主义法学基本立场、理论和观点。

法理学是一门理论性课程，抽象性和概括性较强，对于学生和老师而言，教和学都有一定的难度，而"思政"教育最忌讳的是粗暴说理。在法理学课程"思政"教学中一定要注意教学手段和方式的选择，利用网络技术、多媒体技术，制作小视频，运用案例分析等将"思政"的要素渗透并融入法理学的知识中，使学生在学习专业知识的过程中不知不觉地接受"思政"教育。同时，身教重于言传，法理学教师自身所秉持的立场、观点和方法在较大程度上会影响学生对于法律职业的认知，对于学生培植"法魂"意义重大，这也就要求法理学教师要不断提高理论修养和政治素养，在教学中起好模范带动作用。

法理学"课程思政"对于法律人的"法魂"培植至关重要，但在整个教改过程中不能采用"一刀切""大跃进"，要分工合作、有序推进，最终形成课程与"思政"的有机融合，真正做到润物细无声，为中国特色社会主义建设事业培育具有中国"法魂"的合格法律人才。

# 深化课程改革

# 混合教学模式下的中国法制史教学改革路径分析

赵 旭[①]

**摘 要**：中国法制史是法学专业核心课程，作为交叉学科，中国法制史课程涵盖了法学和历史学等多层次的知识内容。鉴于中国法制史具有较强的基础性、理论性，与现实生活所要解决的法律问题具有一定的差距，为此，拟以中国法制史混合教学模式改革为例，从传统教学与现代教学方式相结合的视角，分析并论述中国法制史教学的改革思路和教学提升路径。

**关键词**：中国法制史教学；混合教学模式；教学改革路径；法史传统价值

中国法制史是我国法学专业的核心平台课以及法学本科生的专业基础课，中国法制史的教学地位举足轻重。然而，当前我国法科学生的本科人才培养模式，包括中国法制史教学在内还面临着诸多问题。2014年10月，习近平在主持中共中央政治局第十八次集体学习时指出，古代"礼法合治"有重要启示，"要治理好今天的中国，我们需要对中国历史和传统文化有深入了解，对我国古代治国理政的智慧进行积极的探索和总结"。[②]

在建设社会主义法治国家的背景下，如何正确看待传统文化及其知识资源，继承和发扬中国优秀的传统法律文化，对中国法制史教学改革路径提出了更高的要求。中国法制史教学的改革与创新问题向来是我国法学教学中的难点，结合现代技术，发挥中国法制史学科应有的价值，应成为中国法制史教学内容与路径探讨的方向。

---

[①] 赵旭，法学博士，四川师范大学副教授、法学院院级教学督导。
[②] "习近平：牢记历史经验历史教训历史警示为国家治理能力现代化提供有益借鉴"，人民网，http://cpc.people.com.cn/n/2014/1014/c64094-25827156.html，访问时间：2019年2月22日。

## 一、中国法制史教学存在的问题

### （一）教材知识点庞杂、体系层次冗长

目前依据教育部的相关要求，统一征订全国法学本科专业的教材，中国法制史教科书也在国家统一规划教材范围内。法制史教学计划于本科第二学年教学中实施。作为以传播传统法律文化、思想为主导价值的学科，中国法制史的教学内容和教学形式应配套结合翔实、系统、科学的教材，以此达到较好的教学效果。

1. 现有教材知识体系规划过于复杂。依据本科教学计划，法制史教学课时为64学时，现有统一规划教材分为十九章，460多页。在一个学期的教学时间段内完成从奴隶制到现当代国家法律制度、法律思想的讲授，教材体系所编纂的知识点显得零散而庞杂。法制史教学内容上承奴隶制度时期的法律，下至香港、澳门回归后我国法律制度的发展。在有限的64个教学课时范围内，仅仅是教师纯讲授，教学安排都非常紧张，难以达到充分透彻的教学效果。为此，庞杂繁重的教学内容缺乏有机的教学体系，如果教学安排不当极容易导致学生成为陪衬，教学效果就会大打折扣。

2. 现行教材内容无法适应教学实践要求。现行教材在编排体例方面基本因循历史朝代的时间顺序，即采用以朝代为主体修订教学内容，再按时间顺序依次组合成中国法制史教学。这一编排方式的优点在于对不同朝代的法制状况进行了相对完整的阐述，突出了法制发展的承接性。但在本科教学实践中，这种面面俱到的介绍方式缺乏深度[①]，且与中学教材的部分历史知识有重复，缺乏新颖性和综合系统框架。因此，学生在阅读和理解过程中就会产生似曾相识、循环单调的感受。比如关于"监察制度"的历史发展，从秦朝开始实施"御史台"至民国"监察院"，在各个朝代都会涉及与之相关的知识点，而且名称还会有一定变化，易使学生混淆；再加部分内容前后的重复，致使学生仅仅看到历史史实的记录，而失去对法制价值的探索兴趣。

3. 当前法制史教材的专题性并不突出。本科教学内容和教学方式应符合并因循专业特点以及本科学生的接受能力和理解能力，教学应有适当深入拓展。尽管当前法制史教材的设计安排不同于历史学，但缺乏体现其专题特征性。如，

---

[①] 刘星显：《中国法制史教学的改革与创新思路》，载《教育教学论坛》2015年第11期，第100页。

法律指导思想专题、法律形式演变专题、婚姻继承制度专题、刑罚体系专题、财产制度专题、诉讼审判制度专题等。由此可见，若使得中国法制史教学不同于纯历史授课，应紧密结合法律专业内容，形成教学专题，任课教师要针对课时安排、授课对象的接受能力等因素来设计与调整法制史教学框架，以此来达到相对比较理想的教学效果。

（二）教学手段、教学方式单一化

传统中国法制史教学惯用教师主导课堂的讲授模式。随着多媒体技术的开发和引用，各项科技随之导入课堂，中国法制史教学的外在模式已经发生了一定程度的变化。但是，鉴于中国法制史课程的特殊性，课程内容设置的传统性以及缺乏实务操作性，课堂教学以教师讲授加上简单的案例教学等单一教学手段，无法满足目前中国法制史课程整体教学效果的要求。为此，中国法制史教学亟须采纳多元教学手段，以增加学科的新颖性，并借助外在教学形式的变化，达到传统学科与现代社会发展的需要。

就目前教学条件和教学形式而言，中国法制史的教学改革应不仅仅专注于教学手段、教学方式，更应该系统地加以内化，将法制史教学形式与教学内容有机消化吸收，即整合法制史教学资源，打造中国法制史的教学平台，包括师资团队；加强中国法制史学科的教学研讨，特别是教学手段和教学方式的交流，深化中国法制史教学方法的研究。

（三）学生基础学科不够扎实

中国法制史教学不仅仅是教师层面和科研人员层面所面临的问题，也是学生学科知识体系在领受阶段所面临的问题。法学专业兼收文理两科，而高考之后进入大学阶段的法学本科生在学习过程中，往往会因为自己的文科、理科学习背景对中国法制史的学习持有不同的态度。尤其是理科背景的学生往往对法制史带有一定程度的偏见，认为法制史偏重文科，学习不符合理科生惯常的逻辑思维，略显吃力。此外，因长期积累形成的中学阶段的学习习惯，学生普遍更倾向于"填鸭式"的教学风格，依赖教师课堂讲授的"满堂灌"，缺乏主动思考的态度和能力，外加法制史学科"古典僵硬"的特点，学生们对于中国法制史的学习表现出明显的被动式倾向，缺乏主动性学习的态度。

（四）法学基础学科导向

中国法制史学科属于基础学科，与法学学科中刑法、民法等侧重实务类型的学科相比，相对缺乏实践性。当前学科的发展都比较注重实践操作，而基础理论较强的学科显得颇为冷门。中国法制史既作为交叉学科，又作为冷门学科，即便是平台基础课，教学过程中仍倾向于使学生理解古代人如何适用法律、法律理念认知、基本法理要求。但对当下的学生来说，在知识摄入量不够充分的情况下，他们难以从古人的立场来理解法制史中的知识要素，而往往套用现代观点，就略显荒谬。就实际而言，因中国法制史缺乏实践可操作性的特征，增加了教学难度，学生也难以有获得感。如果想要学懂、融会贯通中国法制史基本理论，就需要花功夫认真思考、准备和研究，速成是难以达到学习效果的。此外，当前学生会以司法考试这一杠杆来衡量各个学科的学习比重，对于中国法制史这门分值比例不高的"豆芽课"，多数学生对法制史的态度采取默认忽略不计，所以学生们也不愿意在中国法制史此类的基础课程上花费更多精力。

## 二、混合教学模式下中国法制史教学改革路径分析

中国法制史教学内容中包含很多看似"死"的知识，与现实生活没有直接关联，学生在该学科中也无法充分地自由发挥和创造。在这个意义上，采用多元化、互动式、信息化、具备科技含量的教学模式是当前教学改革的趋势，混合教学模式成为中国法制史教学路径提升的改革方向。为此，中国法制史教学改革应致力于突破外在形式，打造多重联动教学平台，丰富教学内容，优化教学效果，进而循环推动深化教学改革。

（一）推广"互联网＋"教学模式

随着科技的进步、网络化覆盖程度的普及，教学改革的深入与信息技术的提升愈发紧密。法学专业教育与现代信息技术的深度融合，打破了校园与法治实务部门间的时空屏障。将社会资源引进高校，转化为优质教育教学资源，建立覆盖线上线下、课前课中课后、教学辅学的多维度智慧学习环境。[①] 当前本科教学阶段，各高校相继推出MOCO课堂、金课堂、智慧树、超星、雨课堂等相关网络平台，为教学实践的应用搭建良好、优质、高效的资源平台，一定程度上改变了传统的课堂纯讲授的教学模式。

1. "互联网＋"教学模式的优势在于借助网络平台，搜集各种资源，提升教学过程的同步性，使学生通过更为简便、高效的渠道获取各种资料，提前做好课前准备、课后复习的相关工作。比如，讲授中国法制史序言部分，介绍中国法制的基本特点，通过MOCO课堂的网上设计，教师可以在网络上预设好讲

---

① 中央政法委、教育部："关于坚持德法兼修实施卓越法治人才教育培养计划2.0的意见"，载《中华人民共和国教育部公报》2018－10－15。

授中国法制史的特点内容、框架、核心特点,并结合古代法制特点与当前中国法律制度进行对比等。除此以外,通过预设,教师还可通过智慧树网络平台上传自制视频,将课堂教学中的难点提前公布,留给学生课前思考时间,带入课堂教学形成互动。通过网络平台的建设,教师可以提前将课堂教学中的问题开放给学生,使学生有针对性地掌握教学内容,提前做好相关课程的准备,课后及时解惑,保证课堂效果的整体提高。

2. 课堂中结合运用雨课堂、金课堂等"互联网+"的教学模式,教学环节可以更加多元丰富。教师和学生通过"互联网+"的方式,在教学环节上直接对接、直接反馈。教师可通过利用手机的智能终端,实现对学生参与课堂的监控。比如,智慧树、超星设备的点到功能、摇一摇功能,使课堂教学互动中的偶然因素和必然因素凸显。现代教学手段不仅仅是 PPT 的放映、投影功能,更是缩短师生在课堂的直接对话交流时间的工具。传统"黑板+粉笔+讲台"的教学形式已经不能满足现代教学的要求,科技的运用带来了创新元素。为此,"互联网+"教学模式正好对症下药,融合了科技的创新、理念的升级,从而丰富教学环节。

3. 教学环节是保障教学质量的重要部分,教学环节现代特征的程度以及教学环节设计思路的精巧度是提升教学质量路径的有机组成部分。教学内容偏重理论的学科,教学环节的设计和手段的实施更能表现其教学理念的创新价值。鉴于中国法制史教学本身就是扎实理论基本功的培养和灌输,传统特色突出,为此,更要推荐教学环节设计上采纳"互联网+"的教学模式。比如,在介绍西周"礼治"这一章的内容时,可在教学环节上拆分为"礼治"的背景、性质、原则、案例适用、评价等,关于背景环节,教师可要求学生通过课前预习导读,利用教师在网上设置的任务,去了解与"礼"紧密关联的原始社会祭祀;课堂教学环节设计上突出"礼治"宗法等级名分的特征,结合 PPT 设计案例给学生输入直观认识,加深对"礼"所蕴含的宗法即血缘,等级即社会地位公开不平等,名分即个人与之对应的社会责任等知识点的理解,综合向学生推介"礼治"的性质;再结合利用信息技术手段,通过投影、录音录像、弹幕投放、视频录音等环节,让学生参与互动讨论"礼"的原则,引出西周社会"礼"的表现即"亲亲、尊尊",渐进结束课程;最后通过作业思考题投影、随堂习题调取作为随机检测课堂效果的方法,让"满堂灌"的单一式课堂讲授形式融合更多元素,以丰富教学过程。

## (二) 运用案例情境教学模式

情境教学模式的概念源自欧美。[①] 所谓案例情景教学是模拟教学的一种。通过预设特定种类的案件背景,结合特定情节,使学生参与并分析,增强学生社会实践价值的体验感。情景教学的特点在于学生参与度高,实践性强。然而,中国法制史案例教学的实践性较弱,亲自体验感差,学生的"获得感"也就不强。有鉴于此,在混合教学模式改革中,通过信息技术手段,即采纳"互联网+案例教学+情境模式"的多元形式来导入教学形态,以此来提升学生对法制史学习的价值感。中国法制史案例情景教学模式旨在将中国法制史"静态"的知识内容转换为"动态"的案例。例如,"春秋决狱"情景模拟教学中,涉及"春秋决狱"的产生、释义、案例、原则与评价。关于情境的采纳,其间结合三个模拟案例:子殴父、父匿子、妻改嫁案,学生可以通过事先演绎三组不同案例,并录制上传视频;其他组同学按照教师指导搜集"疑狱奏谳"制度,并阐述其与"春秋决狱"的关系,最后进行原则和评价的总结。此种类型的教学模式,最大的优势是推进学生的个人体验,从而避免知识点的孤立识记,将知识点融入课堂情境教学,以此保持教学内容的整体性和连贯性。

案例情景教学模式为法制史教学改革提供了一个方向,即满足将法制史教学内容中的不同朝代的知识点贯穿起来,并过渡到整合式教学模式中。实际上,混合教学模式下,中国法制史的课堂教学不再是单一地对教材中内容的复述,相反,而是让法律制度下的内容"有血有肉",使其"鲜活"起来。将中国传统法律制度及思想通过设置案例情境并加以演绎、剖析,有助于学生客观理解中国法律制度的基本特征。这种教学方式以案例为线索,以问题为导向,培养学生的历史思维,引导学生了解中国古代传统的法律智慧及司法文明。

## (三) 实施翻转互动式课堂

所谓翻转课堂就是指把教师主导课堂教学的环节转变为学生积极参与,推动课堂环节发展的教学模式。随着"互联网+"教学模式的普及,翻转式课堂教学已经转变为线上教学有效的补充形式。翻转课堂的主动权从教师转移给学生,翻转式课堂教学更专注于解决学生个性化学习的实际问题,不占用课堂时间来进行灌输。因此,翻转课堂的实现需要一个预设的前提条件,即学生能够配合教师,并主动完成教学前任务安排,包括主动搜集资料、主动查阅信息主动处理信息、主动思考、主动解决问题等。法制史的翻转教学定位于学生已形

---

[①] 马闻起:《自媒体时代中国法制史教学中的情境教育分析》,载《法治与社会》,2017 年第 9 期,第 200 页。

成对学科前沿动态及基础知识深度思考的模式，并与"互联网+"模式结合。通过设置线上线下的预习作业，以学习小组作为团队结合形式开展讨论分析。翻转课堂由教师设计内容并完善课堂题目，既应具备一定的理论深度又要符合本科学生的实际分析能力和水平，通过演讲、辩论、表演或是模拟竞赛的形式展现学生的完成效果，并实施监督考核。

传统的中国法制史教学更侧重于静态的法律制度，要想把"纸面上的制度"变"活"，激发学生的积极性、主动性和创造性，形成师生互动，加深对知识的理解，就需要激发学生对法制史的内在兴趣，让学生感受中国法制史的内在价值。例如，在学习汉代"五服制罪"这一章节时，该内容也是对中国"礼法"制度的深化理解。课堂翻转可以更为生动形象，教师可以通过网络制作中国古代血亲图系，展示古代亲属关系，结合宗法制度，组织学生思考"五服制度"的表现形式。然后，教师组织学生分成学习小组阅读相关资料，在翻转课堂中进行综合评述。在翻转课堂教学过程中，由学生主动通过课下讨论，形成团队结论，然后以报告的形式做课堂陈述。此外，追加学生小组间进行互评，形成抗辩模式，系统地陈述"五服制罪"的内涵、渊源、适用原则、案例展示，以及对"五服制罪"的评价，然后教师形成过程性教学评价。因此，翻转课堂教学模式下，需要重新定义教师和学生在教学中的角色与地位，教师培育对学生学习起引领的作用，学生以其主动性、创造性来推进教学过程，从而形成教学机制的互动循环。

（四）开启文学+课堂教学相结合的模式

中国法制史的教学内容几乎都是基于历史，既不符合现代的实体法又脱离程序法。可以认为，教学主体内容不发生在学生的视野范围内，实际知识内容与对其的理解和感受总是保持一定距离。所以，对中国法律价值的领会和认识，难以从当前的时代、社会背景去透视古人对法律价值的认知。法制史教材有限的文字记载更是难以尽述中国传统法律理念，相反很容易导致既没有严格按照古人对法的理解来诠释古代法制的基本精神，也没有真正地接近部门法，并试图揭示古代法律对现行法律的借鉴意义。[①] 此种情况下，为了帮助学生深入领会中国古代法律制度的价值，可以将小说、诗歌、戏剧等文学作品纳入法律教学与研究当中，这不失为一条尝试路径。

法律与文学的结合开辟了理解法律现象的新方法，并提供了更充分的合理

---

[①] 李俊强：《〈中国法制史〉教学范式改革之我见》，载《法学教育研究》2017年16期，第237页。

性论证,特别是在法律教育领域,将文学作品和其他艺术引入课堂教学,为传统法律教育的主要内容与基本形式提供了更为直接的理解空间和塑造平台。外国的法学院多有推荐法律与文学方面的材料,用以补充法律理念、社会背景的认知。法律必须体现在生活中,应赋予其生命力。从这方面而言,中国传统的文学艺术作品,既生动又有趣。比如,在讲授明朝票拟制度时,结合《大明王朝》的电视剧的视频片段展示给学生,学生可以清楚地看到票拟制度是如何在内阁成员、宦官权臣以及皇帝之间被掌握,并进而影响明朝的政治格局的;在介绍魏晋南北朝的婚姻制度、家庭继承时,推荐学生阅读《公主之死》,让学生们更加形象地认识魏晋时期婚姻家庭关系,以及以宗法等级为核心的"礼法"关系作为中国法制发展过程的核心要素问题。

## 三、混合教学模式的挑战

中国法制史教学采用混合教学模式作为其教学改革方向,通过整合教学资源,设计教学环节,制定科学合理的教学计划等,中国法制史教学效果已经初步取得了一定成效。但也应当看到,随着社会的发展和进步,混合教学模式的应用还面临着不断地挑战和变化,如何应对以及如何解决,并进一步提高以混合教学模式为基础的中国法制史教学质量,还需要进一步探讨和研究。

(一) 网络技术难度的挑战

自"互联网+"引入中国教育教学以来,极大地推进了教育资源的共享。网络技术整合了多重社会资源,打造了更为多元的学习空间,线上和线下教育的结合,改变了传统教学中单调、乏味的印象,拓展了传统教学方式,促进了教学交流。但随之而来,各种类型的线上平台,虽已积极展开与各类学校的合作,也存在着信息技术平台质量参差不齐的状况。与此同时,基层教学组织也认识到,中国法制史的线上教学需要教师熟练地掌握网络教学的制作技术,提升网络课件编辑的质量,加强网络课程设置的精准度、美观度、契合度等。然而,熟悉网络技术并整体突破网络制作的瓶颈,对于非信息技术专业人员而言,首先这需要增加培训;其次制作课件会增加工作量;再次,中国法制史的混合模拟教学仅单独依靠个人是难以完成的,更需要团队合作;最后,为达到教学改革质量和目标的要求,必须跟进线上教学的监控、反馈。教师在面临教学、科研压力的同时,基本精力已达到饱和,后期线上的监测难以尽善尽美。

(二) 教学方法实质性突破的挑战

中国法制史教学不能也不应该脱离"教"与"学"相长的基本理念。无论是现代教学手段的应用、科学技术的采纳,还是翻转课堂的花式变化,中国法制史教学方式方法的根基仍旧在于教师对教学内容的深度思考,教学精力的投入,以及学生对学科的热爱和包容。毫无疑问,中国法制史混合教学改革强调教学模式的多元化、技术化,但其"灵魂"的教学内容归根结底就是辅助"教"与"学"的落实,由"教"出发,达到"学"的目的,实现教学相长。除了借助科学技术凸显教学环节的灵活性和层次性,教学方式的突破还在于教师思想内涵的提升,对教学知识点的精准把握。鉴于中国法制史的"静态"特征,如果教师在中国法制史教学知识点的科学研究的前沿受限,那么服务于法制史教学的方式方法的障碍就难以取得实质性突破。

(三)教学整体思路的挑战

中国法制史的教学改革的挑战也取决于整体教学思路和指导思想。中国法制史作为法学本科教育的专业基础课程,从本科教学中的导向和学科发展导向上来讲,一直以来都被认为是相对比较"冷门"的学科。我们不否认,中国法制史的讲授内容与当前社会发展联系性不大,至少不如部门法与当前社会发展的联系紧密。正因为此现实,无论是当前法学院本科生,还是准备法考的考生对该学科的态度都不甚重视。此种大背景下,中国法制史的教学深入发展就更加有赖于教学整体思路的扶持和建设。现代中国法制框架的发展还需要进一步研究和传承延续了中国两千之久的传统中国法律的体制精髓,现行监察制度的设置正是对中国传统法制的认可和回归。因此,中国法制史教学整体思路的挑战即为深入研究并倡导中国传统法制的精华与现代中国法制的结合。

## 四、总结

中国法制史混合教学模式改革为中国法制史教学发展指明了新方向。混合教学模式的优势即在于既结合传统又追求现代技术手段,既整合体系功能又注重技术特色,既围绕教学相长又凸显个性培养。为此,中国法制史混合教学模式值得在本科教学实践中推广和深化。

# "互联网＋"时代：宪法学课程改革的前瞻探索

胡晓　李思奇[①]

**摘　要**："互联网＋"时代的到来使宪法学课程的教学改革迎来了全新的机遇和挑战。教学观念的转变、更注重个性化教学、追求更多样的教学形式等变化成为"互联网＋"时代赋予宪法学课程改革创新性和挑战性并存的命题。本文从"互联网＋"时代背景下宪法学所面临的机遇和挑战出发，着眼于当前宪法学教学面临的一系列难题，试图在"互联网＋"时代，探索出多方面的宪法学教学改革的路径，为"互联网＋"时代法学教学的发展提供全新的思路，并助力有效推进新时代卓越法律人才教育培养计划。

**关键词**："互联网＋"时代；宪法学课程；教学改革

信息技术的革命推动了互联网的飞速发展与普及，互联网正深刻影响和改变着人们的思维方式、生活方式、生产方式和行为方式。这一深刻的社会变化不仅仅在直接意义上带来法学传统教学模式、手段和方式的革新，更深层的意义在于其所带来的全方位的变革对培养卓越法律人才提出全新的要求。当前，高校应以时代潮流依托"互联网＋"进行改革，促进法学发展、改变法学人才培养模式和完善法学教育体系，以适应时代的发展与需求。

## 一、"互联网＋"时代宪法学课程改革面临的机遇与挑战

### （一）"互联网＋"时代宪法学课程的教学理念转变

随着"互联网＋"时代的到来，世界逐渐被联系成一个更加紧密和开放的

---

[①] 胡晓，法学博士，四川师范大学法学院讲师；李思奇，四川师范大学法学院学生。

整体。传统的宪法学教学往往只局限于我国宪法的理论教学,然而,在"互联网＋"时代,宪法学的教学理念应该向"全球化视野,本地化行动"方向转变。笔者认为,教师应该通过互联网借鉴国外的宪法学教学方法、经典教学模式。另外,可以在宪法学教材的设计上,借鉴一些域外的优秀教材,并结合我国的宪法学的教学特点,进行相应的改编。这既是"互联网＋"时代下的教学改革机遇,也是一个重大的教学挑战。当然教师还需要在探索中逐渐细化,才能寻找到"全球化视野,本地化行动"的最佳方式。

(二)"互联网＋"时代宪法学课程的教学意义的引导

宪法是"法律的法律",是现代国家法律的基础。在"互联网＋"的背景下,宪法学教育走向开放化,曾经被限制在一定时空的宪法学教育被互联网彻底打破,学生可以获得更加开阔的视野和更加丰富的宪法学知识,学生可以通过互联网从多角度、多方面了解宪法学教学的意义和价值,从而提升对宪法学学习的重视程度。

(三)"互联网＋"时代宪法学课程的个性化教学

在学习宪法学的过程中,每位学生都应该有自己的特性。因为,每位学生对知识难易程度的接受度、教学进度的安排等都具有不同的需求。然而,在传统的宪法学教学中,众口难调,教师往往只能做到按一种步调授课,很难照顾所有学生的个性化需求,无法真正践行"因材施教"的教育理念。在"互联网＋"的背景下,学生的个性化需求被放大,而且计算机技术也使得满足学生的个性化需求成为可能。第一,学生可以根据自己的需求选择适合自己的课程,包括自己喜欢的教师、上课时间、上课形式、每节课上课效果等,充分满足学生的个性化需求。第二,计算机系统可以根据学生的学习习惯、学习时长等个性化特征,推算出适合学生自主学习的学习计划,并推荐给学生,建议其采用。因而,在"互联网＋"的背景下,学生的个性化需求更有可能得到满足,这就要求宪法学课程教学更加注重个性化教学。①

(四)"互联网＋"时代的宪法学课程教学形式的多样性

互联网的发展在真正意义上打破了传统教学的时间和空间的限制。一方面,教师和学生都可以不受时间和空间的局限,师生获得了更大的选择权。对于教师而言,教师不用在特定的时间和地点授课,只要在一个环境中有网络和移动设备,教师就可以随时开课;对于学生而言,学生不需要在固定的教室或上课

---

① 杨剑飞:《互联网＋教育:学习新革命》,知识产权出版社2019年版,第44页。

时间听课，学生利用网络，可以在自己方便的任何时间内听课，另外，互联网时代通讯更加发达，学生与教师之间可以通过互联网随时沟通交流。

另一方面，教育资源之间的壁垒在互联网时代被彻底打破。学生可以通过互联网，选择更加优质的宪法学资源，学习更加丰富的宪法学知识。学生获得知识的途径也不再仅仅局限于学校老师在课堂中讲授知识，他们可以在腾讯课堂、网易公开课等众多平台获取自己所需要的在线课程学习资源，可以实现从一个课堂到多个课堂、一位教师到多名教师、普通教师到名校名师等形式的转变。另外，慕课、翻转课堂、微课等形式也逐渐兴起，成为学生们更加喜爱的课程形式。在丰富的教学形式中，学生既可以获得更优质的教学资源、开阔视野，也可以在自己喜欢的教学形式中增加对宪法学的兴趣，主动探索宪法学的奥秘。

（五）"互联网＋"时代学生从被动接受到主动学习的转变

在传统宪法学教学模式中，教师往往占据主导地位，学生只是被动地接受知识。学生在学习的过程中，只是一味地配合教师，容易形成思维惰性，不愿意主动学习。在"互联网＋"时代，被动地接受课堂灌输不再成为学习的唯一方式，更多的、自主的选择学习方式的出现，为学生的主动学习提供了更多的机遇。例如，学生可以自主选择课程和上课时间，随时随地上课。这种以自我的需求为中心的方式，让学生拥有了更多的自主权，促使学生观念的转变，学习成为学生基于兴趣想做且要做的事，为学生从被动学习转变为主动学习提供了一个契机。

## 二、当前宪法学课程教学面临的问题

（一）宪法学课程的"马工程"教材与新修订的宪法内容不一致

宪法是国家的根本大法，具有一定的稳定性，但并不是一成不变的。当前国内使用的宪法学教材主要以"马工程"《宪法学》编写组的教材为主，"马工程"教材存在理论与中国当代发展实践不相衔接，对西方宪法学批判不足等问题，且与2018年新修订宪法的内容不一致，容易导致学生接受滞后信息，产生不必要的困惑。同时也会导致教师在教学过程中脱离教材，如果按照教材的框架去讲授，会导致学生不能及时更新宪法中新的知识点，但如果在讲授中更新了宪法的知识点，期末考试的考试大纲又回到教材中，会造成学生重复学习，影响教师教学和学生学习。

（二）宪法学课程的教学过程设计较为保守

传统的宪法学课程的教学过程往往是教师将新课主题引入后就进行新课讲授，新课结束后以练习题或者提问的方式对学生学习情况进行了解，帮助学生学以致用和巩固练习，随后教师对整节课讲授内容进行梳理和概括，进行课堂小结，并在此基础上给学生布置作业。这种教学过程设计较为保守且沿用多年，尽管不得不承认这是一种较为有效的方式，但它也有诸多漏洞，例如在整个教学过程设计中较少引导学生主动提出、思考和交流问题，教师无法真正掌握学生不懂的"真相"。当前，大多数的教师仍采用传统的教学过程设计授课，导致传统的、保守的宪法学课程的教学过程设计对教学效果产生了不利影响。

（三）宪法学课程讲授内容的侧重点不明确

宪法学课程内容相较于其他应用型法学课程来说理论性更强，与实际生活联系较少，其利用案例教学等模式来进行教学就有一定的难度，以"马工程"的宪法学教材为例，大部分教师讲授课程时，首先讲授的内容是第一章宪法学基础原理，讲授过程中注重对宪法理论的阐述，学生在学习过程中主要依赖自己的领悟和理解能力，这本身对新生的学习能力就有一定的挑战。然而，在宪法学课程教学中，部分教师全盘通讲，不突出教学难点与重点的讲解，对宪法的特征、宪法的本质等概念只是照本宣科或模糊带过。另外，教师对于讲授中到底应该侧重于讲解公民的基本权利还是国家制度等也存在一定的困惑。因此，宪法学课程讲授内容的侧重点不明确为学生带来了更多的学习压力，会让学生产生宪法学很难、不好学的观念，甚至会降低学生对宪法学的学习热情，让学生产生厌学的情绪。

（四）宪法学课程的教学方法不灵活多变

事实上，当前的宪法学教学方法还停留在不够灵活的阶段。在多年的宪法学教学实践中，教师运用得较多的是讲授法、讨论法、直观演示法、练习法、读书指导法等教学方法。以练习法为例，现有的宪法学课程是教师布置练习题，由学生完成练习题后，教师再进行批阅，整个过程并没有针对学生的问题进行直面的指导；以直观演示法为例，当前大多数宪法学教学都利用这种方法，仅使用PPT投影或板书，学生在课堂上根据教师的讲授内容自行记录并理解。由于上述这些宪法学课程教学方法不够灵活，导致学生无法及时与教师交流自己的疑惑，同时也很难解决学习中的问题，使得学生的学习热情受限。

（五）宪法学课程中学生学习处于接受地位

以讲授和灌输为主的传统宪法学教学模式中，教师往往占据主导地位，学生只是被动地接受知识。① 在这种以教师为主导的思维范式下，老师一味地向学生讲授和灌输知识，尽管一些教师发现了此模式的问题，在此基础上进行众多改革，例如，以问题探究的形式引导学生主动思考等，然而教师在此过程中仍然起到主导作用，学生往往只是根据教师的要求去完成任务，仍然很难跳出"以教师为主导"的怪圈。多年来的宪法学教学实践证明，学生在长期被动接受知识的情况下缺少独立思考甚至可能丧失独立思考的能力，使学生认为宪法学学习枯燥无味，这阻挡了学生与教师之间良好的互动与交流，也不利于提升学生的宪法学思维能力和促进学生的可持续发展。

（六）宪法学课程考核方式传统

长期以来，宪法学课程大多采用标准化的闭卷考核方式，主要涉及单项选择题、多项选择题、名词解释、简答题、论述题、案例分析题等题型，考核内容主要局限在宪法的基础理论和基础知识的掌握，只注重对基础理论和基本知识的考查。② 这种考核方式有以下两点问题：第一，学生在经历了多年应试教育后，学习再次陷入应试模式中，认为只需要死记硬背，就可以通过考试并完成学业，并未真正的去学习和理解宪法学的基本概念和内容，提升自身的宪法学素养和学习能力；第二，标准化的闭卷考核方式一般有较为统一化和标准化的参考答案，可能影响学生独立思考问题，从而不利于学生的批判性思维和独立思考能力。

## 三、"互联网＋"时代宪法学课程改革探索

（一）"互联网＋"时代宪法学课程教材的修正

"互联网＋"时代，信息资源流通更加迅速和便捷，宪法学课程教材的修正必须更加及时。然而，宪法学课程教材的修订过程较为复杂，从修订到印刷出版耗时长。教师可以从教学需求和学生学习需求出发，利用互联网及时获取学术动态并注意筛选出优质的信息，在教学进程中及时补充一些前沿的学术动态。

---

① 司伟歌：《网络时代背景下〈宪法学〉的教学改革》，载《法制博览》2017年第9期。
② 周莹：《网络时代宪法学教学改革的探索与实践》，载《齐鲁师范学报》2019年第6期。

### (二)"互联网+"时代宪法学课程教学过程设计的改革

传统的宪法学教学过程设计较为保守,"互联网+"背景下宪法学课程教学过程设计应当有更多的探索和尝试,并且在实践过程中不断地完善。首先,在宪法学课程教学设计中,更应该凸显互联网的作用,用互联网的技术连接教学过程。例如,传统的教学过程中教师引入新课后就接着讲授,没有为学生留出自主学习的空间,但在"互联网+"时代,教师可以利用长江雨课堂、腾讯会议等网络教育平台,在上课之前事先设定引导性问题,让学生利用互联网资源自学和探究,在实际授课时根据学生探讨问题,提出解决思路,并提出新课的知识点。其次,教学过程中可以改变原有的线上教学模式为线上+线下相结合的教学模式。例如,在讲授宪法宣誓制度、公民基本权利与义务等知识点时,可以转变为线下实操演练,模拟宪法宣誓,模拟一个公民从出生以来的各项基本权利,让学生感受到宪法与生活的联系,让学生感受我国公民的基本权利和义务,同时可以增加学生对学习宪法的热情和学习的兴趣。另外,可以改变教师做课堂小结的方式,要求学生根据自学的体系先做小结,教师再对学生的总结做出批评和指正等课程教学设计。总之,教学过程的设计并不是一成不变的,要结合"互联网+"时代的现实情况做出相应的尝试和改变。

### (三)"互联网+"时代宪法学课程教学内容的改革

"互联网+"时代宪法学课程教学内容相比传统方式将会更加复杂与多样,教师应当如何把握教学中的侧重点成为一个更难解决的问题。笔者认为,"互联网+"时代的宪法学的教学内容应当紧跟我国宪法、宪法修正案的脉络,结合当下时事热点,以此为主干,在课程教学设计中合规搭建和延伸知识点体系,并合理安排课时拓展知识。此外,在进行宪法学教学内容侧重点选择时,应该将宪法学置于整个法学体系中来考量。例如,宪法是规定国家的根本制度和根本任务、公民的基本权利和义务、国家机构的组织原则和职权的法律。如果单从宪法授课体系来看,大部分教师会将这些知识点都列入讲解的重点中。然而,在民法的授课体系中,公民的基本权利和义务中的平等权、人身自由是其讲解的重点,那么在综合考量之下,在公民的基本权利和义务的讲解中可以将除平等权、人身自由权以外的政治权利、宗教信仰自由、社会经济权利、文化教育权利以及监督权与请求权等作为课程的讲授重点。这样就把宪法学与民法学的重点难点相互拆分进行系统的学习,既可以有效引导学生注意宪法学体系和民法体系的公民的基本权利,也可以节约一定的课时,把节约的课时用于学生对宪法条文或者宪法最新动态的学习。

另外,"互联网+"时代宪法学课程教学内容不应该只局限于教材内容的范围,应该打破"一个老师一本书"的教学体制,探索教学内容的延伸,通过线上平台深度整合现有教学内容和在线课程资源,实现宪法学教学内容的丰富化、多样化、优质化。由此可见,在宪法学教学中如何合理安排教学内容,把握好教学内容的侧重点已经成为"互联网+"时代宪法学教学改革的重要命题,寻求必要的突破与创新是宪法学教育者的必然选择。

(四)"互联网+"时代宪法学课程教学方法的改革

当前的宪法学教学方法不够灵活,不注重学生自学能力的提升,不能因材施教。笔者认为,除了传统的教学方法外,在"互联网+"时代下,可以采用"学导式教学法+发现法",从而形成一套宪法学的独特教学方法。学导式教学法是以自学为主并给予恰当指导,旨在培养学生自学能力,发展学生智能的一种教学方法。发现教学法是指学生学习概念和原理时,教师只给学生包括事例在内的信息,让学生通过阅读等方式去独立探究,自行发现并掌握相应的原理和结论的一种方法。

互联网时代使得学生可以轻松找到众多的课程资源,教师在此过程中可以帮助学生筛选出优质的学习资源,利用"学导式教学法+发现法",学生自学和独立探究后,再与教师交流在学习中形成的困惑,教师根据学生需求进行相应的讲解。实现在宪法学教学中,教师向导师方向转变,同时此种教学方法全程以学生为中心,有利于学生自学能力的提升,也有利于学生与教师间良性的互动与交流。

(五)"互联网+"时代宪法学课程考核方式的改革

宪法学的考核是宪法学教学中的重要一环,当前宪法学课程考核方式还较为传统和单一,我们应改变"一卷定成绩"的考核方式,打破过去标准单一、分数至上的桎梏去寻求更加多元化的考核方式。笔者认为,宪法学课程的考核可以采用"平时成绩+能力考核+期末成绩"的方式,并加大平时成绩和能力考核的比重。同时,在平时成绩和能力考核中丰富其形式,突出对学生分析能力和实践能力的考核。例如将课堂活跃度、出勤率、课前法条小检测等纳入平时成绩的考核中;将小论文、课前小演讲、思维导图展示、在法律公众号上投稿、宪法日知识竞赛等作为学生的能力考核,以此提高学生的综合能力。

首先,在平时成绩的考核中,将出勤率和课堂活跃度纳入考核,可以极大地提升学生学习宪法学的主动性和积极性;将课前法条小检测纳入平时成绩的考核,此方式既可以提升学生对宪法法条的记忆和理解,又有利于调动学生的学习热情，为良好的宪法课堂氛围奠定基调。其次，在学生能力考核中，尊重学生的自主性，并注重培养学生学习宪法的兴趣和热情，引导学生形成宪法思维。例如，能力考核中的宪法学小论文由学生独自完成，内容不低于1500字且查重率不应该超过30％，其主要注重对学生宪法思维能力的考察；课堂小演讲即学生在课前几分钟内围绕宪法学相关知识做相关的表达与阐述，学生可以借助PPT等工具提示要点，其主要注重对学生的宪法思维和语言表达能力的考察；思维导图展示是由教师在新课结束后的几分钟内，由学生自己对课堂所学内容做简单小结，学生可以选择用板书以思维导图的方式呈现出来，此考核方式既有利于学生自己高效学习，也有利于教师及时掌握学生知识体系中存在的问题，并做好及时的信息反馈；宪法日知识竞赛旨在通过知识竞赛的方式向同学们普及宪法学基础常识，引导学生学习跳出课本，在生活中学习宪法学，增加学生对宪法学的学习兴趣与热情。最后，在期末的闭卷考核中，应当适度增加主观题的比重，同时增加对宪法案例的考查，以此检测学生的宪法思维和分析能力。此外，在对期末笔试的主观题进行评判时，需认识到学生的自主性，不宜用标准答案来框住学生的发散思维，教师批阅时需尊重答案的多样化，不片面追求整齐划一的答案，而只要学生的答案言之成理、逻辑性强且保持正确政治方向，即可以给学生对应的分数。

（六）"互联网＋"时代宪法学课程教学意义的引导

加强对宪法学课程教学意义的引导是"互联网＋"时代的必然要求。这个时代信息纷繁复杂，学生能够更轻易地获取信息资源的同时，也更难以在众多的信息资源中甄别出自己所需要的优质资源，学生极有可能在这些信息面前搞混宪法学学习的意义，甚至找不到学习宪法学的初心。笔者认为，教师在宪法学课程开始之初就应该重视对学生学习宪法学意义的引导，可以通过在课堂中设置案件情景。例如，以"一个人的一生中可能与宪法相关的事"为情境，让学生切实感受到宪法的重要性，了解宪法作为"法律的法律"的关键地位，认识到宪法并不是"高处不胜寒"的法律，从而让宪法学课程的教学意义深入学生们的内心，使得学生在"互联网＋"时代不至于迷失学习宪法学的初心，除此之外，也有利于让学生激发其主动性，让学生在"互联网＋"时代中更好地学习宪法学。

# 四、结语

"互联网＋"时代的到来给宪法学教学改革带来了众多的机遇和挑战，若宪法学教师能合理利用这些机遇和挑战，则可使其成为宪法学教学改革的助力。因此，我们应从宪法学课程教材、教学过程设计、教学内容、教学方法、考核方式以及课程意义等方面做出相对应的改革与创新，去适应"互联网+"时代，为尽快建成社会主义法治国家提供法律人才。

# 国际私法在线开放课程的建设、应用与意义
## ——以智慧树平台"国际私法"课程为例

孟昭华[①]

**摘　要**：国际私法传统课堂教学存在内容庞杂、教材陈旧、案例古老、师者独白等教学弊端，国际私法开放课程建设作为辅助本科课堂教学的手段，有益于解决这些问题，并加大师生互动力度。为建设在线开放课程，需要注意意向达成、前期准备、实际录制与后期制作四个方面；并在实际运用中注意教学效果，关注学生反馈，充分利用网络问答、视频直播等形式及时解决学生提出的问题，提升学生的学习兴趣，辅助本科课堂教学，达致教学目标。

**关键词**：国际私法；在线开放课程；视频教学；传统课堂教学

21世纪以来，随着教育部对于本科教学的重视，[②] 为了响应人们对于信息技术应用于本科教学的期待，各式各样的本科教学改革如火如荼。及至2015年，《教育部关于加强高等学校在线开放课程建设应用与管理的意见》（教高〔2015〕3号）出台，2017年教育部认定首批国家精品在线开放课程，高校对于在线开放课程的建设热情高涨。2019年4月9日至10日，以"识变、应变、求变"为主题的中国慕课大会更是将在线开放课程推向一个新的阶段。

借此东风，国际私法的在线课程教学应运而生。进入大型在线平台，可以发现中国慕课网上录有"国际私法"课程三门，分别由暨南大学戴霞、李健男、吕国民老师，上海交通大学徐冬根老师，西南政法大学梅傲老师主持录入；[③]

---

[①] 孟昭华，法学博士，四川师范大学法学院副教授。
[②] 早在2005年1月1日，教育部即研究制定了《关于进一步加强高等学校本科教学工作的若干意见》，并广泛印发。
[③] 参见 https://www.icourse163.org/search.htm?search=国际私法#/，访问日期2019年7月31日。

智慧树平台已录有"国际私法"课程三门,分别由华东政法大学林燕萍老师、鲁东大学尹雪萍老师、四川师范大学孟昭华老师主持录入;① 学堂在线平台上已录有1门,与中国慕课网平台相同,是暨南大学教学团队成果;② 爱课程在线平台数据上为7门,但3门与中国慕课网共享,另外4门分别由武汉大学的肖永平老师、湖南师范大学的蒋新苗老师、中南财经政法大学的刘仁山老师、四川大学的金明老师主持录制。③ 就此四大平台而言,国际私法的在线课程已由不同教学队伍录制十次。

然而,在这样风云变幻、教学手段推陈出新的时代,作为"三国法"最为边缘的国际私法,在应用信息技术方面的理论探讨却稍显落后,以"国际私法教学改革"为关键词进行模糊检索,可以在CNKI上搜索到48篇文章(数据截止于2019年7月31日),这48篇文章主题可见表1所示。

表1 "国际私法"相关论文主题统计

| 主题 | 本土化 | 案例教学 | 理念革新 | 双语教学 | 师生互动 | 慕课 | 在线开放课程 |
|---|---|---|---|---|---|---|---|
| 篇数 | 3 | 18 | 13 | 11 | 9 | 0 | 0 |

由此表可知,在理论研究上,国际私法教学改革自2003年以来,仍然围绕着教材知识过于陈旧、引用案例古老、师者独白、引入双语、教学方式缺乏创新性、应用不适当这些老问题展开,④ 即使是使用了"多思维方法"⑤ "复合式"⑥ "应用型"⑦ 这些名词,也没有改变传统国际私法教学改革理论的实质。在搜索"慕课"或是"在线开放课程"这些主题词时,国际私法教学改革理论文章为零篇,并无教师关注国际私法在进行开放课程过程中出现的问题。

由此,回顾笔者录制与运行国际私法在线开放课程,对照其他老师录制的

---

① 参见 http://www.shuxiavip.com/course-search.html?key=国际私法,访问日期2019年7月31日。

② 参见 http://www.xuetangx.com/courses/search?query=国际私法,访问日期2019年7月31日。

③ 参见 http://www.icourses.cn/web/sword/portalsearch/homeSearch,访问日期2019年7月31日。

④ 张春良:《论法学教材编写的现实效应及改善方案——以国际私法教材编写为例》,载《金陵法律评论》2016年秋季卷,第171—185页。欧福永:《对国际私法教材编写的几点思考》,载《黑龙江省政法管理干部学院学报》2013年第6期。

⑤ 翁杰:《论国际私法教学中多思维方法的引入》,载《河南司法警官职业学院学报》2018年第16卷第3期。

⑥ 王群:《国际私法复合式教学方法研究》,载《黑龙江高教研究》2016年第5期。

⑦ 许静晓:《国际私法特殊制度和专业术语教学方法浅析》,载《佳木斯职业学院学报》2016年第10期。金彭年、蒋奋:《应用型法学教育中国际私法课程教学设计》,载《法制与社会》2014年4月(上)。

课程，本文试图提出在线开放课程录制与运行的一些感悟与建议。①

## 一、国际私法在线开放课程的建设

孟昭华制作的国际私法录制进程始于2018年秋季（与智慧树的意向性合作已经于2018年6月达成），实际开始录制为2018年11月底，结束于12月，后期制作终结于2019年3月，2019年春季学期顺利运行。在这一进程中，包括课程录制达成意向、前期准备、实际录制、后期制作四个方面，以下将一一详述。

（一）录制意向——经费问题的解决

制作一门课程，除最终呈现于学习者面前的视频，必定会有大量的幕后工作。实际上，在录制意向达成这一点上，教学单位的作用大于个人。众所周知，当前各大平台课程为实现教育的推广，收费课程并不多，而国际私法作为法学专业核心课程，在响应国家普法号召的情势下，并未收费，学习者仅需简单地注册与登录，即可实现在线学习。但也要明白，各大平台也有其运作成本，制作一门课程需要场地、录制器材、录制人员、后期制作人员，财力耗费并非一般，需要向录制方支付不菲费用。由此，教师的意愿需要单位的支持才能实现。所以，除了教师个人在精力与时间上的付出，教学单位的经济支持才是制作课程的关键。

四川师范大学采取的是由教师个人申请教学改革项目，立项后学校设置课题经费的方式，但费用仍与智慧树平台所需有较大差距，所幸学院非常支持教学改革，配套余额，可以满足录制平台要求。

在此等机制下，即可发现，录制课程的教师个人，仅在录制课程这一项上，付出是比较多的，可并未有劳务报酬、交通补助、餐饮补助、置装费等收入或补贴存在。

（二）前期准备——人员与课程内容的设置

录制一门课程的前期准备较多，可分为人员与课程内容两个方面。而课程内容设置是需关注的主要方面。

---

① 参见 http://coursehome.zhihuishu.com/courseHome/2049649#teachTeam，访问日期 2019年7月31日。

1. 人员准备

纵观四大平台的十门课程，团队教学为多数，除上海交通大学徐冬根老师[①]与四川师范大学孟昭华老师外，其余八门均为团队课程，少则2人（如鲁东大学尹雪萍老师之国际私法），多者达至8人（如武汉大学肖永平老师之国际私法）。

团队教学优势显而易见，不同教师讲解问题的方法与效果不同，学习者可以接触更多的教学风格，体验相异的讲解模式。但团队教学比例如此占优，有部分是因为教育部的政策导向所致。[②]

对于此等导向，可以想见初衷为好，是在希望建设课程过程中教学团队戮力同心，呈现出更加精美的课程。但是，实践中，除非承担这一事务的学校是教学资源实力雄厚的学校，诸如武汉大学，作为学界国际私法研究的中心，其专业教师自然丰富，可以组成8人团队，但对于绝大多数高校而言，国际私法仅仅是"三国法"（国际法、国际经济法、国际私法）中的一部分，能占三分之一都很勉强，因为国际私法恰恰是"三国法"中最边缘、最弱势的部门法，无论是在理论上还是实务上。并不是所有的学校都会有国际私法教研室，或说国际私法教研团队。由此，就会出现实力强的学校课程发展得越来越好，实力弱的学校止步不前的分化现象。

录制课程需要事务助理，这是合理的，但是授课教师并非必须为团队。前已述及，团队教学有其固有优势，但个人教学也并非一无可取。至少，个人教学会使教学理念连贯、教学风格一致。虽说在竞争中能够相互学习进步，但个人课程与团队课程整体相比较有失公平，笔者认为，将教师在同一知识点上不同的讲解相比较，更可看出人员准备上的优劣。

2. 课程内容准备

国际私法课程包含的内容，在学界已是争议颇多。实际录制课程时当然也是各有侧重。但统揽十门课程，可以发现，仍然是依照传统的先讲理论，再讲分别适用，最后补充管辖、承认与执行等。

---

① 因该课程运行结束，教师关闭课程而无法实际验证，但前述课程网页上显示授课教师仅有徐冬根老师1人。

② 教育部高等教育司《关于开展2019年国家精品在线开放课程认定工作的通知》第二条第一项对课程团队提出了明确要求：课程负责人须为申报高校正式聘用的教师，具有丰富的教学经验和较高学术造诣。主讲教师师德好，教学能力强，积极投身信息技术与教育教学深度融合的教学改革。课程团队结构合理、人员稳定，除课程负责人和主讲教师外，还应配备必要的助理教师，保障线上线下教学正常有序运行。

鉴于此等录制是为面向全国公众的平台课程录制，在录制内容上大多沿袭传统。即使引入了新内容与案例，也都是自有分寸与把握，无须赘言。但是，是否需要在录制前设置一份详稿，借助提词器全面准备呢？时至今日，已录制并运行课程的笔者仍很犹豫这种办法。

第一种准备方式，使用详稿，借助提词器。这种模式的前期准备工作量很大，虽然现在技术手段并不需要教师手打讲稿，但试讲一遍仍然是必要的。并且，在录前试讲稿件，教师就会对稿件进行更加苛刻的编辑，近乎吹毛求疵。其优势显而易见，录制课程时不必担心漏掉某个知识点，提前设计的讲稿也会使得各个知识点的录制时长准确。缺点首当其冲就是耗时，5分钟的讲稿可以写出近十页；其次，不易于教师发挥，甚至有一种照本宣科的感觉，这恰与以下所讲实际录课时追求的目标——自然态度相悖。

第二种方式，不用详稿，仅有标题提示。这也是笔者本人实际录制时采用的办法。因个人日常风格较为跳脱，在初始采用提词器时完全不能讲授，而是纯粹宣读，十分枯燥，只得放弃详稿计划，每个小知识点自由发挥。这样做的好处在于录制出的课程更为生动，可引导学习者思维发散，不局限于教材固有知识。但缺点也很明显，教师无法精确控制录制时长，也有遗漏知识点的可能。

是否需将文案再储备得详细些呢？笔者认为实非必要。如果把每一句话都细细锤炼，那是对教师的折磨，因为教师毕竟不是演员，不能背台词表演。实际上偶尔讲错一句，重复一下并不是致命的伤害，甚至还可以顺势调侃一下，活跃课堂气氛。最为重要的是，一个人的精力总是有限的，偶尔准备几节这样的详细文案无伤大雅，但要支持整门课程，则对教师个人能力有较高要求。由此，这亦是团队教学的优势。

并且，课程内容的准备这一环节并不是单一的。如果准备文案并非详细，录制过程中有遗漏，完全可以借助平台提供的运行机会进行补充，在下面的实际运行中，有课程互动的问答栏目、有教师的见面课。这恰好说明了课程的建设与应用是密不可分的，相辅相成。

综上，就课程内容准备来说，团队准备要优于个人准备。这一点笔者虽不愿承认，但就个人感受而言确是如此。

（三）实际录制——自然授课的态度

1. 语速应当适度加快，表情自然

这是最重要的一点，也是授课中最体现专业性的一点。然而，很多人都以为这是废话，觉得这是不言而喻的。如果正在读这篇文字的你也这样认为，建议你可观看前文提及的十门课程的教学视频。

理论上，敢于公开录制课程的教师，大多是教学资历较久的教师，公开场合发言毫无心虚胆怯之态。然而，进行视频学习时，就会发现相当一部分教师目光闪烁、表情僵硬、宣读姿态明显。这是因为，录制课程时，要求教师看的是摄像头，这与面对一间教室的学生的状态大相径庭。同时，现有技术手段也不支持教师大幅度的动作，必须收敛肢体语言，至于想来回走动，那更是困难。如此，为避免表现僵化，笔者建议想要录制课程的教师，主动练习一下自己面对镜头发言，用手机即可解决这一问题。

至于语速，可适当加快。学习者看视频学习时，听到悠长缓慢的语音，屏幕上又只有教师或文字在闪现，很容易走神与困倦。教师的语调应该活泼、轻快，即使是讲严谨的学术问题时，笔者也不建议过于庄严肃穆。毕竟，这是希望学习者能够专心致志，不发散精力的视频教学。

2. 交通、服装、化妆等非专业性问题

第一，交通。如果录制是在本校，那相对较好；但很多情况下，录制是去平台指定的地点。所以，提前查看路线，预留合理时间就很重要。尤其是直播课，必须有提前意识，以免错过时间。

第二，服装与化妆。服装要求平台会说明，但也需要购买适宜的正装。化妆呢？由于笔者平时没有化妆习惯，所以仅在开始几节课遵循了课程顾问的要求，让其帮忙化妆。后期，笔者坚持不化妆。于是，最终孟昭华的国际私法课视频呈现出从精神百倍[①]到病入膏肓[②]之态。不听专业人士的建议，后果就是如此"惨痛"。幸好，唯一聊可安慰的是，课程顾问表示，绝大多数情况下，视频学习者是不会盯着屏幕的，语音清晰，便于学习者倾听即好。

如此，除了自身课业的准备外，这些非专业性的细枝末节千万不可忽略，它也会严重影响课程最终的呈现效果。

（四）后期制作——字幕校对、题库设计

后期制作也很关键，尤其是字幕校对问题，整门课程都需要专业教师认真把关，因为，很多专业术语并不是课程平台教师可以理解的，隔行如隔山，主讲教师不会录制，录制人员的校对也并非专业，所以万万不能在这一过程中马

---

① 参见第二章，2.2 法则区别说时代，http：//course.zhihuishu.com/coursePreview/videoList?courseId=2044491，访问日期 2019 年 7 月 31 日。
② 参见第九章，9.1.2 国际民事管辖权，http：//course.zhihuishu.com/coursePreview/videoList?courseId=2044491，访问日期 2019 年 7 月 31 日。

虎，自己校对一遍是必须的；同时，为了防止"灯下黑"现象，还需请其他助教人士再帮忙审核一遍。孟昭华的国际私法课的视频字幕校对多次，然而在第一次运行时，仍有不如人意之处。① 这一工作非常繁琐与冗杂，建议各位教师，务必慎重。

至于题库设计，考虑到在线开放课程的授课对象并非全部为专业学生，题库设计当以视频讲授内容为主，且不宜太难。并且，以智慧树为例，题库包含视频播放插入题目、章节测试题目、期末考试题目，笔者建议题目不要重复。这也是一项比较繁琐的工作，需要细心对待。

## 二、国际私法在线开放课程的应用

经过一个学期的运行，有了实践数据的反馈，对于下次运行的帮助不言而喻。具体来说，需要留意以下问题：

（一）视频内容的设置问题

毕竟国际私法在线课程是面对公众，可是考虑到各个录课教师都有校内本科教学的主要任务，将视频录制与课上结合就是一个重中之重。视频内容建议录制基础理论与基本概念。原因有二：一是这些内容发生变化的可能性较低，可以避免录制内容迅速过时、不适应社会实践生活的问题；二是考虑受众为普通公众，教授过难过深的知识不便理解。如此，这就给予视频对应的本科课堂提出了更高的要求。实践中，在给四川师范大学法学院本科三年级学生授课时，笔者曾经试放一节视频课（10 分钟），再对视频课做进一步的讲解。但学生明显不喜欢，他们更接受的是面对面的讲授。初始觉得很无奈，这样做与没录制视频时、没有翻转课堂时，又有什么区别呢？经过与学生沟通，兼施以奖励措施（视频课的学习数据纳入期末考试平时成绩），终于缓解了这一局面，形成了学生课下预习视频课，教师讲授的模式。只是学生也会抱怨课业繁重，基础知识易忘，授课时仍需简单提示。

（二）问答版块

这是一个师生互动版块，学生在这个版块中很活跃，课程运用效果好。在

---

① 参见第六章，6.1.1 物之所在地法原则，第 39 秒："就算是尧舜禹汤这样的闲人"其中的"闲人"二字，实为"贤人"之误。http://course.zhihuishu.com/coursePreview/videoList?courseId=2044491，访问日期 2019 年 7 月 31 日。

一学期的运行中，收到问题 147 个，这些问题教师和学生的回答是 391 个。[1] 这一版块的互动使得学生对于重点与难点问题的理解更加深入，有利于学生对课堂知识的把握。同时，教师通过回答，还可以引入一些拓展材料，并了解学生的思路。笔者以为，这一点很重要。因为传统教改论文经常抨击的就是师生互动缺乏、教师满堂灌问题，这个版块很好地改善了传统课堂教学的痼疾。但是，必须要提醒的是，这是占用教师课外时间的活动，全部依靠教师对待课程的热情。毕竟，如果一个问题提出了，只有围观或同学回答，没有来自教师的答案，这会打击学生提问的积极性。它需要教师持续的关注与互动，这肯定是要消耗大量个人精力的。

（三）见面课问题

在已经运行的一学期中，孟昭华"国际私法"共设置了四次见面课，授课模式是采取直播模式。这种情境下，第一重要的就是守时问题。见面课是面向所有视频学习者的，那就不允许出现时间已到，教师还未出现的情境。所以，四次见面课，教师都提前了半小时到直播室准备。另外的问题就是见面课的内容设置问题，不可与视频内容重复，注意与社会热点结合。见面课如果设置很好，恰好能弥补视频录制课程无法及时更新的弱点。

（四）学生反馈

对于整个视频课的录制，本科教学以外的学生反馈不多（问答版块除外），唯有校内学生，教师通过课下聊天，可以了解到学生对于此种教学模式的评价。这样的评价肯定是正负兼具的。正向的评价主要集中于，这样翻转课堂，使得学生可以自由复习基础知识，有疑问了就可以去视频里找答案，反复观看有利于知识的理解。负向的评价则集中于耗时。对于这个问题，也不能单纯地去指责学生懒惰。毕竟现在还只是部分课程试点，但如果全面展开呢？借用视频教学的翻转课堂模式，无疑是增加了学生的课下学习时间，一门增加尚可，门门皆如是，学生怎么会没有抱怨呢？学习需要的是一个积极、快乐的氛围，这一矛盾该如何解决，尚需摸索。

---

[1] 该数据参见智慧树平台孟昭华"国际私法"课程的"我的课程问答"版块，http://wenda.zhihuishu.com/shareCourse/qaAnswerIndexPage；jsessionid = 19E39E640986591D97011EB475D74E74?sourceType=1，访问日期 2019 年 7 月 31 日。

## 三、"国际私法"在线开放课程对于本科教学改革的意义

大学本科教学改革并不是一个新命题,每次教学改革都引发各个学校趋之若鹜,纷纷扰扰。可是改革并不是一刀切,改革若无效果,那还不如维持现状。经过一个学期的酝酿与一个学期的运行,恰可以检视一下,"国际私法"在线开放课程到底是政策驱动的应时之作,还是新形势下的教学必要。如果结论是前者,则此教学改革并无必要;如果结论是后者,此教学改革就当继续,并积极实施,步步提高。究此问题,后者当如是,原因如下:

(一)在线开放课程有利于本科双语教学

教育部早在 2007 年即提倡本科双语教学,① 国际私法作为解决涉外民商事纠纷法律适用等相关问题的涉外专业知识,外语运用为正常需求。四川师范大学法学院 2007 年至 2011 年对此课程试行过双语教学,但正如其他进行双语教学的高校教师所言:课堂教学效果并不理想,部分学生对提问经常无从应答,而且学生与学生之间用英文进行的互动更是寥寥无几……② 考虑到学生的英文接受与理解能力,在线开放课程将学科的基础知识与理论录制为中文视频,作为学生课前学习内容。如此,即可假定学生在课堂授课前即已经掌握了相关基础知识。在既有中文知识的辅助下,课堂教学时结合视频内容学习想着英文术语,即可降低双语教学的难度,避免学生的畏难以至厌学情绪。

(二)在线开放课程有利于理论繁杂的国际私法教学

国际私法的理论繁琐在"三国法"中颇为有名,甚至有人不客气地嘲笑这一学科就是一堆怪物制造出来的学问。③ 仅仅国际私法的定义,学者总结出来的国外主要观点即为五种、国内主要观点即为七种。④ 而在对国际私法的理论进行讲述时,国际私法的学说历史永远是教学困难之处。从公元前的属人主义,到理论开创时代的法则区别说,到新时代的冲突法革命,牵涉的学者及理论如

---

① 教育部《关于进一步深化本科教学改革全面提高教学质量的若干意见》第三项第十点要求:"……鼓励开展双语教学工作,有条件的高等学校要积极聘请国外学者和专家来华从事专业课程的双语教学工作,鼓励和支持留学回国人员用英语讲授专业课程,提高大学生的专业英语水平和能力。"
② 张美红:《提高国际私法本科双语课堂教学效果的方法》,载《经济研究导刊》2015 年第 20 期,第 204 页。
③ 专事国际私法研究的普罗赛教授曾言:冲突法的领地是一片阴郁的沼泽,遍布着遥颤的泥潭。居于此地者,为一群博学而乖戾的教授,他们用怪诞和令人费解的术语为神秘之物创立理论。
④ 屈广清:《研精钩深,见微知著——从国际私法定义的研究看李双元先生精品教材的贡献》,载《时代法学》2016 年第 14 卷第 6 期。

恒河沙数。这些学者终其一生成就其绵延至今的理论，自有颇多可讲之处。然而，学生光是听到萨维尼、孟西尼、努斯鲍姆这些名字就已经烦躁起来，何谈对应国籍、代表作、学说与观点？视频课程学习，既可以专门录制这些内容，又可以作为课程辅助资料上传，教师可以建立自己的理论体系在视频学习中告知学生，也可以单纯作为拓展资料（本科教学更多偏重的是国际私法的国内法律适用部分），如此，就将教师从课时安排不过来的状况中解脱出来，也符合欧福永教授"删减相关的延伸理论"之主张。[①]

（三）在线开放课程有利于解决教材内容陈旧、增加案例拓展

前已述及，传统教学改革论文发现了国际私法教材内容陈旧、案例古老的问题，但鉴于课堂学时有限，解决这些问题总有力不从心之嫌。更有学者提出专研案例教学的弊病，[②] 试图在理论讲述与案例教学中寻求平衡。但正所谓理想受制于现实，国际私法本科课堂教学时间有限，想二者兼顾，这在传统课堂教学的学时设置中很难达成。各个高校对于国际私法这一课程的学时安排，少至48学时，多至64学时，但通常为48学时。考虑到国际私法作为国内民商法在涉外方面映射的法律适用部门，可想而知其内容的庞杂之处。而目前的本科教学都是以2010年我国《涉外民事关系法律适用法》为中心进行阐释，在此等情况下，教师通过对课堂内容与视频学堂内容的交叉把握即可完美解决这一问题。视频学堂提供的是该门学科的基础理论知识，本科课堂教学就可以进行理论拓展，或是案例教学，由教师根据自己的教学目标自由设置。

综上所述，传统教学改革论文所提出的教学弊病均可通过在线开放课程得以改善。由此可见，在本科教学改革中，运用在线开放课程对于本科课堂教学来说，对达致教学目标有极大帮助。

---

[①] 欧福永：《对国际私法教材编写的几点思考》，载《黑龙江省政法管理干部学院学报》2013年第6期。
[②] 朱鹤群：《基于问题中心主义之案例教学法探讨——以国际私法案例教学为例》，载《中国农业教育》2018年第2期。

# 民事诉讼法学从"静态"到"动态"教学体系改革探索

曾兴辉①

**摘　要**：卓越法治人才教育培养要"打造一流线上线下法学专业课程，推动高校健全课程体系，优化课程结构"，作为法学专业核心课程之一的民事诉讼法学亦需进一步完善课程体系和优化课程结构。本文述及传统"法典式"静态民事诉讼法学教学体系困境，探索打造"纠纷解决式"动态民事诉讼法学教学体系，在课程框架内容上以"纠纷解决的要素和过程"为依托，并引入请求权基础分析和民事审判思维方法等内容动态串联民事纠纷解决之要素和程序，培养学生理论知识与实务操作兼重的能力。

**关键词**：民事诉讼法学教学；法学教育；教学体系改革

教育部、中央政法委《关于坚持德法兼修实施卓越法治人才教育培养计划2.0的意见》（教高［2018］6号）提出实施卓越法治人才教育培养计划2.0，卓越法治人才的培养要"找准人才培养和行业需求的结合点，深化高等法学教育教学改革，强化法学实践教育"，并提出"强专业，筑牢法学教育之本""重实践，强化法学教育之要"等改革任务和重点举措。当前，如何在课程教学环节将改革举措落到实处、取得实效，成为卓越法治人才教育培养之要务。

民事诉讼法学是法学专业的核心课程之一。在大陆法系国家一直被认为是一门既难理解又最无趣的科目，学生普遍感觉民事诉讼法"散"，抓不住要点，也理不出各个制度、规则之间的逻辑联系，有大海捞针之感②。作为一名民事诉讼法学教师，需要挑战这一门既难理解又无趣的科目。在"打造一流线上线下法学专业课程，推动高校健全课程体系，优化课程结构"的任务号召下，本

---

① 曾兴辉，法学硕士，四川师范大学法学院讲师。
② 江伟、肖建国主编：《民事诉讼法》（第七版），中国人民大学出版社2015年版，导论第1页。

文针对民事诉讼法学的教学核心问题——"课程教学体系"进行改革和创新，改革民事诉讼法学传统"法典式"静态教学体系，探索打造"纠纷解决的要素与过程"动态教学体系，以期培养学生民事程序理论与实务操作兼重的能力。

## 一、问题的提出："法典式"静态民事诉讼法学教学体系困境

民事诉讼法学历来都是我国法学教育中的一门必修主干课程，经过多年的教学经验积累，我国民事诉讼法学的教学已经形成自己的一套内容体系和方式方法，本文称为传统教学模式（又称法典式教学模式）。传统教学模式下的教学模式存在理论与实务脱节、程序与实体脱节，学生运用程序知识的能力欠缺等弊端。当前民诉程序法教学改革的研究，以微观的案例教学、模拟法庭教学等教学方法、教学手段的变革探讨居多，而涉及教学改革的核心和宏观的教学体系的整体变革并不多见。

（一）"法典式"静态民事诉讼法学教学体系现状

1. 法典式教学

当前我国本科民事诉讼法学的主流教材以及主流教学模式，本文称之为"法典式"教学。何谓"法典式"教学？即主要依据民事诉讼法典编撰教材和授课的模式。

本文以我校现用高教版"马工程"《民事诉讼法学》（第二版）、曾用江伟、肖建国主编《民事诉讼法》（第八版）和清华大学张卫平著《民事诉讼法》（第四版）三套教材作为当前我国主流民事诉讼法教材的典型，并将其框架体系以简表呈现（见表1），同时将民事诉讼法典目录以简表呈现（见表2）。

表1 我国主流民事诉讼法学教材框架体系简表

| 序号 | 教材/版次 | 教材框架体系 |
| --- | --- | --- |
| 1 | 现用高教版"马工程"《民事诉讼法学》（第二版），2018年8月版。 | 除绪论外，共5编22章内容，内容涉及民事诉讼法概述、民事诉讼法基本理论、民事诉讼法基本原则、民事审判基本制度、当事人与诉讼代理人、民事诉讼证据、一审普通程序、简易程序、第二审程序、再审程序、督促程序、公示催告程序、执行程序等。 |

续表1

| 序号 | 教材/版次 | 教材框架体系 |
|---|---|---|
| 2 | 江伟、肖建国主编：《民事诉讼法》（第八版）（新编21世纪法学系列教材；普通高等教育"十一五"国家级规划教材，2018年10月版。 | 主要内容包括：民事诉讼法研习方法、民事诉讼与民事诉讼法、诉与诉权、民事诉讼法基本原则和基本制度、民事诉讼受案范围、管辖、当事人和诉讼代理人、多数人诉讼、民事诉讼证据与证明、法院调解、临时性救济、诉讼保障制度、普通程序、简易程序与小额诉讼程序、民事裁判、上诉审程序、再审程序、特别程序、强制执行程序、涉外与涉港澳台民事诉讼程序的特别规定等。 |
| 3 | 张卫平著：民事诉讼法（第四版），2016年3月版。 | 共10个单元35章，主要内容包括：导论、民事诉讼概述、民事诉讼法的基本原则、民事审判的基本制度、法院的结构、法院的职权、民事裁判权的范围、管辖、当事人、共同诉讼、第三人、诉讼代理人、代表人及辅助人、诉权与诉、民事诉讼中的证据、民事诉讼中的证明、诉讼保障机制、诉讼程序、第三人撤销之诉、涉外民事诉讼程序、裁判、特别程序、执行程序。 |

表2 我国现行民事诉讼法典目录

| 法典名称 | 法典目录 |
|---|---|
| 中华人民共和国民事诉讼法（2017修正） | 第一编　总　则<br>第一章　任务、适用范围和基本原则<br>第二章　管　辖<br>第三章　审判组织<br>第四章　回　避<br>第五章　诉讼参加人（当事人、诉讼代理人）<br>第六章　证　据<br>第七章　期间、送达<br>第八章　调　解<br>第九章　保全和先予执行<br>第十章　对妨害民事诉讼的强制措施<br>第十一章　诉讼费用<br>第二编　审判程序<br>第十二章　第一审普通程序<br>第十三章　简易程序<br>第十四章　第二审程序<br>第十五章　特别程序<br>第十六章　审判监督程序 |

续表2

| 法典名称 | 法典目录 |
|---|---|
| 中华人民共和国民事诉讼法（2017修正） | 第十七章　督促程序<br>第十八章　公示催告程序<br>第三编　执行程序<br>第十九章　一般规定<br>第二十章　执行的申请和移送<br>第二十一章　执行措施<br>第二十二章　执行中止和终结<br>第四编　涉外民事诉讼程序的特别规定<br>第二十三章　一般原则<br>第二十四章　管　辖<br>第二十五章　送达、期间<br>第二十六章　仲　裁<br>第二十七章　司法协助 |

将上述表一"教材框架体系"的主要内容和表二"法典目录"内容相比较，可以发现二者相差不多。如此足以说明，当前我国民事诉讼法学的主流教材是以法典目录为参照系的，我国近四十年的民事程序法的法学教育是一种"法典式"的教学。

2. 静态教学

法典式静态教学的表现：

一是知识点分散，知识体系凌乱。如果仅参考教材目录展开教学，其知识点散乱。以现用高教版马工程《民事诉讼法学》（第二版）教材为例：涉及"审判主体法院"的知识点散见于第四章和第六章，还有民事审判权、受案范围等重要内容教材没有编写。

二是民事程序法的基础理论知识无处安放。现用高教版"马工程"《民事诉讼法学》（第二版）教材将民事程序法的重要原理囫囵吞枣式的统一放置于教材"第二章民事诉讼法基本理论"，另两本教材基本原理散见各处。以诉权与诉为例，江伟、肖建国主编《民事诉讼法》（第八版）将其放置于第二章诉与诉权；张卫平著《民事诉讼法》（第四版）放置于第十二章诉权、第十三章诉（含诉讼标的理论）。

（二）"法典式"静态民事诉讼法学教学体系困境

传统民事程序法"法典式""静态"授课的质效并不理想，感觉学了一个"假"的民事诉讼法，学生的零散知识和分析案例、解决实务问题的能力是两张皮。具体表现为：

1. 过于注重知识的讲授，缺乏课程整体的逻辑体系。之所以会出现如此现状，根源在于法典式教学背景下，教学知识点偏重技术规则，学生无法完全掌握民事诉讼的基础理论知识，民事程序法律思维也难以形成。加之，过去民事诉讼基础理论研究比较薄弱、理论研究成果转化到课堂滞后等因素合力造成缺乏课程整体逻辑体系。比如诉讼标的理论、民事之诉的基础理论等，本科教学应及时转化研究成果到课堂。

2. 过于注重程序法知识的灌输，学生解决实务问题的思维和能力不足。我们的学生大二就开设民事诉讼法学，基础知识储备普遍不足。日本学者说："民事诉讼是实体法和程序法综合之场。"① 如果学生没有很好地掌握成文法国家民事实体法的请求权基础理论，他们就比较难理解诉讼请求、诉讼标的在程序法中的重要逻辑地位，也难以理解诉讼请求和请求权基础的确定，以及庭审焦点的梳理等。单纯的程序法知识的灌输，让学生遇到实务问题仍是一头雾水，毫无头绪，解决实务问题的思维和能力普遍不足。

3. 授课质效不理想。一是传统教学，知识点凌乱、分散，课堂吸引力不够、学生不爱学；二是理论与实务脱节、程序与实体脱节，学生实务操作能力不佳（这一点主要通过本学院模拟法庭和期末考试案例分析的答题观察）。

## 二、解决的进路：引入"纠纷解决式"动态民事诉讼法学教学

（一）何谓"纠纷解决式"动态民事诉讼法学教学

"纠纷解决式"动态民事诉讼法学教学，即将生活中的民事案例作为教学案例，将纠纷的发生—诉讼救济的必要—诉讼请求的确定—审判主体的选定—诉讼主体的攻击防御—审判主体裁判—裁判救济—申请执行等系列纠纷解决的动态过程作为教学体系的设计思路和主线，将民事诉讼的基本原理和制度穿插在各节点环节。如诉讼标的原理，在诉讼请求的确定环节，即进行必要的理论梳理和讲解。诉请标的确定，才能确定具体的诉讼请求，以及后续审判主体的选定、诉辩双方的攻击和防御以及审判主体的裁判。

需要强调的是，"纠纷解决式"动态民事诉讼法学教学，不是完全脱离现行的民事诉讼基础知识的教学，而是将民事诉讼的基础知识进行整理和体系化、

---

① ［日］中村宗雄、中村英郎：《诉讼法学方法论——中村民事诉讼理论精要》，陈刚、段文波译，中国法制出版社2009年版，第27页。

逻辑化，笔者称之为"纠纷解决的要素和过程"。即，纠纷解决三要素"诉讼主体+审判主体+诉讼客体"，再加上一个纠纷解决的动态过程。如何将"纠纷解决的要素"和"过程"有机地结合，还需要引入部分实体法请求权基础分析法、要件分析法，引入裁判思维分析问题和解决问题的方法。

（二）"纠纷解决式"动态民事诉讼法学教学实践探索

一是有多年"纠纷解决的要素和过程"教学体例变革实践积累。笔者自2015年开始，已经在教学中尝试引入"纠纷解决的要素和过程"的教学体例。教改之初，主要是注重在民事程序体系内挖掘其运用的逻辑原理，以诉讼标的为逻辑线索分析和讲解民事诉讼程序法原理与实务的运用。2016年秋季学期，学院模拟法庭比赛赛题为民事案例，当年所授课2015级4班的同学取得了一个班包揽当年学院模拟法庭大赛前三名的好成绩。该案例说明民事诉讼法学教学改革，在本科阶段提升授课理论难度兼引入实务思维的训练，是有较强的可行性的。

二是有其他学者教学研究成果的示例和理论支撑。如：王亚新、陈杭平、刘君博著《中国民事诉讼法重点讲义》将基本原理、基本概念、法律规定（零部件）还原到现实社会和民事诉讼的一般过程当中，在民事诉讼运行的各种对应关系中讲解概念、分析原理、发现问题、运用规则。① 北京师范大学刘英俊《法学教育理论教学与实践教学的同构——以民事诉讼法为例》提倡理论教学和实践教学的同构、互补、互融和互益。② 又如：王学棉、李倩著《民事诉讼程序实务讲义》，为解决民事程序的学以致用和知识到运用的最后一公里的问题。③ 又如：西南政法大学段文波老师关于倡议把要件事实理论引入法学教育的探讨。④

（三）"纠纷解决式"动态民事诉讼法学教学的理论基础

1. 理论上我国民事诉讼是规范出发型民事诉讼

日本学者中村英郎认为，日德民事诉讼是规范出发型民事诉讼，而英美民事诉讼是事实出发型民事诉讼。⑤ 在规范出发型民事诉讼中，诉讼之前就已有

---

① 王亚新、陈杭平、刘君博：《中国民事诉讼法重点讲义》，高等教育出版社2017年。
② 刘英俊：《法学教育理论教学与实践教学的同构——以民事诉讼法为例》，载《湖北函授大学学报》2016年第8期。
③ 王学棉、李倩：《民事诉讼程序实务讲义》，北京大学出版社，2018年12月版。
④ 参见段文波：《要件事实理论——兼论民事法学教育》，载《西南交通大学学报》（社会科学版）2012年第3期。
⑤ ［日］中村宗雄、中村英郎：《诉讼法学方法论——中村民事诉讼理论精要》，陈刚、段文波译，中国法制出版社2009年版，第263—267页。

实体法的规定，当实体法认可的权利未能实现时，当事人便可以向法院提起诉讼，请求实现权利。在事实出发型民事诉讼制度中，诉讼之前并不存在实体法。规范出发型民事诉讼主要在诉讼制度的目的、诉讼对象、诉讼当事人、举证责任、既判力等制度方面区别于事实出发型民事诉讼。我国属于成文法系国家，我国民事诉讼法学界均认可我国民事诉讼是规范出发型民事诉讼。规范出发型民事诉讼与事实出发型民事诉讼具体差异参见表3。

表3 规范出发型民事诉讼与事实出发型民事诉讼比较

| 项目 | 规范出发型民事诉讼 | 事实出发型民事诉讼 |
| --- | --- | --- |
| 1. 诉讼制度目的 | 保护第三人权利 | 解决纠纷 |
| 2. 诉讼对象 | 从规范出发探究诉讼对象 | 从事实出发把握诉讼对象 |
| 3. 诉讼当事人 | 权利的主张者（原告）以及被原告指定的被告人 | 所有与事件有关的人员都可以成为诉讼当事人 |
| 4. 举证责任 | 以构成要件为基准来分配举证责任 | 按事件性质、衡量原告与被告利益的基础上分配举证责任 |
| 5. 既判力 | 在裁判确定的原告主张的实体法权利范围内产生既判力 | 难以特定既判力范围。一般认为经充分攻击防御并辩论后，在法院调查范围内产生既判力。 |

2. 实务中我国民事审判方法是规范出发型的民事审判方法

法学理论界对于方法论的研究多聚焦于实体法而非诉讼法。如梁慧星教授著《裁判的方法》（第3版）主要是以"民法解释学的方法"为主旨，从民法解释学概述、法律解释方法、法律漏洞补充方法、不确定概念的价值补充、利益衡量五个部分来阐述裁判的方法。① 有学者认为"迄今为止在我国的法学理论界尚未形成一套科学的、成熟的、被普遍运用的民事审判方法"。②

实务界中，法官们自发形成了一些审判方法，其中影响力比较大的当属学者型法官邹碧华所著《要件审判九步法》。该书采用理论和实践相结合，详细介绍了"要件审判九步法"的具体内容：第一步，固定权利请求；第二步，确定权利请求基础规范；第三步，确定抗辩权基础规范；第四步，基础规范构成要件分析；第五步，诉讼主张的检索；第六步，争点整理；第七步，要件事实证明；第八步，事实认定；第九步，要件归入作出裁判。③ 该书着眼于提高法官

---

① 梁慧星：《裁判的方法》（第3版），法律出版社2017年版。
② 参见刘益：《规范出发型民事审判方法的理论与实践》，华东政法大学2015年博士学位论文。
③ 邹碧华：《要件审判九步法》，法律出版社2010年版。

的逻辑思维能力和法律适用能力，对法官审理案件和制作裁判文书具有很好的指导意义。同时，对于民事程序法的教学而言，也有较强的指导和借鉴意义，但是《要件审判九步法》毕竟实务性比较强，需要在教学中结合程序法基本原理予以讲授。

华东政法大学刘益博士在其博士论文《规范出发型民事审判方法的理论与实践》中明确提出，"规范出发型民事审判方法"一词界定了规范出发型民事审判方法的含义和性质，并沿着诉讼呈动态向前推进的时空脉络搭建其体系化结构框架：以权利保护目的论为灵魂，以诉讼标的理论为脊梁，以要件事实论为血肉、以判决主文及既判力理论为归结。具体框架体系见图1①：

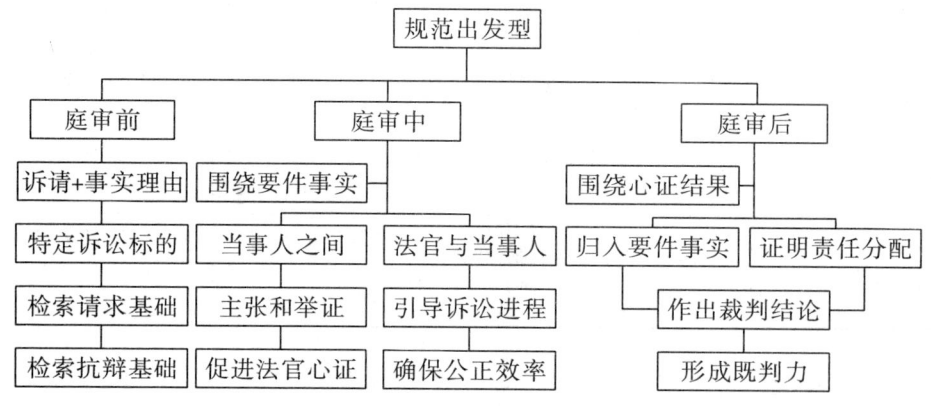

图1 规范出发型民事审判方法路径图

刘益博士提炼的体系化的结构框架，将零散的诉讼理论进行组织、整合，尝试构建概念清晰、条理清楚、逻辑严密的统一的完整的知识体系，也正是我们民事诉讼教学所需要的。"规范出发型民事审判方法"系属民事诉讼法学方法论，系属"规范出发型的民事诉讼"。

3. 小结：我国民事诉讼法学的教学应当是规范出发型的教学

理论上规范出发型民事诉讼的性质界定和实务中规范出发型的民事审判思维，应当充实到民事程序法的教学中来，引导我国民事诉讼法学的教学，成为规范出发型的教学模式。

回到本文研究的主题，规范出发型民事诉讼法学的教学不应当是传统法典式、静态的、侧重技术的散乱知识点的灌输，而应当是有一个体系化的结构框

---

① 参见刘益：《规范出发型民事审判方法的理论与实践》，华东政法大学2015年博士学位论文。

架,将零散的诉讼理论进行组织、整合,构建概念清晰、条理清楚、逻辑严密的统一的完整的知识体系。

### 三、框架的构建:打造"纠纷解决式"动态民事诉讼法学教学框架体系

打造不同于"法典式"的新型教学模式,需要更新课程内容、提高课程难度、拓展课程宽度、加深课程深度、完善课程教学体系大纲及相关配套建设,形成完备的教学资料,提高课程教学质量和水平,培养学生理论知识与实务操作兼重的能力。

(一)刷新教学理念,引入"纠纷解决的要素与过程"的动态教学理念

针对学生普遍感觉民事诉讼法"散",抓不住要点的问题,我们拟引入"纠纷解决的要素与过程"的动态教学理念。"纠纷解决的要素与过程"将民事诉讼的基础知识划分为两大板块(要素+过程),四大体系(诉讼主体、审判主体、争讼客体、诉讼过程体系),将散见于法典和传统教材的知识点体系化。同时,此教学理念也是以实务为导向的操作体系,甚至是案例的分析模板。

(二)重构民事诉讼理论与实务兼重的教学体例

针对学生理不出各个制度、规则之间的逻辑联系的问题,本文拟引入民事诉讼法学学科的前沿研究理论入本科课堂,有效衔接课程整体的逻辑体系。

理论方面,民事诉讼法学的诉权、审判权、诉讼标的、当事人、管辖、既判力等诸基本理论有着严密的内在逻辑体系性。纠纷解决的要素主要包括:诉讼客体——诉讼标的(诉讼请求),诉讼主体——当事人,审判主体——法院。诉讼请求和诉讼标的是纠纷解决程序的逻辑主线,诉权与审判权的关系是民事诉讼模式的分水岭。

实务方面,因民事诉讼是实体法和程序法共同结合的场。拟拓宽教学视野,引入民法思维——请求权基础理论体系和规范出发型民事审判方法等实体法思维和实务技能到民事诉讼法学的课程讲授体系中。因此,拟以实务操作进程的逻辑思路,重构民事诉讼法的课程讲授逻辑体系。当然,因总体课程教学课时的限制,引入部分新的教学内容,必然会删除部分理论难度不大的技术性规则的传统内容,因此整个课程体系需要重新建构。

本文将民事争讼案件"纠纷解决式"动态民事诉讼法学教学框架体系整理见表4:

表4　民事争讼案件"纠纷解决式"动态民事诉讼法学教学框架体系

| 要素 | 程序法主要教学内容 | 实务应用要点 | 程序原理 |
|---|---|---|---|
| 导论 | (1) 民事纠纷与民事诉讼<br>(2) 民事诉讼基本原则 | 多元化纠纷解决机制；选择诉讼解决纠纷的利益权衡 | 民事诉讼价值；民事诉讼模式转型 |
| 审判主体 | (1) 民事审判权：法院在民事诉讼中的职权<br>(2) 民事案件受理范围（"主管"）：法院可以通过裁判解决民事纠纷的范围<br>(3) 民事案件诉讼管辖：法院系统的内部分工<br>(4) 具体民事案件的审判主体：审判组织<br>(5) 法官个人作为审判主体的资格：回避的要件和程序 | 静态的法院、审判组织；动态的法院的选择、法官的主体资格判断 | 民事审判的基本制度 |
| 诉讼主体 | (1) 当事人：单一原告与单一被告<br>(2) 共同诉讼：复数原告与复数被告（包括，代表人诉讼：多数当事人的诉讼）<br>(3) 第三人："三方结构"的诉讼形态<br>(4) 诉讼代理人：代理当事人进行民事诉讼活动<br>(5) 特殊诉讼主体：公益诉讼 | 界定当事人之间的实体法律关系；动态判断诉讼主体的适格问题 | 当事人与诉讼代理基本制度 |
| 争讼客体 | (1) 诉与诉权<br>(2) 诉讼标的与诉讼请求 | 权利保护目的→固定诉讼请求+明确事实理由→特定诉讼标的 | 诉与诉权；诉讼标的理论；请求权基础分析 |
| 裁判过程 | (1) 当事人双方的攻击和防御；<br>(2) 民事诉讼的证据和证明<br>(3) 第一审普通程序与简易程序<br>(4) 第二审程序<br>(5) 再审程序<br>(6) 程序保障制度等 | 特定诉讼标的→找寻基础规范→分解法律要件（要件事实）→分配主张证明责任→整理案件争点→认定要件事实→作出裁判结论→形成既判力 | 要件事实理论；案件整理；证据、证明制度；既判力理论 |

（三）强化实务案例分析和研究性学习

案例分析和研究性学习的设计，是与前述整体课程改革相配套的。毕竟课堂时间有限，有一定理论深度的基础知识和实务操作思维引导，需要不断的强化训练。恰好课后的案例训练和研究性学习可以辅助课程理论难度的提升,学生的主动学习、研讨性学习,才能实现由知识到能力的转化和习得。本部分的内容,还需要对学生进行必要的案例检索和文献检索训练。当然,此部分的能力转换不能完全寄希望于半学期的民事诉讼法课堂,尚需要后续的实务课程训练和第二课堂等锻炼。

（四）辅之以教学方式的多元、考试机制的改革

程序法的教学与实体法相比较,程序法的内容相对繁琐和枯燥,授课难度系数比较大。为实现上述教学目标,还需要老师在课堂上采取多元化的教学手段和方法,提升课程的有趣度,激发学生自主学习方为上策。另外,关于课程考核,可考虑增加开放性答题的考核比例。这样对于习惯于应试学习的学生,也有了更多的学习动力和学习自觉性。

## 四、结语

本文探讨我国"法典式"静态民事诉讼法学教育面临的困境是大家都意识到的问题,只是在解决问题的路径选择方面,有人选择了教学方式方法的微观调整和改进;有人期待用配套实务案例课程、模拟法庭等予以解决。而本文认为:民事程序法的教学本身可以转换教学理念,从宏观环节进行调整和体系化打造,构建概念清晰、条理清楚、逻辑严密的统一的完整的"纠纷解决式"动态民事诉讼法学知识体系。如此调整和改革的路径,需要实体与程序衔接、理论与实务结合,对授课教师也提出更高的要求,才能高质量地更新课程内容、提高课程难度、拓展课程宽度、加深课程深度,完善课程教学体系大纲及相关配套建设。当然此项改革尚需更多的教学同仁参与进来形成合力。

# 民法总论教学质量提升的对策探讨

## ——"首届全国法学教育师资研修班"研修体会

唐仪萱[①]

**摘　要**：因特殊的学情、较多的周课时和重难点在各章节中分布明显不均等困境，我院民法总论课程的教学质量提升存在一定难度。应当以学情为根本出发点，既重视讲授原理、理解法条，又须慎用法教义学上的法律解释方法，强化案例分组讨论，适当体现实践性，增加"民事法律行为"一章的课时量，坚持板书并善用课程实施大纲和信息化手段，增加课程作业次数，将民法总论和刑法总论同时开设，采取措施推广落实助教制度。

**关键词**：民法总论；教学质量；法教义学；课程设计；课程体

民法总论作为民法基础课，在整个法学专业课程体系中的基础性地位不言而喻。但如何上好民法总论，是困扰教师的老大难问题。[②] 本文将从笔者参加北京大学法学院于2019年9月4日至5日举办的"首届全国法学教育师资研修班"研修体会出发，结合我院民法总论教学存在的实际问题和困境，从学情、教情出发，探讨进一步提升民法总论教学质量的对策。

## 一、民法总论教学质量提升的困境和障碍

（一）特殊的学情背景引发的状况

民法总论是一年级第一学期的课程，学生需要在大学第一学年完成从高中

---

[①] 唐仪萱，法学硕士，四川师范大学法学院副教授。
[②] 关于如何上好民法总论，研修班中不同的老师有不同的心得体会，但各种方法孰优孰劣，并无定论。另据台湾大学吴从周教授介绍，台湾的教师认为民法总论是最难讲授的，相互推诿之后一般由年轻教师讲授。甚至有人提议废掉民法总论课程，或并入物权法或者合同法中。

到大学学习的过渡。我校法学院在一本线上招生（2019年的录取分数线超一本线40多分），学生整体素质较好。通过笔者十余年的教学观察分析，发现我院的大一学生的学情特点存在两面性：

一方面，大学新生特有的朴素感情，在一定程度上有思维的敏锐触觉，把握和利用这一"正面"的学情特点，有助于强化法科新生的专业信心和学习兴趣。

另一方面，法科新生尚未入门，专业学习意识和能力尚未形成。其一，学习意识仍停留在高中阶段，对大学的专业学习虽期待但懵懂；其二，职业规划以律师、法官、检察官及其他公务员为主，极个别同学有意愿深耕法学研究，到高校任教；其三，学习独立性弱于重点大学学生，对教师和课堂有较强依赖。

这些"负面"的学情特点引发了教学中的诸多问题：其一，学生对教材、讲义、课程实施大纲与法条的关系把握不准，重教材讲义而轻法条，不读课程实施大纲。其二，学生接触的每一个概念和规则都是新的，很难把握重难点。其三，学生一般对严谨而晦涩的法律语言有较大的陌生感、排斥感，再加上绝大多数学生本就无心发展科研，厌学情绪增加。在学情触发的诸多问题中，最发人深省的是民法总论过早引入法教义学可能带来的负面效果。

被奉为"无法律，不教义"① 的"卓越"的法教义学，是法学通说和判例通说产生的基础，② 是步入法律共同体的修炼心法口诀，是民法教习的方法论。③ 本文无意否定法教义学对法学教育特别是民法学教育的基础性地位，④ 但其高度的理论性、学术性特点，⑤ 对非"精英法学院"⑥ 的初学者而言是过分严肃而枯燥的。⑦ 晦涩难懂的法条，教师授课时大量的专业术语，模式化的技术路径，以及逻辑层层推进的追问和引导，学生在逻辑强大的"汪洋大海"中迷失了方向，注意力被一个接一个的"浪花"打散了，难以跟进并适时反馈。此外，法教义学下"找法"的训练被人为安排在分部门以及专章的教学模式下，配以法官视角的形式主义分析，法律关系是固定的标准而非灵活的工具，容易

---

① 许德风：《法教义学的应用》，载《中外法学》2013年第5期。
② 汤文平：《民法教义学与法学方法的系统观》，载《法学》2015年第7期。
③ 唐芒花：《试论多元合作与互补的法教义学》，载《学术论坛》2015年第8期。
④ 本次研修班上展示的民法基础课公开课的授课内容按照严格的法教义学展开，形成严密的逻辑闭环。
⑤ 葛云松：《法学教育的理想》，载《中外法学》2014年第2期。
⑥ 葛云松在《法学教育的理想》一文中站在精英法学院的视角，提出了以培养法官能力为目标的法学教育改革方案，核心是法教义学的训练。精英法学院的毕业生将更多地承担法律相关职业的引领性工作。参见葛云松：《法学教育的理想》，载《中外法学》2014年第2期。
⑦ 在本次研修班的学生反馈环节，来自某重点大学的同学也指出依法教义学的法律解释方法阐述原理和规则，时间长了容易犯困，最喜欢案例讨论的互动式教学。

造成知识割裂。① 如果不能很好地解决这些学习困境，非但不能实现法科新生从朴素法感情到专业法律思维的转变，反而可能导致学生兴趣消退，甚至使如同白纸一般的法科新生"丧失对民法（甚至整个法律）的想象力"。②

（二）周课时较多增加教学压力

大一新生报到后经过军训才能开始专业课的学习。4个学分的民法总论课程一般在国庆节以后开始上课。教学周压缩后每周课时增加为6节。这一方面意味着教师的周工作量加大、劳累度提高，另一方面也意味着学生预习复习的强度增大。这两方面的变化都直接影响着教学效果的达成。

（三）课程内容安排是一大难题

法律行为理论是民法的重要基石，是"民法规则理论化之象征"，是民法"皇冠上的璀璨明珠"。民法总论一共十章，民事法律行为是其中一章。如何平衡好章节之间的课时量，教师面临两难的局面。一方面，如果授课时覆盖到每一章节的内容，其好处是学生能较好把握民法总论的体系，对大学新生而言，尊重教材也是顺理成章的事；坏处则是面面俱到反而重点不突出，学生只能学到皮毛，后续课程"炒回锅肉"已成常态。另一方面，如果充分考虑法律行为理论在民法及相关后续课程中的重要基础地位和疑难程度，可提高法律行为理论的课时量，删减其他部分章节内容，好处是突出重难点，坏处则是学生很难形成民法总论的体系框架，对规则之间的关联度认识模糊，知识割裂在所难免，后续课程又得"回炉重造"。以上两种做法，都会在一定程度上影响后续课程的教学效果。

## 二、民法总论教学质量提升的关键点

如何采取措施，切实提升民法总论教学质量，需要在准确把握学情的基础上，厘清以下几对关系：

（一）讲清楚与听明白

教师的课程设计是预设式的，其成熟专业的法律思维难免因脱离学生角色而"超前"预演。即使教师授课思路清晰、表达准确，零专业基础的学生也可

---

① 张淞纶：《作为教学方法的法教义学：反思与扬弃——以案例教学和请求权基础理论为对象》，载《法学评论》2018年第6期。
② 张淞纶：《作为教学方法的法教义学：反思与扬弃——以案例教学和请求权基础理论为对象》，载《法学评论》2018年第6期。

能没有听明白,更别说理解应用。倘若仅从主观上判断,教师是否讲清楚与学生能否听明白,隔着"法学方法论"的鸿沟。对此,担任新生教学的教师是清楚的。但是,如上文所述,是否即刻灌输给新生法教义学的方法和技能,仁者见仁,智者见智。

本文认为,一方面,从学情出发,不能急于引入法教义学,应当给学生一个适应法律思维严密逻辑范式和法律语言极端精确表达的过渡期,帮助学生突破短期"语言障碍"。在过渡期内,适当缩减规范性的法言法语表达,慎用法教义学上的法律解释方法,用刻意设计的生活化的描述性语言,放大学生朴素法感情的优势,淡化学生的距离感和陌生感。让学生对法律规则和民法原理的感性认识自然而然加深。

另一方面,我们也应当让学生意识到法律语言的规范性表达对专业素养培养的关键作用。法教义学能以实证化的智识权威融汇立法、司法与学术,[①] 这样的知识和能力是学生应当具备的,只是民法总论教学不应当也不适合急于灌输和强化。我们应该在始终要求学生坚持法条诵读的基础上,随着课程时间的推进,尤其是在教学的后半部分,逐渐加强法言法语的演练,让学生适应法律语言环境,潜移默化地提升理解能力和应用能力,初步掌握法律解释的方法。毕竟"死啃"法条是法律人思维和职业精神的体现,法教义学是成文法体系下法律共同体的"话语体系"和"看家本领"。[②]

(二) 理论性与实践性

低阶课程重在讲授原理、理解法条,即使结合案例,一般均是将案件事实简单抽离出来作为原理和规则的佐证。旨在培养法官能力的以请求权基础理论分析法为技术规程的案例研习法不应当也不适合教授大一新生。

但是,这是否意味着在低阶课程中,实践性可以被彻底弱化?本文认为,选择一些没有法教义学争议、法律技术正确的简单的法院判决作为案例,让学生初步感知找法、用法、涵摄的过程,可以为后续的进阶训练打下基础。当学生将足够多的案例装进脑袋,再去接触方法论,就能起到正向的作用,此为其一。其二,在民法基本原理的讲授中适当引入一些基础实务知识,可以激发学生的学习兴趣。例如在实务中应该如何给合同盖章?法科新生不知道"骑缝章"。将这个问题和法律行为的相关知识联系起来讲授,捅破"窗户纸",学生不仅对知识点印象深刻,更体会到法律职业的专业性和严谨性,增强对法学学

---

① 汤文平:《民法教义学与法学方法的系统观》,载《法学》2015 年第 7 期。
② 唐芒花:《试论多元合作与互补的法教义学》,载《学术论坛》2015 年第 8 期。

科和法律职业的认同感、归属感，提升学习动力。

（三）新"招数"与老"把势"

在教育信息化改革向纵深方向发展的大背景下，法学专业与其他学科一样，正在经历借助慕课、微课、翻转课堂、智慧课堂、雨课堂等信息技术，"以教学模式改革为杠杆，'撬动'教育理念、教学内容和课程体系的全方位改革"。① 作为曾经最重要也是最传统教学手段的"板书"，日渐式微，特别是在青年教师的课堂中难觅其踪。作为互联网时代的"00 后"，受到时下流行的短视频的影响颇深。例如抖音短视频，其一般时长不超过 15 秒。② 短视频这类娱乐应用软件能在极短时间内带给用户极大感官刺激，成为用户打发时间、排解压力和休闲放松的一种方式，继而改变了用户的生活节奏。那么，多变的互联网多媒体教学手段是否能全面迎合习惯了注意力不到半分钟的"00 后"学生呢？即使单次刺激时间短，但为了达到教学效果而多次刺激之后，会不会让学生麻木？至少笔者的教学实践证明，对关键词的记忆和理解，传统板书对学生的刺激度并不低于新式手段，甚至学生的学习效果更好。究其原因，教师书写板书的过程就是学生识别、消化的过程。这个过程是渐进式的，学生会不自觉地猜想老师接下来会写什么，自己是否能正确"接龙"。而同步的人机互动性强的信息化手段并不能对学生产生同样的刺激。笔者有意通过板书强调民法学授课重难点，学生和教学督导的反馈效果都有明显提升。与以往不同，合同法期末考试是我从教以来第一次出现没有不及格的学生，且考试成绩公布以后，很多学生给我发信息表示感谢，说我讲的内容全都能听懂，这也再次坚定了我坚持板书的决心。

## 三、民法总论教学质量提升的操作路径

（一）完善课程设计

1. 调整教学内容的详略安排

本次研修班的部分授课老师将法律行为一章的课时提高，有的甚至占到总

---

① 乔建永：《信息化时代大学的教育教学改革》，载《中国高等教育》2016 年第 Z2 期。
② 15 秒以内的视频可以给用户带来极大的感官刺激，只要内容一直保持好玩有趣，就会不断吸引用户滑动，提高 APP 用户的黏性。

课时的 70%。① 本文认为，从学情出发，为确保知识体系的完整性和概念之间的逻辑性，凸显民法总论的基础课作用，民法总论仍应以教材和《民法总则》的框架结构为基础，但须结合《民法总则》各章节的条文分布情况，以及民法总论与后续课程之间的关系，对教学内容的详略安排予以适当调整，并相应调整学时安排，向"法律行为"理论和规则倾斜。

增加"民事法律行为"一章的课时量到 24 学时，加大对意思表示瑕疵、法律行为效力等内容的讲解透析度，多举例、多讨论、多练习，强化学生的理解记忆。

适当减少"民法概述""民法基本原则""自然人""法人""非法人组织"和"民事法律关系客体"等章节的课时量："民法概述"一章，对民法的渊源、效力，民法的不同含义和分类，民法调整的社会关系的特点，民法与邻近法律部门的关系等内容，略讲或者不讲，这些内容多由法理学讲解；"民法基本原则"一章略讲每个基本原则的内涵，在后续课程分析案例时再对所涉基本原则予以评述；"自然人"一章略讲监护制度，不讲宣告失踪和宣告死亡的程序规则，留待民事诉讼法学习；"法人"和"非法人组织"这两章略讲法人的成立，法人机关，分支机构，法人的变更、终止、清算，我国的法人分类，合伙企业等内容，留待商法学和经济法学讲授；略讲"民事法律关系客体"一章，将其与"民事法律关系"一章的内容合并，"物的分类"留待"民法分论"课程讲解。

教学内容调整后相应的学时变化见表 1：

表 1 民法总论课程各章学时调整表

| 章节名称 | 调整前的学时分布情况② | 调整后的学时分布情况 |
| --- | --- | --- |
| 第一章 民法概述 | 6 学时 | 4 学时 |
| 第二章 民法的基本原则 | 6 学时 | 4 学时 |
| 第三章 民事法律关系 | 8 学时 | 8 学时 |
| 第四章 自然人 | 7 学时 | 5 学时 |
| 第五章 法人 | 7 学时 | 5 学时 |
| 第六章 非法人组织 | 2 学时 | 1 学时 |

---

① 据南京大学法学院朱庆育教授介绍，法律行为占到民法总论一半以上的课时，而北京大学国际法学院茅少伟助理教授则在民法总论 60 个学时中用 42 个学时讲法律行为，10 个学时讲意思表示瑕疵。
② 以四川师范大学法学院 2018 级 3、4 班的教学情况为计算依据。

续表1

| 章节名称 | 调整前的学时分布情况② | 调整后的学时分布情况 |
| --- | --- | --- |
| 第七章 民事法律关系客体的种类 | 4学时 | 1学时<br>与第三章合并 |
| 第八章 民事行为 | 12学时 | 24学时 |
| 第九章 代理 | 8学时 | 8学时 |
| 第十章 诉讼时效、除斥期间与期限 | 4学时 | 4学时 |

2. 优化教学方法体系

（1）善用课程实施大纲和网络课程资源，强化预习和复习

预习和复习本无须强调其必要性，但其在我院民法总论授课中的实施效果差强人意，不利于探究式教学方法的落实，不利于学生自主学习能力的提升。从2018级开始，学校统一印刷、下发教师编制的课程实施大纲（以下简称"大纲"）。应当明确要求学生根据大纲写明的课程实施单元，提前预习相应的教学章节，课后根据大纲中列举的包括网络课程资源在内的参考资料，扩展阅读、深化知识理解。学生提前预习，可以将课时集中在重难点上，并减少课堂启发式教学的引导时间，教师集中火力猛攻知识重难点，通过提问和讨论，加强学生自主学习的紧迫感。

（2）以强化案例分组讨论为突破口提升互动效果

互动式教学对提升教学效果的作用明显，但因学情特殊，其在民法基础课大班教学中的应用需要一定的技术处理，否则要么是以大眼瞪小眼的"尴尬"收场，要么是各说各话，状如市场。本次研修班展示的"大班互动式民法教学方法"之一就是依托案例讨论来实现的。结合我院学情，民法总论课程可以选择案情简单、没有太大的法教义学争议的，①但可以从多视角分析有一定的深度挖掘空间的案例，既保护了法科新生的"想象力"，又能让老师容易把控、及时收缰，将学生发散的思维拉回民法视角和民法理念。

---

① 例如"泸州'第三者'受遗赠案"，一般在教授民法基本原则功能时多有涉及，但近年来有一些学者从法教义学的角度对该案的学术代表性研究观点予以否定，认为法学界的争论存在方法论的误区，法律技术解读有误，"多篇有影响力的非教义学研究都因为对该案的教义学基础尤其是法律依据认识不清，最终形成'六经注我'的误会"。参见林来梵、张卓明：《论法律原则的司法适用——从规范性法学方法论角度的一个分析》，载《中国法学》2006年第2期；郑永流：《道德立场与法律技术——中德情妇遗嘱案的比较和评析》，载《中国法学》2008年第4期；何海波：《何以合法？对"二奶继承案"的追问》，载《中外法学》2009年第3期；贺剑：《认真对待案例评析：一个法教义学的立场》，载《比较法研究》2015年第2期。

其一，民法总论所用的案例教学法，其目的不在于教授学生实际操作的技能，而旨在以案例充当民法原理或者规则的法律事实，作为晦涩的民法原理和规则的生动展示，学生运用朴素的法律观就能理解并初步分析，有助于发散学生思维，激发其学习兴趣。例如在讲民事法律关系的概念时，以"打架斗殴"这一生活中常见的简单的案情出发，要求学生分组讨论行为人的法律责任有哪些？引导学生挖掘民事法律关系相较于行政法律关系、刑事法律关系的特点，思考民法作为私法的价值理念，了解民事法律关系的三要素。

其二，可以将正反两个案例进行对比，促成学生自觉形成反思，将老师的引导、学生的探究与课堂讨论有机融合，拓展互动式教学法在民法总论课程的应用空间。例如在讲解无权代理时，让学生讨论一个狭义的无权代理案例和一个表见代理案例，要求学生分别从构成要件入手分析两个行为的法律效力，引导学生挖掘表见代理与无权代理的关系，思考表见代理的权利外观是否与本人过错有关，进一步探讨两种行为对第三人的法律效果的不同以及规则不明带来的法律适用问题，引导学生打开思路，理解表见代理制度的价值取向。

其三，案例讨论可以采用两种方式展开：一种是以法律为主线，导入案例展开讨论，案例本身值得深度挖掘或者反思。此法适合于教授民法原理或者内容简单清晰的法条，比如上文所举"打架斗殴"的例子。另一种是以案例为主线，教师由浅入深地展示若干案例，铺垫制造冲突，最后再"抖包袱"，引出法律规则的要件，深化记忆。此法适合于教授较为复杂的规则，例如包括构成要件和法律效果的完全性法条，上文所举狭义的无权代理和表见代理的例子即是。

（3）增加有实效的课程作业次数深化知识理解

对于课程练习，笔者目前采用的是随堂练习加半期作业的方式。这次到北大培训，同行一般对课程作业的必要性持肯定态度，认为民法基础课的教学效果必须由课后练习来保障，学生每堂课都需完成配套的课程作业。"老师的课程负担太重，是因为学生的负担太轻。"据笔者了解，我院的少部分学生自觉购买课程配套练习题，并就疑难问题提问教师。虽然不能说这些学生一定是学得最好的学生，但至少他们期末的考试成绩不差。

考虑到学生的时间安排和教师的精力，可以适当增加民法总论课程作业的次数，由只完成半期作业改为一学期完成三次作业，并适当调整平时成绩在课程总分的占比。如果后续助教制度能在学院推广、普及，作业次数可以增加到每周一次。

在作业形式上，除了半期作业按学校要求采用小论文形式，其他作业采用练习题形式，包括但不限于选择题、判断并说明理由题、案例分析题等常规的考试题型。不仅能使学生深化对知识的理解和应用,还能帮助学生通过多次作业熟悉应试答题方法,提升练习的实效性。

3. 巧用信息化手段

如前文所述,板书并非"敝履",应当保留必要的板书精华,与多媒体课件和课程实施大纲形成互补。与此同时,我们也应当重视信息技术对教学手段的革新作用。根据教育部《教育信息化"十三五"规划》的要求,积极推进多种形式的信息化教学活动,利用信息技术创新教学模式,推动形成"课堂用、经常用、普遍用"的信息化教学新常态。

除了利用"雨课堂"将实时答题、弹幕互动等信息化手段作为传统课堂的调节剂外,更重要的是将翻转课堂模式与课堂主题学习相结合。其一,将课程的重难点抓取成若干主题,课时规划向这些主题倾斜,授课方式以课堂分组讨论为主,辅以讲授,可以结合案例分析展开。民法总论教学内容中可以作为分组讨论的主题有:民法的调整对象、民法基本原则的功能、民事法律关系三要素分析、胎儿和死者利益的特殊保护、法人与非法人组织的特征比较、意思表示瑕疵、无权代理和表见代理等。其二,学生应当根据课程实施大纲的要求,自学网上课程资源,掌握每章节的知识框架和基本概念。其三,教师在某主题开课前一周布置预留问题,要求学生通过网络资源、图书馆资源等途径查找资料,寻求初步的答案,课堂上与老师和同学深入探讨。

(二)调整课程体系

国内不少法学院将民法和刑法一同开设,民法总论和刑法总论都是在一年级第一学期完成。建议我院也采用此做法。

首先,"刑法是法律方法、法律思维方式可以获得最为充分、集中和清晰地体现的法律部门"。学好刑法对于学习民法有"莫大的帮助"。[1]

其次,刑法总论和民法总论在教学内容上相互关联。例如学生需要掌握民事法律关系和刑事法律关系的区别、民事责任和刑事责任的区别;民法上的私力救济中的正当防卫和紧急避险,也是刑法总论的重要知识点。如果两者开课时间相同,有助于学生用联系的眼光,全面、立体地理解相关知识点。

最后,对于法教义学的研究,刑法早早地走在了民法前面。刑法学是我国各个部门法学中较早进入教义学研究的。[2] 最近十五六年来,中国刑法学逐步

---

[1] 葛云松:《法学教育的理想》,载《中外法学》2014年第2期。
[2] 陈兴良:《注释刑法学经由刑法哲学抵达教义刑法学》,载《中外法学》2019年第3期。

向刑法教义学发展,这标志着中国刑法学知识的成功转型。[1] 相较于刑法学界在法教义学上的长足发展,民法学尚处于转型的起步阶段。在民法学基本完成了从立法论向解释论转向后,近年来开始关注法教义学的方法论作用,趋势是转向以法教义学为基本方法的民法解释论研究。[2] 可见,刑法低阶课程以法教义学为方法论并不存在民法低阶课程这样的理论储备障碍。正如有学者指出的那样,倘若将法教义学作为民法基础课教学方法,容易将很多"优劣"问题"异化"为"对错"问题。考虑到教义学的方法论优势与让学生陷入"功能性黏滞"的局限,该学者建议民法教义学宜作为民法高阶(大三、大四)课程和研究生课程的教学方法,民法低阶(大一、大二)课程以比较法和体系性的纯知识为主,而且应当采取多部门(甚至多学科)的交叉并行。[3] 本文认为,虽然在民法总论灌输教义学有其不合时宜之处,但学生可以从其他与民法总论并行的课程中感知教义学的魅力,为将来借助请求权基础理论研习案例做准备。这一纽带功能非早已被教义学浸润的刑法总论莫属。因此,本文建议将刑法总论开课时间由大一第二学期调整到大一第一学期,与民法总论同时开设。

(三)引入助教制度

助教制度能够提升助教"教中学"的能力,提升课堂管理效率,支持学校人才建设。[4] 助教制度是提升大班教学质量的有力支撑,能够较好地调和学生课后答疑、作业评阅的需求与教师有限精力之间的矛盾,对于一周六课时的民法总论教学大有裨益。建议我院在本科教学中普及助教制度。本文对此的初步设想如下:

第一,人员条件。除了传统的研究生助教,应当鼓励、支持大三以上本科生担任助教。[5] 经本次研修班的自由讨论环节交流得知,本科生助教已经在全国一些法学院推广,取得了显著成效。本科生助教应当符合以下要求:一是三年级以上的本科生;二是成绩排名全年级前20%;三是申请辅助教学的课程成绩不低于90分。第二,申请程序。符合条件的本科生或者研究生首先向任课教师提出申请,经任课教师初步审核后,该教师和该学生共同向学院提出申请。

---

[1] 周光权:《论中国刑法教义学研究自主性的提升》,载《政治与法律》2019年第8期。
[2] 焦宝乾:《我国部门法教义学研究述评》,载《法律方法》2016年第1期。
[3] 张淞纶:《作为教学方法的法教义学:反思与扬弃——以案例教学和请求权基础理论为对象》,载《法学评论》2018年第6期。
[4] 郭小平:《论大学助教制度的实践与完善》,载《吉林省教育学院学报》2014年第11期。
[5] 经美国学术改革中心NCAT历时十多年的研究发现,本科生担任助教可以与研究生一样出色,助教成本得到进一步降低。参见Carol A. Twigg, Improving Quality and Reducing Costs: Lessons Learned From Round II of the Pew Grant Program in Course Redesign, Retrieved Oct 23, 2013. 转引自刘瑛:《如何建立高效的大班教学模式》,载《教育教学论坛》2014年第6期。

第三，工作考核。助教完成辅助教学工作后，在期末时向任课教师提交工作报告，由教师予以评价，并提交学院，由学院对该学期所有助教工作进行综合评比、考核。第四，保障措施。凡考核"合格"的助教，均记社会实践或者学生活动的学分。对于综合评比成绩为"优秀"的学生，应当予以额外奖励，比如奖励学分或者折抵一定级别的科研成果。

## 四、结语

综上，因特殊的学情、较多的周课时和重难点在各章节中分布明显不均等困境，我院民法总论课程的教学质量提升存在一定难度。应当以学情为根本出发点，慎用法教义学上的法律解释方法，让学生真正听明白。教师不能在教学初期耽于法律思维的严密逻辑魅力，顾此失彼。增加"民事法律行为"一章的课时量，相应删减其他有后续课程支持的章节内容。在坚持传统板书的同时，善用课程实施大纲和信息化手段，增加课程作业次数，夯实课前、课中和课后的每一个学习阶段。在重理论讲解的同时，适当体现实践性，通过案例分组讨论，以简单但不失话题点和多面性的案例，推动教学互动，提升学生的获得感与满足感。将民法总论和刑法总论同时开设，以刑法教义学的思维范式为民法教义学的尝试打下感情基础。采取措施推广落实助教制度，为大班教学提供人力支持。

在准确把握民法总论的课程定位，客观分析学情，妥当设计课程实施各环节之后，还应当用坚持不懈的科研精进教学内容，以科研教真知。研修班公开课上几位老师展示出来的深厚理论功底，深耕科研后的成熟思考，以及收放自如、娓娓道来的自信从容，让我印象深刻。大学教育要求每一位教师在回归教书育人本职工作的同时，不断奋进，以科研促教学。法学作为时代特色鲜明的社会科学，更要求教师通过科研去思考教什么、怎么教。最后，待教学内容、方法手段和过程设计均已备妥，一堂好课尚需用爱生尽责的真挚情怀作催化剂，感染带动学生，让学生乐学爱学，以情怀育英才。

# 关于做好"国际法"课程教学应注重的几个问题

赵明俊[①]

**摘　要**："国际法"是高等学校法学专业的核心课程之一,目前,"国际法"的教学还存在着众多不适应教学需要和发展的问题。搞好"国际法"课程的教学,要在"实""新""活""广""深"五个方面多下功夫。教学要坚持理论联系实际的基本原则,理论联系实际的教学应注重教学方法、教学手段和教学艺术的正确运用,要搞好教学,专业课教师还应苦练"内功"。

**关键词**：国际法；课程教学；问题

国际法是目前高等学校法学专业的核心课程之一,主要介绍的是国际法主体,即主权国家在相互交往中形成的具有法律拘束力的原则、规则和制度。长期以来,国际法教学在传授和普及国际法知识,培养有中国特色的社会主义法律人才等方面都起了极大的作用。成绩是值得肯定的,但问题也是客观存在的。目前,国际法的教学在教学理念、教学方式、教学手段、教学艺术、教师专业素质等方面还存在不适应教学需要与发展的问题。笔者长期关注国际法的教学与改革问题,认为要搞好国际法课程的教学,必须注重五个方面的问题,即"实""新""活""广""深"。

## 一、"实"

"实"是指国际法的教学必须注重理论联系实际。所谓理论联系实际,是指国际法的课堂教学必须把国际法的基本理论、基本原则及具体原则、规则和制度与国际交往、国际关系的实际情况相结合,用相关的理论、原则、规则分析、

---

①　赵明俊,法学硕士,四川师范大学法学院副教授、国际法教研室主任。

说明国际交往中出现的问题，使学生从理论与实际的结合中认识、理解和掌握国际法的相关知识，培养学生运用国际法知识分析、解决实际问题的能力。

强调国际法教学要注重理论联系实际，首先是由国际法的性质决定的。国际法就是以国家之间的关系为主要调整对象的有法律拘束力的原则、规则和制度的总体。[①] 国际法是具有法律拘束力的原则、规则和制度的总体，而国际法规范的表现形式主要是国际条约和国际习惯，国际条约和国际习惯是在国际交往实践中产生和形成的。国际法的教学如果脱离了国际交往的实践，学生就不能正确地认识国际条约和国际习惯的产生和形成，也就不能正确认识和理解国际法。

强调国际法教学要理论联系实际，也与国际法实用性的特点有关。国际法是实用性非常强的学科，学习国际法的目的，就是要学会运用国际法的原理和规范，对国际关系中的重大问题和事件、国际争端和案件进行国际法分析。使国际法成为解决国际问题、维护国际和平与安全、促进国际合作发展的工具，同时维护我国在国际上的一切合法权益。[②]

强调国际法教学要理论联系实际还与国际法教与学存在的问题有关。从教的方面看，长期以来国际法教学存在着照本宣科的现象，教学没有接"地气"，教学中充斥的是概念和理论，缺的是实例和案例。理论被束之高阁。教学情况往往是教师讲理论，学生背理论，考后忘理论。这种空洞、枯燥的教学，使课堂气氛沉闷，教学缺乏吸引力和活力，教学效果可想而知。

从学的方面看，长期以来法学专业本科学生存在的一个普遍性问题就是"高分低能"。要改变这一现象，就需要培养他们分析解决问题的能力，专业课教学无疑也应该加大理论联系实际的力度。

联系实际进行国际法教学是专业课教师应该坚持的基本原则，笔者在教学中注重在介绍国际法的重要理论、重要原则和规则时联系实际，取得了较好的教学效果。如在介绍国际法上的管辖权问题时，为了使学生对属地管辖、属人管辖、保护性管辖、普遍管辖四种类型的管辖权有较为深入的认识，笔者在介绍相关理论时，分别举了四个实例进行分析、说明（即中国大陆法院对菲籍女毒犯处以死刑、赖昌星被引渡回中国接受审判、中国大陆法院对以缅甸人糯糠为首的贩毒团伙在中国境外枪杀中国船员进行审判、中国海军赴亚丁湾打击海盗）。又如，在讲解禁止非法使用威胁或武力原则与和平解决国际争端这两条国

---

① 张爱宁：《国际法原理与案例解析》，人民法院出版社 2000 年版，第 1 页。
② 王献枢等：《国际法自学考试指导与题解》，北京大学出版社 2006 年，第 4 页。

际法基本原则时，笔者联系实际介绍了如下一个事例，深化了学生对这两条基本原则的认识和理解。2012年9月末，在中日钓鱼岛领土之争及中国与某些国家在南海海洋权益之争激烈之时，中国"辽宁号"航空母舰入役，国际社会都关心中国"辽宁号"航空母舰入役是否与钓鱼岛及南海局势有关，中华人民共和国国防部发言人在新闻发布会上指出"这纯属巧合"。"纯属巧合"这一回答富有深义，表明中华人民共和国政府始终是遵守和坚持国际法基本原则的。对于国际争端主张用和平方式解决，反对非法使用威胁或武力。中国"辽宁号"航空母舰入役与钓鱼岛及南海局势无关。

这种联系实际的教学"有血有肉"，课堂有吸引力了，气氛活跃了，学生学习积极性也调动起来了。教学效果得到增强。

## 二、"新"

"新"主要体现在以下几个方面：

（一）材料与事例新

国际法是在国际交往的基础上产生的，国际法教学要坚持理论联系实际，就必须注重国际交往中出现的新情况、新问题。当今世界变得越来越小，整个世界已经成为一个"地球村"，国际交往日益密切。这为国际法教学提供了源源不断的素材。教师平时要注重观察社会生活，注重将国际社会的新现象、国际交往的新情况、新材料与事例引入课堂，服务于教学。如笔者在讲引渡与庇护问题时，及时地将"棱镜门"事件引入教学；在介绍用于国际航行的海峡实行的通行制度时，将中国军舰通过日本宗谷海峡的实际情况与教学相结合；在介绍外交特权时，及时引用伊朗外事警察殴打法国外交官的报道来说明问题。

新材料与事例真实、具体、生动，将其运用于教学既联系了实际，又体现了教学与时俱进的特点，使学生有新鲜感，提高了学习的兴趣，增强了教学效果。

（二）语言与词汇新

教学是通过语言交流来实现教学目的的。语言是整个教学工作中最主要、最直接、最常用的一种手段，是教师"传道、授业、解惑"的主要媒介。因此，教师语言的运用就显现得特别重要。往往不同的表达方式，教学效果也会有很大的差异。长期以来，国际法课堂教学存在着教师缺乏语言艺术，语言干瘪、乏味，教学死板、生硬等现象。为了增强教学效果，教学中要特别注重教学的语言艺术,如适当将一些具有生活和时代气息,有深刻寓意,幽默、风趣的话语、词汇等运用于教学。如笔者在介绍国际法的相关问题时根据教学内容的需要,使用了"该出手时就出手""给力""正能量""抱团取暖""亮肌肉""亮剑""双赢"等语言和词汇。这些来自社会生活中的语言、词汇不仅能够引起学生的共鸣,活跃课堂气氛,调动学生学习的积极性,而且能够启发他们的思维,加深对相关问题的理解和记忆。

(三)手段新

长期以来,传统的国际法教学往往是一个教师,一本书,一支粉笔,一堂课。教学手段简单,教学效果大受影响。要想较好地实现教学目的,教学要注意现代科学技术的运用,笔者在教学中运用多媒体展示重要的图片资料,播放视频,介绍教材的重点、难点问题,进行教学互动,通过采用新的教学手段,教学气氛更活跃了,学生参与度更高了,教学效果大为增强。

## 三、"活"

"活"主要体现在以下几个方面:

(一)讲解活

国际法的教学不仅要注重联系实际,体现与时俱进的特点,还要注重讲解的灵活性。要把国际法的相关理论、原则、规则与学生们普遍关心的重大问题结合起来,进行灵活的讲解,以增强教学效果。笔者在此方面做了一些努力,取得了一些实际效果。

如2018年日本政府上演"购岛"闹剧后,国人群情激愤,一些人还做出了不理智的行为。笔者针对同学们在钓鱼岛问题上产生的疑惑,运用国际法的相关理论和规则从多方面进行了分析说明。

在介绍中国国家领土问题时,阐明钓鱼岛自古以来就是中国领土,是有充分的历史依据和国际法依据的;在讲国际法基本原则时,阐明钓鱼岛事关国家主权与领土完整,属于国家的核心利益问题,我们要针锋相对,寸土必争;在讲国际海洋法时说明,根据《联合国海洋法公约》第121条规定,"不能维持人类居住或其本身的经济生活的岩礁,不应有专属经济区或大陆架",钓鱼岛是海中小岛,长期无人居住,缺乏维持人类生存所需的资源,除拥有领海外,不应享有专属经济区和大陆架,钓鱼岛及其领海是中国的神圣领土;在讲国际争端的和平解决时阐明,对钓鱼岛主权之争中国致力于通过友好谈判,以和平方式解决，反对诉诸战争、使用武力或者武力威胁手段。最后结合专业课的学习，告诫同学要理性爱国，要把爱国热情转化为刻苦学习的实际行动，通过提高自己的素质，来增强国家力量。通过这样的教学使学生认识到钓鱼岛问题产生的历史背景、钓鱼岛问题的实质、正确的解决方式、大学生应有的态度和历史责任。这样的教学既有对钓鱼岛这一敏感问题的介绍，又有国际法层面的分析和说明；既回答了同学们关注的热点问题，又有助于同学们对国际法相关理论、规则的学习与理解；既有助于同学们分析解决问题能力的培养和提高，又较好地实现了教学目的。

（二）教学方法活

教学是教与学的结合，教是为了学，学是为了用，教是为学服务的，因此教学应以学生为中心。然而，长期以来，国际法教学往往以教师为中心，忽视了学生的中心地位。教师扮演着灌输者的角色，进行着单向式、填鸭式的传统教学。老师在课堂上"吞云吐雾"，听者"雾中看花"，其教学效果和质量可想而知。国际法教学必须以学生为中心，注重多种教学方法的合理运用，以增强教学实效。

强调教学以学生为中心，并不否认教师在教学中的作用。教师是"导演"，起的是主导作用。教师要运用包括讲授法在内的各种各样的教学方法调动学生的积极性，以提高教学质量。笔者在教学中，根据学生的特点及学科的特点，在讲授的基础上还采用了以下一些教学方法：

问答法。国际法具有现实性的特点。学好国际法，必须关注国际交往中出现的大事、要事，并上升到国际法的高度。笔者在教学中，往往是要求学生将课前几天国际社会发生的某个重大事件与学过的国际法知识挂钩，并说明此事件反映或体现了什么样的国际法理论、原则或规则。如日本福岛核泄漏日本政府是否应该担责、担什么样的责？中国军舰通过日本宗谷海峡是否违法、其国际法根据是什么？中国大陆法院对以缅甸人糯糠为首的贩毒团伙在中国境外枪杀中国船员进行审判的国际法依据是什么？这些问题都有相应的国际法理论、原则和规则作支撑，又有很强的时效性。这种提问受到学生普遍欢迎，课堂效果非常好。

课堂讨论法。教学中要求同学们就基础理论问题、主要疑难问题、理论联系实际的问题独立思考，然后进行课堂讨论，各自阐发观点，老师进行点评。如笔者曾要求学生就人权与主权的关系问题、美国对伊拉克的战争的合法性问题、中国政府向加拿大政府承诺赖昌星被引渡回中国不判处死刑等问题进行课堂讨论。课堂讨论法有助于激发学生的思维，调动学生的学习积极性，培养他们独立思考问题以及分析解决问题的能力。

（三）课堂气氛活

长期以来，国际法的教学方法单一，教学以教师为中心，联系实际少，教学内容满堂灌，课堂气氛沉闷，极大地影响了教学效果。

要搞好教学，就必须活跃课堂气氛，教师要注意学生的思想实际和特点，以学生为中心开展教学，要采用多种方法，运用各种手段进行教学，如课堂讨论、提问、运用多媒体、图片等进行教学。教学中还要特别注意理论联系实际，把学生关注的事件上升到国际法的高度。此外，教学中还要注意教学的语言艺术，用风趣、幽默的语言"说事"。这些方法和手段对活跃课堂气氛，调动学习积极性，增强教学效果都有积极的意义。

## 四、"广"

"广"是指有广博的知识。这是对教师内在素质的要求，是搞好教学的前提和基础。实践证明，教师"授业解惑"的职能决定了教师必须具有广博的学科知识、精深的专业知识，掌握相关的学科知识。只有这样，才能厚积薄发、游刃有余。

国际法主要是国家间的法，调整的主要是国家间的关系，即国际关系。国际关系是非常复杂的，而且是发展变化的，因此国际法调整的国际关系的范围是多方面的，而且是不断扩展的。国际法的这些特点决定了国际法课程具有内容多、覆盖面广的特点。从陆地到海洋、从大气层空间到外层空间、从人权到环境、从经济到文化教育、从国际交往到国际争端的解决、从战争到中立等每个领域都有国际法的原则规则和制度，国际法的教学都要涉及。正是由于国际法内容多、覆盖面广，因此涉及的学科也比较多，如法学的其他部门法、政治学、国际关系学、经济学、地理学、外交学、环境学、军事学等，甚至涉及现代科学技术。因此，要搞好国际法课程的教学，教师应该对这些学科的知识有所了解和掌握。如在介绍国际法上的承认制度时，就必须借助政治学的相关知识来认识和区分国际法上的政府承认和国家承认问题。政治学上的国家与国际法上的国家是有不同含义的。从政治学的角度看，"国家是经济上占统治地位的阶级为了维护和实现自己的阶级利益，按照区域划分原则而组织起来的，以暴力为后盾的政治统治和管理组织"。① 而国际法上的国家是指"定居在特定的领土之上，并结合在一个独立自主的权力之下的人的集合体"。② 前者强调的是国家的阶级性，后者强调的是国家的主体性，表明国家是一个国际人格者，二者是有本质区别的。中华人民共和国成立后，得到许多国家的承认。这里对中华人民共和国的承认属于对新政府的承认，而不是对新国家的承认。中国革命的胜利，只是推翻了旧政权，从根本上改变了中国的社会制度和国家性质，是政治学意义上的新中国。但是这种改变并没有使作为国际法主体的中国因此而消失，也没有因此而增加另一个新的国际法主体。中华人民共和国就是中国。中华人民共和国中央人民政府是中国的新政府。中华人民共和国政府作为中国的唯一合法政府，在国际上代表中国参加国际关系，承受国际权利和义务。可见，如果没有政治学的相关知识，将政治学上的国家与国际法上的国家相混淆，就会误认为对中华人民共和国的承认属于对新国家的承认，这样就不能正确认识国际法上的承认问题。

## 五、"深"

"深"是指对国际法理论和原则、规则深入透彻的理解和把握。这是对国际法教师内在素质的又一要求。国际法理论和知识博大精深，搞好教学不仅需要具有广博的知识，而且需要有对国际法理论和原则、规则的深入学习和理解，这是搞好教学的关键。

国际法的教学既要对基本概念和范畴进行科学的阐明，又要对相关原理和规则进行阐述。教师必须在理论问题上狠下功夫，进行钻研，明确基本概念和范畴的含义。把概念和范畴"吃准"，深刻理解和把握相关原理，真正把理论搞懂、"吃透"。只有在"吃准""吃透"的基础上才能驾驭教学，进行深入浅出地讲解；才能得心应手地进行教学，解决教学中的重点或难点问题。笔者认为，深刻认识和掌握国际法理论和原则、规则的重要方法就是研读国际法最基本的法律文件。国际法的原则、规则和制度是根据国际法的法律文件编写的，要对国际法的文件特别是一些最基本的法律文件进行研读。如《联合国宪章》《联合国海洋法公约》及1994年通过的《关于执行1982年12月10日联合国海洋法公约第十一部分的协定》《维也纳条约法公约》《维也纳外交关系公约》《维也纳

---

① 王浦劬：《政治学基础》，北京大学出版1995年版，第241页。
② 邵津：《国际法》北京大学出版社、高等教育出版社2011年版，第34页。

领事关系公约》《国际民用航空公约》（也称《芝加哥公约》）《外层空间条约》《公民及政治权利国际盟约》《经济、社会、文化权利国际盟约》《国际法院规约》等。国际法最基本的法律文件是国际法的本源，通过研读，不仅可以深化对国际法原则、规则的认识，而且可以"正本清源"，厘清许多问题，不被某些"二手材料"所误导，使我们对国际法相关问题的认识和理解更加准确，更加到位，从而解决教学中的疑难问题。如在教学中，笔者发现，国际海洋法中的过境通行制度是教学中的难点问题，教材介绍简略且抽象，一些教材的介绍还有误导。为讲清这一问题，笔者查阅了相关资料，研读了相关的基本法律文件，在明确了过境通行制度涉及的几个重要概念（如领海、经济专属区、公海、无害通过、过境通行等）的基础上，对用于国际航行的海峡实行的通行制度有了融会贯通的理解，并在此基础上给学生进行了介绍。过境通行制度是用于国际航行的海峡实行的一项重要制度。当海峡连接的是公海或专属经济区一个部分与公海或专属经济区的另一个部分，且海峡宽度不超过两岸领海宽度时，这种用于国际航行的海峡就实行过境通行制度。如海峡两岸属于一国的苏里高海峡，又如海峡两岸属于两国的多佛尔海峡、白令海峡均实行此种通行制度。但不是所有的用于国际航行的海峡都实行此制度。过境通行制度有两种例外情况：一种情况是当海峡连接的是公海或专属经济区一个部分与外国领海时，在海峡宽度不超过两岸领海宽度的用于国际航行的海峡，不实行过境通行制度，而实行无害通过制度，如海峡两岸属于两国的蒂朗海峡；另一种情况是，这种海峡是由海峡沿岸国的一个岛屿和该国的大陆形成，而且该岛屿向海一面有在航行和水文特征方面同样方便的一条穿过公海或穿过专属经济区的航道，这种海峡也不适用过境通行制度，而适用无害通过制度，如海峡两岸属于一国的墨西拿海峡。正确认识用于国际航行的海峡在什么情况下实行过境通行制度，什么情况下不实行这样的制度的关键，是看海峡的宽度和海峡两端所连接的海域的法律地位。这种建立在对相关法律文件深入理解基础上的介绍显得清楚、明白，教学难点问题也迎刃而解。

## 六、总结

总之，"实""新""活""广""深"是搞好国际法教学必须着重注意的五个方面，这五个方面是统一的，有着内在的逻辑联系。理论联系实际是国际法教学必须坚持的基本原则；而要理论联系实际，就必须注重教学方法、教学手段和教学艺术的合理运用；进行理论联系实际教学最关键的是专业课教师要苦练

"内功",既要有广博的知识,又要有对国际法理论和原则、规则的深入理解与把握。

# 议知识产权法教学中档案意识的培养[①]

谢旻荻[②]

**摘　要**：知识产权的专有性、时间性和地域性等法律属性决定了档案查询使用能力在各种法律实务工作中的极端重要性。为提升法学类学生的就业竞争力，知识产权法教学应坚持全面贯穿、重点突出、循序渐进和因人制宜的原则，并积极融入国际化思维，在课程教学和实践环节高度重视档案意识的培育和档案使用能力的训练。

**关键词**：知识产权；档案意识；专利权；商标权

在与过去的毕业生接触交流的过程中，不少从事知识产权法课程教学的教师明显有一种喜忧参半的感受。过去，鲜有毕业生涉足知识产权工作；而现在，不仅从事相关工作的人数越来越多，而且毕业生所在单位对知识产权的重视程度也明显提高。但不少毕业生也反映，从参加工作的第一天起，便会频繁涉及专利、商标等知识产权档案的检索利用。由于在校期间几乎没有经历这方面的专业训练，工作后便表现出明显的不适应。所有这一切都与各高校长期以来在知识产权法教学中缺乏必要的档案意识教育直接相关。为此，本文从笔者在教学实践中的体会出发，着重探讨在知识产权法教学中应如何培育学生的档案意识，传授必要的档案使用知识，旨在推动毕业生与用人单位之间形成更为良性的互动关系。

---

① 该文已在《兰台世界》2016年第3期公开发表。
② 谢旻荻，法学硕士，四川师范大学副教授、法学院院级教学督导。

## 一、知识产权法教学中档案意识培育的重要性

（一）从知识产权的法律属性看档案意识的重要性

知识产权作为一种新型的民事权利，与物权有着很大的不同。它具有专有性、时间性和地域性等法律属性。这些特殊性要求知识产权法律工作者在实务中应具备更强的档案意识和更高水平的档案使用能力和信息检索能力。

首先，知识产权具有专有性。除法定和约定的情形外，权利人可以独占并垄断其知识产品。任何人未经其同意均不得擅自使用其知识产品，否则即为侵权。因此，在进行知识产品的创作、研发或者申请之前，对现有知识产权状况，包括作品、技术和商标等现状进行全面的检索和查新，具有十分重要的意义。这既可以有效避免重复研究和侵权的发生，又能够大大提高创新水平和研发质量。

第二，知识产权具有时间性。知识产权在时间上的效力不是无限的，而是有限的。例如，作品的著作财产权保护期为50年，发明专利权保护期为20年，商标权保护期为10年等。因此，在对现有知识的利用过程中，应当准确划分公有技术（指权利保护期已过，并已进入公共使用领域内的技术）和专有技术，公有知识和专有知识等。而要做到准确划分，必须充分利用已有检索手段，全面、详细地对现有知识产权档案进行查询和分析。尤其在技术的研发和专利的申请中，如果对现有技术的了解不够全面，把专利技术当作公有技术进行利用，在未来就可能面临专利侵权诉讼；即使是顺利获得了专利权，也有可能在此后被宣告无效。

第三，知识产权具有地域性。知识产权在空间上的效力不是无限，而是有限的。在一国拥有知识产权，并不意味着在他国必定拥有知识产权；在一国被认为有创新的技术，也并不意味着在他国必定被认定为创新。以专利为例，如果企业准备研发一项具有国际竞争力的技术，就必须在研发前期做足专利档案或相关数据库的检索工作。作为提供专利服务的知识产权工作者，不仅要了解国内外相关专利档案信息，还更要熟悉相关专利档案的检索手段和检索程序，并对检索结果进行统计分析。

综上，知识产权特有的法律属性内在地要求知识产权法律工作者具有较强的档案意识。只有具备了这种档案意识，才能更好地适应高度技术性、专业性和复杂性的知识产权工作。这也是成为一个高水平的知识产权工作者应具备的

基本素质。

(二)从知识产权实务工作的具体内容看档案意识的重要性

知识产权实务工作包括诉讼业务和非诉讼业务两大部分。诉讼业务主要有律师诉讼代理和法官审判业务等;非诉讼业务主要有版权登记、专利代理、商标代理和知识产权管理等。两类业务均直接涉及知识产权档案的检索和利用。

知识产权诉讼案件中很大一部分涉及侵权纠纷。在这类纠纷的处理中,对于权利的确认以及侵权事实的认定,往往都要依赖于相关档案的检索和查询,以此确定权利主体,并通过相关文献的比对来认定侵权事实。

而非讼业务中也无一不与档案使用和信息检索有关。尤其是专利和商标代理,均涉及相关知识产权档案库或数据库的使用。以专利为例,不仅应熟悉中国专利文献检索系统和数据库,还应熟悉世界主要国家如美国、日本等专利检索数据库的使用技巧和方法。能够熟练运用必要的检索方法和手段对相关技术的新颖性、法律状态、专利的时间性和地域性等文献资料进行检索。即使对于一个熟谙条文的法律工作者,如果不具备基本的档案使用和信息检索能力,也很难胜任知识产权实务工作,甚至给当事人带来不必要的损失。

## 二、知识产权法教学中档案意识培育的原则

知识产权法教学首先应包括课程教学,但并不局限于此。除课程学习外,学生在司法实践环节训练也会涉及知识产权相关内容,毕业论文可以选择与之有关的题目,毕业实习可以从事与之有关的工作。综合考虑以上各个环节,知识产权法教学应坚持全面贯穿、重点突出、循序渐进和因人制宜四大原则。

(一)全面贯穿原则

知识产权的具体类型千差万别。但无论是对于何种类型的知识产权,在权利确认和纠纷的处理上均需准确了解过去是否有当事人已经获得相关权利,以及当前可能已经享有相关权利的当事人有哪些。因此,在知识产权法教学中,应使学生认识到:无论是著作权、专利权和商标权还是其他知识产权,均会涉及档案管理和使用问题。有的学生误以为只有专利和商标才会运用到档案和数据库。其实除专利、商标以外,版权作品(含计算机软件作品)登记、合同备案、版权质押等业务中也会涉及档案的检索和使用。当事人一般需在中国版权保护中心(http://www.ccopyright.com.cn)的相关数据库进行查询。有时,还需利用全国作品登记信息数据库管理平台、作品保管平台等数据库。由于几

乎每种类型的知识产权均可能涉及档案的使用，档案意识的培育需贯穿教学过程的始终。

（二）重点突出原则

尽管每种类型的知识产权均会涉及档案信息的利用，但不同的类别在利用程度和档案的复杂性上存在很大的不同，例如，在所有知识产权类型中，专利、商标档案和数据库的使用频率相当高，而其中专利档案的使用难度又是最大的。如某企业研发一项新技术，从其研究初期直到完成后申请专利、获得专利权，整个过程无一不涉及相关专利技术的查询、检索和分析。即使授权后，在专利权的维持和保护阶段，也同样涉及专利档案的管理和运用。有关环节不仅涉及国内相关文献查询，还有可能涉及国外专利文献检索。其工程量之巨大，没有相当熟练的检索方法和技巧，是很难胜任相关工作的。

因此，档案意识的培育还需坚持重点突出原则。在专利、商标等知识产权类型的教学中，尤其需要强化档案使用能力的培养。

（三）循序渐进原则

与知识产权法相关的教学环节具有明显的多层次性。虽然每个环节均可能涉及档案信息的利用，但在不同的环节，对档案查阅和使用能力的要求却大不相同。

在知识产权法的本科课程教学中，学生人数众多，且每个学生未来的就业方向尚不清楚。有的学生在未来可能从事知识产权直接相关工作，有的会从事与之间接相关的工作，还有的学生未来的就业岗位可能与知识产权没有太大的关系。因此，本科课程教学中档案意识培育和档案查询技能教育应坚持以通识教育为主。其目的是让学生具备基本的档案意识，知道在未来若需利用知识产权档案信息，应该在何处去查询。

对于司法实践课中参与知识产权法相关专题，在毕业论文写作中已选择与之有关题目，以及毕业实习主要从事知识产权相关工作的学生，其知识产权档案使用能力无疑需明显高于课堂教学的受众。教师在对上述学生进行指导时，应结合每个学生的具体需要开展有针对性的档案使用能力教育，详细地向其传授有关数据库的查询使用技巧。

（四）因人制宜原则

不同层次、不同专业的学生有不同的培养目标，因而也应有不同的培养方法。对于一般法学专业本科生，在课堂教学阶段只需了解最基本的知识产权档案使用常识；对于以知识产权为研究对象的研究生，这方面的能力理应强于本科生。不仅如此,研究生档案利用能力的培养还应当与毕业论文的可能选题挂钩。未来的毕业论文侧重于研究专利,则应重点熟悉专利数据库的查询使用;侧重于研究商标,则应更加关注商标数据库。

随着人力资源市场对知识产权专业人才需求量的迅速上升,一些高校的法学院在一般性法学专业之外,专门设立了知识产权专业。有的高校还将知识产权与经济管理类专业整合起来,成立了专门的知识产权学院。毫无疑问,就读于这些专业和院系的学生,不仅毕业后从事知识产权相关工作的可能性更大,而且对相关的实务技能需有更熟练的掌握。在知识产权档案信息的利用能力上,对这类学生的要求明显应高于一般性法学专业学生。

## 三、知识产权法教学中培育学生档案意识的路径选择

其一,在课堂教学中让每一个学生理解档案使用的重要性,掌握档案查询最基本的常识和技能。

不同的知识产权类型,其档案查询的程序和方法是有所不同的。在知识产权法课程教学中,应当让每个学生熟悉各种类别知识产权档案的查询渠道,尤其是要掌握在网络上应如何查询。若教室多媒体设备能够上网,教师可以现场演示,让学生熟悉有关网站界面和基本的查询方法。若教室不具备上网条件,则可以运用屏幕录像软件制作查询指南的多媒体视频文件,在课堂上演示,或摆放在课程主页上供学生下载。

其二,在实践性教学环节和科学研究中引导学生充分利用知识产权档案信息。

目前,知识产权档案意识的培养在不少高校尚未受到足够的重视。无论是理论课程还是实践课程,大多均未将其纳入教学计划。为了提高学生的知识产权档案意识,增强法科学生的社会适应能力,应当在教学计划中增设知识产权文献档案检索的实验环节,让学生通过直接的实践,掌握专利、商标等知识产权文献检索的基本方法和技巧。

另外,无论是在学生的科研创新中,还是在学生参与老师的科学研究中,都应当引导学生充分利用各种知识产权档案信息。尤其是知识产权方向的研究生,更是需要提升这方面的能力。

其三,积极融入国际化思维,鼓励和引导学生熟悉国外知识产权档案信息的查询和使用方法。

在长期的法学教学实践中,发现有部分学生怠于或干脆回避国外知识产权

档案信息的查询。主要原因除了部分学生的外语能力较为欠缺外，更重要的是思想上存在惰性。在实践中，知识产权问题常具有明显的跨国性。尤其是专利问题，本国技术是否在国际上具有新颖性，是否能够受到他国保护，这些问题都必须通过对他国专利文献的检索才能准确获知。作为法学专业的学生，特别是有志于知识产权工作的学生，回避国外档案的利用只会降低自己在就业市场上的竞争力。知识产权档案意识的培育应积极融入国际化思维，鼓励学生在努力提高自己的外语水平和能力的同时，认真了解并掌握国外知识产权档案信息的查询和使用方法。这是现代信息社会对每一个法学学生的必然要求。

其四，对于近年新设的知识产权专业，可考虑在教学计划中增设与档案查询有关的实践训练环节。

知识产权专业的学生需具备比一般法学专业学生更高的档案利用能力。为保证其能自如地利用专利、商标等知识产权档案资源，仅仅利用有限的课堂教学时间来学习档案使用是远远不够的。对于这类学生，较好的做法是集中进行知识产权档案检索的实习训练。在教学组织上，实习训练与一般性课堂讲授有较大的差别。课堂讲授可采用大班教学，而实习训练则只能采用小班教学。由于大多数检索需使用电脑，在网络上进行操作，这就要求学校重视实验室建设，保证参训学生人手一台电脑。在实习训练的时间安排上，为达到良好的效果，一般需12-15学时左右。不同的学校可根据各自的学期划分方式，用适合自身情况的方式进行安排。目前，不少学校借鉴国外经验，实行了一年三学期制。即在每年暑假前用两周时间作为小学期，专门用于安排实践环节教学。这类学校适合把档案检索实习训练安排在小学期。对于采用传统两学期的高校，则可把实习安排在课程教学周中。但考虑到实习需集中进行的特点，宜将实习课时集中安排在1-2周之内。

# 知识产权法混合式教学探略①

杨小兰②

**摘　要**：知识产权法混合式教学对于克服单一传统教学模式或信息化教学模式的弊端，培养知识产权专业人才具有特殊的价值。从贯彻课程思政、优化课程体系、拓展课程内容和增强实践教学等方面配置内容，选择讲授法、讨论法、发现法和练习法等方法教授，并辅之相应的考核考评办法以检验教学效果，探索知识产权专业人才培养之路，以服务于知识产权的保护。

**关键词**：知识产权法；线上课程＋线下课堂；混合式教学；教学模式

## 一、引言

知识经济全球化时代是知识产权竞争的时代，知识产权事关各国的未来。我国已将知识产权战略上升为国家战略，并将知识产权制度作为我国重要的基础性制度，以更加有利于创造、保护和运用知识产权。这无疑需要大量的知识产权专业人才为此提供服务，而培养人才的重任更多地落在了知识产权教育工作者的肩上，知识产权法则是一门极其重要的课程。要通过知识产权法课程帮助学生系统学习知识产权法律制度，培养解释和适用知识产权法的能力，学会防控知识产权法律风险，须探索科学、合理的教学模式。以培养知识产权专业人才为教育的出发点和落脚点，③ 混合式教学则是教改的一个方向，④ 为此，本

---

① 本文系2019年度四川师范大学"金课"校级项目：混合型课程"知识产权法学"。
② 杨小兰，法学硕士，四川师范大学法学院教授。
③ 国家中长期教育改革和发展规划纲要（2010—2020年）要求"要以学生为主体，以教师为主导，充分发挥学生的主动性，把促进学生健康成长作为学校一切工作的出发点和落脚点"。
④ 2016年教育部教育信息化工作要点明确要求"指导高校利用在线开放课程探索翻转课堂、混合式教学等教学方式改革"。

文结合笔者正在尝试的知识产权法"线上课程+线下课堂"教学实践,从混合式教学的价值需求、内容配置、方法选择和考评创新等四个方面积极探索混合式教学模式,以期能够突破单一的传统教学模式或信息化教学模式的困境,进而有助于优化教学效果。

## 二、知识产权法混合式教学的价值需求

混合式学习(Blending Learning)的理念源自美国,强调学习的时间与技术匹配学习者,实现学习效果最优。[1] 混合式教学是"线上+线下"的教学模式,是有机结合传统教学和信息化教学,创建现代多元化立体教学课堂的教学模式。[2] 此模式克服了单一教学模式的不足,使学生自主、主动进行探究性和创新性学习。以学生为主体,以教师为主导,通过科学匹配线上课程和线下课堂的时间和配置课程教学内容,合理选择课程教学方法,创新课程考核评价方式,提升教学效果,实现人才培养目标。

(一)克服传统、信息化教学模式之弊端

知识产权法课程具有内容难和体系散的特点,要学好这门课,需要坚实的法学理论基础,以多学科知识为背景,理论和实践相结合,其学科特点增加了教学难度和学生理解的难度。相较而言,知识产权法"线上课程+线下课堂"混合式教学,能克服单一的传统教学模式和信息化教学模式的弊端,优化教学效果。(见表1、表2)。

表1 "线上课程+线下课堂"混合式教学模式与传统教学模式的比较

|      | 传统课堂 | "线上课程+线下课堂" |
|------|------|------|
| 教学目标 | 细化具体知识点 | 多维度,多层次,分类指导 |
| 教学方法 | 单一,互动受时空限制,作用有限 | 多元,强调师生互动与合作 |
| 教学内容 | 重理论,轻实践,过于抽象 | 理论和实践并重,注重能力培养,可反复学习 |
| 教学组织 | 班级教学 | 班级与个别教学、分组教学相结合。 |

---

[1] Singh H, Reed C. A white paper: Achieving success with bended learning. Centra Software, 2001.

[2] 丁华飞:《混合式教学模式在高职基础会计课程教学中的应用探讨》,载《中国管理信息化》2017年第20期,第246-247页。

续表1

|  | 传统课堂 | "线上课程+线下课堂" |
|---|---|---|
| 教学设计 | 专注课堂教学 | 注重教学过程管理与评价，课前、中、后一体化 |
| 作业考评 | 书面作业、试卷考评 | 线上考评和线下考评结合，教学过程可回溯和测量 |

表2 "线上课程+线下课堂"混合式教学模式与信息化教学模式的比较

|  | 网络公开课 | 微课 | 线上课程+线下课堂 |
|---|---|---|---|
| 教学目标 | 常态 | 细化具体知识点 | 多维度，多层次，分类指导 |
| 知识点 | 无结构 | 碎片化，关联弱 | 碎片化，关联系统 |
| 视频特点 | 课堂实录 | 专门录制 | 专门录制，搭配练习、测试和知识拓展等 |
| 互动 | 无互动 | 不强调互动 | 利用平台、手机和线下课堂等互动 |
| 作业考试 | 无 | 无 | 有，且有时间限制 |

在传统课堂教学模式下，教师往往依据选用教材的篇章结构拟定教学计划，按照既定的课时和内容安排行课。理论知识体系化的教学有利于学生课程理论知识框架的形成，但对知识产权法课程的强实践性和强时代性多有忽视。"由于传统教育理念的束缚和师资队伍建设的不足，知识产权教学方式基本采用'填鸭式'的理论灌输"[①]，多以教师为主体，学生被动听，主动参与不足，不利于学生实践能力的培养。教材的更新跟不上现代技术发展的步伐，常使相关新型智力成果、传播方式和产业等不能及时呈现于教材，可能导致教学内容缺乏时代感。加之考评方式的单一，教与学过程管理的缺失，培养学生的效果难以得到真正有效的检验。

采用信息化教学模式能够实现优质资源共享，并使多媒体技术的优势发挥到极致。但由于课时等方面的限制，一般只能实现对基础理论知识的讲解，无法对重难点知识进行深入剖析，尤其是在案例分析和讨论方面，无法达到良好的效果，虽然有网络平台讨论区，也无法替代传统课堂师生面对面的有效交流和沟通。

"线上课程+线下课堂"混合式教学模式坚持以理论为基础、以案例为引

---

① 唐永忠：《面向知识产权诉讼专门化的人才培养模式研究》，载《高等教育研究》2014年第9期，第68页。

导、讨论分析并用、理论实用兼备的原则,利用先进的网络技术,将基础理论知识讲授录制成多个视频,不拆开能形成一门完整的在线课程,拆开可以配合线下构建"自主、合作、探究"的研究性课堂。线上课程着力理论素养与线下课堂侧重法律职业能力相配合,利用手机、电脑和课堂,全面实施互动式教学、实践性教学和研究性教学,进而激发和调动学生学习的主动性与课堂参与的积极性;教师及时答疑、指导并调整教学,实现师生的充分互动;增强本门课程的吸引力和认知度,培养具有创新精神和批判思维的学生,提升学生的专业能力;考核方式全面考虑学生线上线下的参与,结合平时学习和期末测试,设计合理比例,综合评定期末成绩,能克服单一教学模式的不足,优化教学效果。

(二)兴知识产权法律人才培养之利

知识产权法采用"线上课程+线下课堂"混合式教学模式(见表3),更有利于培养国家和社会所需要的知识产权法律专门人才。

表3 "线上课程+线下课堂"混合式教学模式

| 状态 | 角色 | 课前 | 课中 | 课后 |
| --- | --- | --- | --- | --- |
| 线上 | 教师 | 发布教学计划、资料;建立课程教学班;在线答疑 | 进行教学管理 | 发布作业 在线答疑 |
| 线上 | 学生 | 了解教学计划;自学课程资料;自学线上课程;完成线上测试;提问,讨论 | 查看课程资料 讨论成果展示 | 回看课程;提交作业;讨论互动 |
| 线下 | 教师 | 拟定教学计划;准备教学资料;录制线上课程;设计课堂活动 | 精解理论:梳理知识框架;精析重难点;理论研讨;组织实践:案例教学;模拟法庭 | 复习指导 反思教学 |
| 线下 | 学生 | 拓展阅读 合作探究 | 参与课堂问答;参与案例分析;参与案例讨论;参与理论研讨 | 完成作业 复习整理 |

课程设计以"两性一度"为导向,以"高阶性"为要求,以引导学生"独立思考、敢于批评、敢于质疑"[①],具备知识产权法学理论素养,形成尊重知识

---

① 吴岩:《建设中国〈金课〉》,载《中国大学教学》2018年第12期,第6页。

产权的法学理念，提升法律职业能力为教学目标；以任务驱动为主线，问题引领为导向，做好课前在线学习、课中学习研讨、课后学习反思的教学设计，确立学生的主体地位，强化教师的主导作用[①]，提高教师的综合素质，帮助学生建立强大的学习能力和自制能力，在内容、教学形式和学习结果上体现"创新性"。

课程的整体设计具有挑战度。线上课程着力理论知识素养，能让学生课前学习、课后复习，夯实专业理论知识，主要包括知识产权基础理论知识的讲授、知识产权制度框架的梳理讲解、我国的知识产权立法规定和相关政策介绍、知识产权法学术和实务前沿发展动态介绍等。线下构建"自主、合作、探究"的研究性课堂，着重概念辨析、实例研习、法考真题解析和法庭模拟。线上课程和线下课堂，有机结合，全面合理配置教学资源，夯实学生理论基础，提升专业技能，强化法律思维，优化教学效果，培养人才。

## 三、知识产权法混合式教学的内容配置

（一）贯彻"课程思政"

开设知识产权法课程就是要为国家和社会培养知识产权专门人才。如何培养，思想政治教育不能缺位。习近平总书记在全国高校思想政治工作会议上指出，"三全育人""要用足、用好课堂教学这个主渠道"。[②] 本门课程蕴含有丰富的思想政治教育元素，需要我们去挖掘，并运用于课程教学之中，与思想政治理论课以及其他课程协同，形成"立德树人"的合力。[③]

（二）优化课程体系

针对知识产权法内容庞杂、体系性较差的特点，遵循科学性、体系性、前沿性、时代性的原则，对教学内容的顺序和体系作了精心安排，设计了合理的学时数，包括五个知识模块，（见表4）。在三大传统知识产权中，商标制度相对简单，且学生多有感性认识，放在最前面学习，容易引起学生兴趣，增加对知识的接受度，为后面学习难度逐增的专利制度和著作权制度奠定基础。

---

① 梁靖云：《提高教学质量 着眼培育人才》，载《山西师院学报·社会科学版》1983年第2期，第75页。
② 习近平：《把思想政治工作贯穿教育教学全过程 开创我国高等教育事业发展新局面》，载《人民日报》2016年12月9日，第1版。
③ 高德毅、宗爱东：《课程思政：有效发挥课堂育人主渠道作用的必然选择》，载《思想理论教育导刊》2017年第1期，第34页。

表4 "线上课程+线下课堂"混合式教学课程体系

| 序号 | 知识模块 | 内容 |
| --- | --- | --- |
| 1 | 总论 | 1)知识产权的魅力与概念；2)知识产权制度的演进；3)知识产权制度设计及其体系；4)知识产权的保护与运用 |
| 2 | 商标法 | 1)商标的识别；2)商标权的取得与消灭；3)商标权的内容；4)商标权的保护；5)商标的运用 |
| 3 | 专利法 | 1)专利的识别；2)专利申请和审批；3)专利权的主体；4)专利权的内容；5)专利权的保护；6)专利的运用 |
| 4 | 著作权法 | 1)著作权的取得；2)作品的识别；3)著作权的归属；4)著作权的内容；5)著作权的保护；6)著作权的运用 |
| 5 | 其他知识产权 | 1)商业秘密；2)集成电路布图设计权；3)植物新品种权；4)地理标志权 |

（三）拓展课程内容

知识产权法的内容更新很快，必须从理论前沿、立法动态、实务动态等方面尽量地丰富和拓展课程内容，才能使教学内容具有完整性、体系性和时代性。

第一，关注理论前沿。知识产权与科技发展、社会进步联系紧密，经济和技术进步使得知识产权客体、内容不断变化，引发很多新问题，对知识产权制度产生了冲击。在教学中一定要注意引导学生对新技术引发的知识产权问题进行思考和讨论。[1]

第二，选取典型案例。案例教学始终处于培养法律实务能力的"关键地位"。[2] 知识产权案例是知识产权法课程不可或缺的教学内容。结合我国国情和法学教育实际情况，课程案例教学以"实例研习"模式为基础，主要考虑典型性、疑难性、时代性，选取既能诠释知识产权法律规范的实质内涵又具有广泛影响力的案件，尤其注意指导案例和公报案例的选用。[3] 授课前，整理教学案例的裁判文书、图片、视频等资料，设计分析讨论的问题，做好辅助教学，尤其是公开的裁判文书，可作为"特殊形式的法律教材学习"[4]。课中通过分析、讨论的过程引导学生巩固所学知识，提升学生分析问题、解决问题的能力。

---

[1] 诸如人工智能生成物的法律属性、体育赛事直播中的法律问题等。
[2] 王泽鉴：《法学案例教学模式的探索与创新》，载《法学》2013年第4期，第40页。
[3] 诸如：大姨妈商标无效宣告案、加多宝王老吉系列案和非诚勿扰商标侵权案，晨光得力外观设计专利纠纷案和高仪诉健龙外观设计侵权案，琼瑶诉于正案、熊猫滚滚名画案、抖音"我想对你说"短视频案、首个人工智能生成内容案、盘多多网盘搜索案、图解电影案和斗鱼直播侵权案等版权案。
[4] 张骐：《释法析理写出来看》，载《人民法院报》2018年7月1日，第2版。

第三,传递国家战略、立法动态。知识产权强国战略作为国家发展战略的重要部分,国家如何调整、实施,以及知识产权的保护,从"纲要""行动计划""运用规划"以及"意见"等宏大视角培养学生的大局观、整体观和发展观。关注立法动态,从知识产权基本法律的立、改、废,行政法规的细化,司法解释的实化等具象化视角培养学生的立体感、体系感和标准感。

第四,推荐课外阅读论著。课外阅读和拓展对全面掌握和理解知识产权法知识和理论具有重要作用。经选择和整理,在课前将论文或著作篇目提供给学生课外拓展阅读。

第五,整理法考真题。法学专业学生的主要从业方向是法律职业,通过法律职业资格考试是必备条件。在教学中需要引导学生关注法考动态,分析考查重难点,练习考试真题。课前整理好历年司法考试真题及解析,供学生练习备考用。

(四)增强实践教学

法科学生的实践教学是课程教学的重要组成部分,在课程知识模块设计实践环节,并优化线上线下教学学时分配。本课程线上可引导学生通过中国庭审直播网等途径观摩知识产权典型案件的法庭庭审,线下主要开展案例教学,亦可旁听或观摩知识产权庭审,或模拟法庭训练或庭审,或相关法律咨询,培养学生知识产权实务能力。

## 四、知识产权法混合式教学的方法选择

叶圣陶曾说过"教是为了不教"。[①] 怎样才能做到"不教"呢?教法尤显重要。开设知识产权法之前,学生已有前导法学课程的学习和训练,储备了一定的基础知识和理论,据此,在教学方法上主要选取了讲授、讨论、发现和练习四法。

(一)讲授法

讲授法是教师讲,学生听,教师通过口头语言向学生传授知识,包括讲述、讲解、讲读、讲演等具体讲授形式。[②] 奥苏伯尔(David P. Ausubel)学理理论

---

① 张元鼎:《对当前语文教学改革的意见》,载《江苏教育》1980年第8期,第12页。
② 刘舒生主编:《教学法大全》,经济日报出版社1990年版,第94—95页。

中的"接受学习"① 即与以教师主导的讲授法相对应。

虽然当今的大学教育理念在更新，教学方法多元化，但获取系统的基础知识始终是学习的重要目标和任务，讲授法依然是首要教法，知识产权法课程教学亦如此。为避免"满堂灌"，针对知识点录制的授课视频不宜过长（15 分钟为上限），以免学生疲劳，影响学习效果。线下课堂讲授法主要用于重难点精析部分，比如"独创性""商标使用""专利侵权判断"等知识点的讲授和案例的分析。

要让讲授法发挥最好的效果，教师除了要注意讲授内容的科学性和体系性，讲授的语言也应清晰、准确、形象，尽量做到深入浅出、通俗易懂，既要注意法律术语表达的严谨，也要注意语言表达的生动。我国的知识产权制度"舶来品"甚多，相关术语由于翻译出现了信息丢失和中外差异的问题，有的术语甚至在中文中找不到对应的词汇，比如"机械表演"，需要在讲授中特别予以关注和引导。

总体而言，运用讲授法，教师根据自己对课程的教学设计和理解，通过口头语言对知识产权法的基本概念、基础理论等进行具体的讲授，学生通过倾听，对知识进行了解、理解，并进行总结、反思，可确立起系统的基础理论知识体系。

（二）讨论法

讨论法，是以学生为中心，在教师指导下，学生根据教师所提问题，在班级中进行个人观点的交流和碰撞，相互启发、相互学习，通过讨论或辩论，获得知识或巩固知识的一种教学方法。② 学生参与讨论活动，需要表达自己的观点，倾听并分析他人观点，有时还需要相互之间辩论，有助于锻炼表达能力、团结协作能力，有利于培养运用事实和知识的能力。讨论法可以单独适用，也可以和其他方法结合适用。

在知识产权法课程教学中，讨论法主要运用于理论研讨和案例讨论，常常与讲授法、探究法等结合使用。根据教学计划，每学期在"总论""商标法""专利法""著作权法"四个部分的教学中安排四次讨论课，教师提前三周将理论研讨和案例讨论的问题与资料发给各组同学，组长总体负责学习进展规划、组员讨论、小组讨论成果展示等工作。根据组长的安排，每位学生承担相应的

---

① 王惠来：《奥苏伯尔的有意义学习理论对教学的指导意义》，载《天津师范大学学报·社会科学版》2011 年第 2 期，第 67—68 页。
② 李秉德主编：《教学论》，人民教育出版社 1991 年版，第 212 页。

资料收集、问题分析、案例研究及总结等工作，保证每个学生都能积极参加。三周过后，在线下课堂组织"案例讨论课""理论研讨课"。每次讨论课由四个小组参加，其他小组学生则自主学习线上课程。讨论课由教师制定讨论规则，限定讨论时间，由各组进行小组展示，汇报分析讨论研究成果。在讨论过程中，教师要注意进行引导，避免学生的讨论偏离主题，最后由教师和其他小组进行点评，由此进一步强化学生的时间管理意识，强化学生对表达技巧和能力的重视，巩固和提升运用知识产权理论和立法分析、解决实际问题的能力。

在讨论法的运用实践中，讨论问题的设计非常重要，比如案例讨论，需要结合案情，分析案例中与教学内容相关的内容，设计层次、逻辑分明的问题。例如著作权法部分，以"网络游戏直播中的著作权法律问题"为主题，请学生查阅"梦幻西游2案""斗鱼案""奇迹MU案""炉石传说案"等典型案例，引导其从以下四个方面展开讨论：直播画面是否构成作品？直播画面的著作权的归属？直播行为应受何种权利控制？直播行为是否构成合理使用？通过这些问题的讨论进一步巩固著作权法中的核心知识点"独创性""权利归属""合理使用""权利保护"，加深对理论和法条的理解，优化学生参与学习的质量与效果，培养学生的表达、交往、合作解决问题的能力。

（三）发现法

发现法也称探索法、研究法，指学生学习概念和原理时，教师只给出事例和问题，让学生自己通过阅读、观察、思考、讨论等途径去研究问题，总结规律，以达到获取知识、发展能力、促进全面发展的目的。[①]

在准备阶段，教师引导学生明确认识探索的目标、意义、途径和方法，提供整理的裁判文书和问题等相关资料，创设适当的问题情境。学生根据教师提出的问题和路径，通过阅读、思考等去自主探究，解决问题，在此基础上进行小组合作学习交流。之后在教师的引导下，学生进行交流和总结，最后学生根据要求探究的问题，把学习过程中所获得的知识、形成的结论加以归纳整理，使知识体系化。在此基础上，教师可配合运用练习法，巩固知识，培养学生的知识迁移能力。

比如2020年五四青年节哔哩哔哩平台推出的"后浪"在朋友圈刷屏，掀起了讨论的热潮，学生也非常关注。之后网络中很快出现了"非浪"等与之相关的系列作品，再次引发关注。在剖析"著作权的限制"中"合理使用"问题时，

---

① 李秉德主编：《教学论》，人民教育出版社1991年版，第222页。

请学生观看"后浪"和"非浪"视频,思考"非浪"的制作和传播是否侵犯"后浪"的著作权?是否属于对作品的合理使用?面对这个问题,学生通过小组合作,查阅了"合理使用"的相关立法、判例和论著,[①] 结合"后浪""非浪"视频内容进行了对"著作权侵权""适当引用"判断的探究,在课堂上展开激烈的讨论。学生通过主动思考和探索,强化知识能力、培养思维能力和获取信息能力、实践能力。

(四)练习法

练习法,是学生在教师指导下巩固与运用知识、掌握技能与技巧的方法。[②] 该法以学生独立活动为主,教师指导为辅助,运用所学解决实际问题,进而巩固所学,提升能力。

知识产权法课程教学包括语言的练习和解答问题的练习。前者主要体现在课堂问答及讨论课,使学生的思维以及书面和口头表达能力都得到了综合锻炼,后者则主要涉及历年司法考试真题演练和模拟题练习。法律职业资格考试[③]内容繁杂,题目难度大,既考查实用性,即考生运用知识解决实际问题的能力,也考查综合性,即考生理论基础的扎实性以及理论知识运用的灵活性。

在教学中,结合具体知识点,在进行讲授、讨论、探究之后,进行"法考"考试真题的演练,请学生讲评,再结合疑难点进行深入剖析,师生协力摸索考试考查思路,巩固重要考点,总结应试技巧,为学生参加"法考"助力。

## 五、知识产权法混合式教学的考评创新

传统教学模式对学生的课程成绩考评,一般都将平时成绩、期中考试成绩和期末考试成绩按比例折算。其中课堂问答、平时作业以及考勤构成平时成绩的依据。除了平时作业或期中考试成绩,学生的成绩主要与期末考试成绩挂钩。这种考查机制,过于重视试卷考查,忽略了对学习过程的管控和考查,很难对学生学习的主动性与课堂参与的积极性有正向影响。

单一信息化教学的考评则在线上展开,主要是通过章节测试、期末测试等

---

① 包括《伯尔尼公约》的"三步检验法",美国的"合理使用四要素""转换性使用",我国的《著作权法》《著作权法实施条例》的具体规定和最高人民法院发布的《关于充分发挥知识产权审判职能作用推动社会主义文化大发展大繁荣和促进经济自主协调发展若干问题的意见》,《一个馒头引发一个血案》等视频和相关判例,以及吴汉东教授等学者关于"合理使用"的代表性论著。
② 刘舒生主编:《教学法大全》,经济日报出版社1990年版,第118—119页。
③ 1986年—2001年为律师资格考试,2002年—2017年为司法考试,2018年开始法律职业资格考试。

形式的考查来完成，测试题型多为客观题，题型不够丰富，对能力的考查不够。

混合式教学模式的探索，主要是为了克服以往单一教学模式的不足，实现信息化手段与课堂教学的深度融合，构建以学生为主体的教学模式。为此，一体化设计教学各个环节，运用利于提高学生教学参与度、提升学生的探究能力和实践能力的教学方法，在课程考评机制的设计上，将学生参与教学的过程纳入考评，此亦为检测混合式教学模式，探索实践效果所必需。为此，我们积极探索有利于应用型能力培养的考试模式，设计了线上＋线下考查相结合的方式，对课程考评机制进行了创新（见表5）。

表5 "线上课程＋线下课堂"混合式教学考核

| 总评100% | 线上50% | | | | 线下50% | | | |
|---|---|---|---|---|---|---|---|---|
| 类别 | 自学课程视频 | 章测试 | 论坛互动 | 期末客观题测试 | 出勤 | 课堂问答 | 平时作业 | 期末主观题测试 |
| 考核比例 | 30% | 10% | 10% | 50% | 10% | 20% | 20% | 50% |

学生的成绩由线上考核和线下考核两部分构成，在总评成绩中，线上、线下考查各占50%的比例，线上考查项包括"学生自学课程视频、章测试、论坛互动和期末客观题测试"，主要考查学生对学科基础理论知识的掌握，同时考查学生线上自主学习及互动的情况。线下考查项包括"课堂问答、平时作业以及考勤和期（中）末主观题测试"，主要考查学生运用基础理论知识解决实际问题的能力，同时考查学生线下课堂学习及课后学习的情况。总的来说，此种考评机制注重学习过程的考评和评分比重，注重能力与素质的非标准化、综合性评价，促使课程提高学习难度与挑战度，能调动学生参与课堂、主动学习的积极性。

## 六、结语

通过本课程混合式教学模式改革，探索适应我校法学本科专业特色的知识产权法教学模式，力争有慕课、有课堂、有工具，实现信息技术与课堂教学深度融合。线上自主学习和线下课堂教学的有机结合，解决教学中的关键问题，实现课程教学的过程管理，取得了一定成效，也反映出一些问题，比如学生认为基础知识的自学、讨论课的准备所用时间太多等，如何进一步优化教学设计，提升教学效果，培养复合型的知识产权法律人才，还需要继续学习，继续探索。

# 论品格形成、知识传授和能力培养三者关系与法学人才培养模式的创新与转型

## ——法学教育过程中教师教学主导与学生自主成长的现实困境与理论回应

王晓宇[①]

**摘 要**：随着社会的发展与变革，法学教育面临新的机遇与挑战，法律人才培养必须不断进行观念更新与教学方式的改革。知识传授是法律人才培养的重要（或主要）途径，但不是唯一途径，面对新的人才的激烈竞争，品格和能力在人才培养中居于越来越重要的作用。知识、能力、品格是构成素质的三大核心要素，本文阐述了知识、能力和品格三者对法律人才具有不同的作用以及三者之间的辩证关系，强调在法律知识传授过程中不断提高教学质量、增强教学实效，同时注重各种法律技能与能力的培养，在能力培养上制定科学详尽的方案与计划，引导学生积极参与品格形成和能力培养的自我淬炼，以增强法律人才培养的整体素质与竞争能力，研究与探讨法律人才培养的跃变之路。

**关键词**：品格；知识；能力；法学人才培养；模式

教育部2008年颁发的《国家中长期教育改革和发展规划纲要（2010—2020年）》明确提出：“要牢固确立人才培养在高校工作中的中心地位，着力培养信念执着、品德优良、知识丰富、本领过硬的高素质专门人才和创新人才”。"知识、能力、品格是构成素质的三大核心要素"[②]。法学教育即使是省属院校法学教育也应当针对高校传统单一的课堂教学的知识传授与学习模式，特别是法学这种理论性和实践性均较强的学科进行教学改革和能力性培养模式的创新，培养符合社会需要的卓越法律人才。法学人才培养不应仅仅体现在高分和考试通

---

[①] 王晓宇，法学硕士，四川师范大学法学院讲师。
[②] 黄运平、胡琳琳、张文凯："知识、能力、品格与素质的关系及对人才培养的启示"，载《湖南师范大学教育科学学报》2012年第3期。

过率，更应当体现在品格形成与实践能力的高素质和娴熟的法律技能的掌握上。改革传统的教学与人才培养模式，应当探究知识、能力、品格对于法律人才素质形成和完善的不同作用以及处理好三者之间的关系。

## 一、品格内涵、法律人品格及对法律人才素质形成的建构作用

品格与一个人的性格特点、个性心理与思想道德素质有密切关系，是在长期的成长成才过程中逐步形成的。品格首先体现为信念与美德，也体现为人格、气质与修养，如托马斯·里可纳（2003）认为："品格是一种美德，是一种社会大众所认可的价值规范，是人类优良的特质，更是一种发自内心的良善觉知。"[①] 法律人强调品格尤其重要，因为全体法律人是整个国家良好社会秩序的维护者和社会正义的守护者，严格地讲不具有优良品格的法科学生和法律人才是不能做法官、检察官、行政执法官、律师和官员的。法律人才的品格主要包括：法律至上、信仰法治的法律信仰，正直诚实、刚正不阿的道德品质，注重证据、探求真相的思维习惯，追求公平、守护公正的职业操守，理性善思、冷静理智的心理素质，消除歧视、平等适法的办案观念，依法办事、严谨推理的规则意识，注重情理、合理裁量的实质正义理念，捍卫法治、对抗强权的勇敢精神，对社会弱者与受害人的同情与援助的人文情怀等，都是法律人不可缺少的优良品格。法律人才的品格是在伴随法律知识的学习、法律技能的熟练、法律思维的养成、法律实践的参与、法律智识的增长乃至法律思想的产生等过程中自发或自觉形成的，与构成人才核心素质的其他两大要素：知识与能力，几乎是同步或相伴而生，互相促进而形成与铸就的。笔者认为，品格对法律人才的培养具有以下作用：

1. 良好品格是法律人选择法律专业、从事法律职业的重要前提。"才者德之资，德者才之帅"，各级司法机关、律所、行政机关等在考察遴选法律人才时除了注重才学，也应该考察其思想品质与道德修养，以及是否具备从事法律职业所需要的职业操守和思想道德素质。因为法律职业者工作的对象与内容时常处在合法与违法、罪与非罪的边缘，甚至几乎每天面对权利（义务）属于A还是属于B，是公诉还是不公诉，是这样处理（裁判）还是那样处理（裁判）等的合法与合理、法理与情理、公正与偏私的选择与考验，是与其他很多领域不同的一种职业，既需要理智清晰的专业裁断力和判断力的同时，更需要法律人

---

[①] Thomas Lickona：The Return of Character Education，Education Leadership1993（11），p6-11.

## 论品格形成、知识传授和能力培养三者关系与法学人才培养模式的创新与转型

道德行为的自律和品格的自我约束。

2. 良好品格是法律人才素质构成的重要因素。法律人的品格体现为人的思想观念、道德境界、思维能力和理念意识，它不可能存在于任何外在的物质世界或书籍工具里，而是存在于法律人的大脑，蕴含在法律人的思想领域，成为法律人才自身素质的一部分。不同的法律人，其品格可能表现为不同甚至差异很大的思想意识和行为模式，就表明了品格在不同的人之间的差异性，从而表现为不同法律人的素质的差异性和构成的不同。品格与知识、能力、修养、道德素质、思想境界、意识观念等共同构成法律人的素质。

3. 良好品格是法律人坚持正义、斗争邪恶、坚守法治的重要条件。在法律职业者的具体工作环境中，往往伴随纠纷产生、权利侵害和违法犯罪，既需要法律人对纠纷争议进行调处的知识与技能，也需要有维护合法权利、制止侵害的智识明断，还需要有惩戒违法、打击犯罪、与邪恶斗争的惩恶扬善的勇气与无畏精神。总之，社会秩序能够得以良好维护，社会正义能够不断得到彰显，不法侵害能够得以消除，社会各种邪恶能够得以惩治，都离不开法律实践部门法律人的坚守正义、敢于斗争、多谋善战的优良品格。

4. 良好品格的形成是法律人不断成长、走向成熟的重要标志。从对法律的信仰、对法庭辩论唇枪舌剑的迷恋，到成为一个训练有素、技巧娴熟的律师，从对法学的朴素热爱，到成为一个知识渊博、挥洒自如的法学教师，从一个法科毕业学生，到业务精湛、思想敏锐的资深法官、检察官，从对警察形象的喜爱，到自己成为一个忠诚担当、严格执法的警察……无不伴随法律人自身的成长与进步，无不伴随着法律人的品格从蒙昧到理智、从粗放到历练、从片面到全面、从错误到正确的思想理念的提升和品格的完善过程，是法律人不断自我淬炼与修炼的成长过程，也是法律人走向成熟的标志。

品格乃人才培养之"魂"，知识为人才培养之"基"，能力乃人才培养之"力"。人才的品格是在学校教育、实践岗位、社会道德教化等因素综合作用下形成，因为先天禀赋、个体倾向性、能力、性格、意志力乃至环境的差异会造就不同个体的不同品格。品格的形成与教育不是学校教育可量化的指标或任务，但却是学校教育非常重要的一项"树人"的义务。良好品格既是学生在学习知识和习得技能的过程中形成的，也是学生顺利完成各项学习任务，克服各种人才成长的不利因素的重要基础。对于大学生而言，良好的品格和道德素质是学生成长为服务国家、服务社会的法律人才的观念性因素，是良好思想政治素质的组成部分；是学生与老师形成良好互动关系，顺利完成课堂知识学习和自主发现学习任务的重要条件；是学生在法律实践技能的训练过程中掌握各种法律

实践技能与技术的先导性因素。

## 二、法学人才培养中知识传授与能力培养的内涵、区别与辩证关系

(一) 知识传授与能力培养的内涵与区别

知识是指对事物之间的联系的认知,"知识是在实践中产生并经过实践检验的认知成果,是个体通过与环境相互作用后获得的信息及其组织,是事物的固有属性或内在联系在人们头脑中的一种主观反映"[①],在法学中知识体现为某一学科体系下对法律概念、法律原理、法律规定、法律解释的理解和认识。能力是指完成某项事情或工作的心理特质或者较为稳定的心理状态,在法律人才培养中体现为对法律案例、事件的分析解读能力,依法办案能力,行政执法、行政管理、表达与写作能力,公司法律顾问对公司经营活动的法律风险预防能力等。

1. 表现形式不同。在法学领域,知识是指:法学理论和原理、现行法律规定及司法解释、法学家和法学工作者对法律的解释、外国法及历史法律规定等。能力与知识有质的区分,而法学教育中的能力是指:对上述法律知识的学习能力、理解的正确程度(理解能力)、记忆的准确程度(记忆能力)、运用法律知识解决案件或实际问题的能力(对社会生活中发生事件的法律问题的判断分析能力,法官、检察官的"三段论"办案能力,在律师业务中体现为对案件是非的独立判断能力,在行政执法、行政管理中表现为运用法律规定处理行政执法、行政管理事务的能力,在公司法律事务中表现为对公司运行中的法律事务的处理、法律风险的预知能力,在涉外法律事务中表现为国际交往以及对涉外法律事务的熟悉与处理能力等实践能力)、口头或书面表达能力(运用法律和知识阐述法律问题的能力以及进行一定理论创新的能力等)。每一种综合的能力由若干个具体的分支能力(子能力)构成,以法官、检察官、律师的办案能力为例,至少包括:搜集证据的能力、审核与查清事实的能力、运用证据规则认定证据的能力、对案件的法律是非进行正确判断的能力、对案件事实及法律规定与社会政治经济整体利益及传统习俗和社会道德法则进行一定程度的结合与利益均衡并作出判决或裁定的能力等。所以能力的培养和训练是一个系统工程,既非一朝一夕能够完成,也非掌握一两种技能或能力就大功告成,需要较为长期的

---

① 黄运平、胡琳琳、张文凯:《知识、能力、品格与素质的关系及对人才培养的启示》,载《湖南师范大学教育科学学报》2012年第3期。

## 论品格形成、知识传授和能力培养三者关系与法学人才培养模式的创新与转型

系统训练和艰苦努力。

2. 对人才培养的作用不同。(1) 知识的掌握对一个人而言可以增加对世界、事物或某一学科认识的深度和广度，丰富学识，主要解决"学养""学识"问题，是培养人才的基础环节，但知识的传授和掌握还没有达到人才培养的终极目的；能力的培养主要解决"才能""才华"问题，一般而言具备什么样的能力与才能就是什么人才，能力是衡量人才的核心要素或标准，更具有终极意义。(2) 能力与"行"紧紧相连，俗语说："行动产生结果"，能力是直接服务社会、创造价值的首要因素，是人才培养的终极目标，而知识的掌握停留在"知"的层面，是"知行合一"的前提和基础，但还不能直接创造价值、产生结果。(3) 具有什么样的能力在不同的学生或人才中往往具有较强的个性特点，是用人单位考虑是否胜任工作、是否符合本单位需要、是否录用的首要因素（当然也有"德"及其他因素），而知识的掌握具有相似性，在不同的学生或人才中很难做出区分，如学校考试（笔试）的成绩反映的是知识的掌握程度，经常发生的事实是：教师在期末分数统计中发现，同一分数或分数段的学生经常很多（如90分以上的多少人，80分以上的多少人，某某某考了多少分），这种统计乃至分析是粗略化、简单化的，没有也难以在学生中对知识的掌握情况进行准确的区分，更难以对学生的能力素质进行识别。如果我们通过一定的方式对学生进行能力考核，可以迅速地对各种学生进行区分，并辨别出不同学生的个性化特点。当然，在命题越来越科学化的时代，少数考试（笔试）中也有考查学生运用知识解决问题的能力，比如知识的准确理解能力、判断问题的能力、分析问题的能力、语言表达与论证能力等，但这些仍然属于"知识"领域的能力，还不是该专业领域实践所需要的现实社会和工作岗位中的"行"的能力，还没有达到人才培养的终极目的。(4) 知识的更新速度较快，能力形成以后则相对稳定，是素质结构中的核心要素，某些能力的形成比如"自主学习和终身学习的能力""分析问题和解决问题的能力"本身就意味着可以随时不断学习吸取新的知识以适应法律与社会的发展变化，在社会的发展进步中找到实现自身价值和发挥才能的平台或阵地。正如教育学中经常说的"教是为了不教"，学生学习的目的最终是形成自主学习的能力和成才，离开老师与学校，独立地应对工作学习生活中的各种问题与挑战，最终从社会的选择和挑战中不断成长，而创造不同于平常人的业绩成为名人或杰出人物。(5) 有些能力甚至需要长期的艰苦学习与训练才能形成。历史上很多优秀人物无不是在应对艰难困苦与挑战中脱颖而出的。现代社会与古代社会相比，或者与我们国家若干年前相比，在当今经济、科技、文化和物质条件下，应当更加有利于一个人的成才，而实际的高校教育中很多

人并没有成为优秀人才，与他们（很多学生）自身缺少奋斗、缺少艰苦努力的精神，乐于走捷径、懒于思索、沉溺于安乐享受是分不开的，当然有些也与学校教育和少数老师的教学质量不高、缺少有价值的引导有一定关系。

3. 培养路径不同。知识素养的形成主要依靠在个人强烈的求知欲下的传统课堂教学、阅读自修和思考相结合。能力的培养主要是：实践性教学环节、学院法律文化节、校内外各种比赛或者专门的系统训练等。知识的掌握可以在较短时间取得效果，而能力的形成和培养需要较为长期的学习与成长过程，需要许多主客观条件的共同作用：既有先天的因素，也有后天的较长时间的艰苦训练和努力，同时也是多种知识素养（含通识知识、素养和能力）和某项（些）专项实践能力训练共同形成的结果。

（二）知识传授与能力培养的辩证关系

法学知识是法律人才构成能力的重要因素，是形成法律技能与能力的基础和前提。现代社会某些领域（如法学、科学等），知识是构成能力的首要因素。因为各种能力本身就是运用知识解决问题的过程，没有知识作为基础，能力无从谈起。所以，注重法科学生能力培养，并不代表可以轻视法律知识的传授与学习，反而更加需要法律知识讲授与学习的高效率、系统性、准确化；还需要关注最新前沿问题等，以有利于最新法律知识体系和知识结构的形成，这样才能为能力的培养奠定坚实的知识基础。

法律知识的传授和掌握并不代表能力的自然形成，能力的培养需要单独的训练和培养，甚至需要制定系统化的培养与训练方案。从学校或学院角度，可以从学校或学院的办学传统与特色制定学校或学院不同于其他高校或法学院的能力培养的系统化方案；从个人角度出发，可以根据个人的职业理想与目标需要制定符合个人特点和实际情况的能力培养的个性化方案。"中西部基层卓越法律人才应具备的能力有：（1）能够融会贯通，综合运用所学的知识分析问题和提出解决问题的对策；（2）具备法律人特有的思维模式，能够运用法律原理，理性解读法律规定，讲求和遵从逻辑，恪守并阐释社会公正原则；（3）初步掌握和应用基本的技术手段和方法去发现、固化、应用证据，探究法律事实；（4）具有较强的社会调查、数据分析和信息检索能力；（5）具有良好的沟通、协调及适应各种环境的能力；（6）掌握一定的法庭技术、辩论技巧，具有较强的口头表达能力；（7）熟悉法律文书的基本要求，具有较强的文书写作能力；（8）具有一定的科学研究能力；（9）能够创造性地使用法学以外的社会知识解决问题，合理使用非诉讼的方法解决争端；（10）养成良好的自主学习和终身学习的能力。"①

　　能力形成与知识掌握一定程度上互为基础、相辅相成、相互促进，即良性循环关系。邢红认为："能力是掌握知识、技能的前提，掌握知识要靠能力；从能力的表现和发展看，能力是在掌握知识和技能的过程中形成和发展起来的；从能力对知识和技能的反作用来看，一定的能力又是进一步掌握知识和技能的必要条件。总之，能力是掌握知识、技能的前提，又是掌握知识、技能的结果，两者互相依赖、互相转化、互相促进。"② 可见，法律知识的掌握和实践能力的培养不是孤立的，而是相互促进和互相作用的，仅仅重视知识传授，忽视能力培养，必然会造成法律知识学习与掌握的低成效或低水平化，进而影响法律人才的最终形成与成才。正如著名的人才培养的"木桶理论"，木桶的盛水量是由一个木桶中最短的木板决定的。人的知识结构或能力中的某一种明显缺陷或低能，会导致人才的整体发挥作用的能力下降甚至低能。因此，人才的培养特别是能力的培养既需要扬长，也需要补短。卓越的复合型法律人才的产生既不是偶然的，也不是一蹴而就可以促成卓越法律人才的培养任务完成，卓越法律人才的培养和塑造一定是由丰富系统、专业精深的多学科法律知识素养和多种法律技能与能力长期共同作用才可能出现的应然结果。

## 三、现行法学人才培养模式下的问题或不足

（一）片面注重和强调课堂教学

　　在学校的各种教学评价与竞赛中，学校相关部门都几乎无一例外地注重对教师整个教学过程的关注，如教师讲课对课程知识的处理、教师的语言表达、课件质量、教学中所展现出的教师的知识水平，几乎没有对学生学得怎么样进行关注和评价，教学评价中缺少了对学生学习状况进行摸底和诊断的重要一环。诚然教师的授课水平越高，学生在课堂上理应学到较为系统、最新最前沿的专业知识，但作为实践性非常强的法律学科，很多学生的能力形成并没有随之获得锻炼和培养。

（二）学生在能力培养方面参与人数较少

　　学院在学生法律实践能力培养方面的目的性、计划性不强，缺少科学系统的能力培养的方案与计划。在一些学生实践锻炼的活动中，如法律文化节比赛，

---

① 郭捷等：《中西部基层卓越法律人才标准研究》，载《法学教育研究》2012年第4期。
② 邢红：《知识与能力关系浅议》，载《广东教育学院学报》2000年第1期。

模拟法庭，宪法与法治宣讲，公共法律服务活动等，学生参与人数总的较少，有的很少或者从来没有参与过任何课堂以外的与实践能力培养有关的活动或比赛，导致大多数学生整体上法律实践素质与能力没有很好地锻炼与提高。

（三）人才未能很好适应社会需求

现行模式下人才培养与社会需求对应度不高，与学生就业链接的关联度不强。社会在发展变化，社会所需求的法律人才的岗位、能力素质、知识结构的要求也在发生变化，作为培养法律人才的学校必须适应这种变化，即在知识传授和能力培养上适应最新的变化，甚至能够预见到未来几年所需求的人才的能力模式和知识构成。比如：

1. "一带一路"倡议会极大地增加涉外型、国际型法律人才的需求。《最高人民法院关于人民法院进一步为"一带一路"建设提供司法服务和保障的意见》指出："当前，高质量共建"一带一路"的国际共识持续扩大，覆盖地区范围不断拓展，"六廊六路多国多港"互联互通更加深入，跨国经济走廊和经贸合作日益深化。法律领域更加广泛，法律关系更加复杂，法律体系更加多样。推动形成更广范围以规则为基础的稳定公平透明可预期的国际化法治化便利化营商环境"。[①] "一带一路"对司法工作和律师业务的需求，表现在法学教育中法律英语和国际经济法等学科的重要性进一步突显。

2. 随着国家司法考试到法律职业资格考试的改革，精英法律人才从法官、检察官、律师的"三足鼎立"到法官、检察官、律师、公证员、行政执法行政处罚审核官的"五位一体"，未来还会发展到从法律职业资格考试中进行监察官的选拔。法律职业资格准入范围的扩容，改变了法律职业共同体的结构，体现在法学教育上可以增加公证制度（公证员）、行政执法学（行政执法官）以及职务犯罪刑事法与监察法（监察官）等方面的学科设置或者在知识传授中增加相关内容。根据法律职业资格考试新的精神以及学生的志趣，进行学科设置的改革与增减，是法学教育改革的应然选择。

3. 随着全面依法治国的实施，法治已经成为国家、政府和社会的一种主要的治理方式，除了法官、检察官、律师、公证员、行政执法行政处罚审核官等精英法律人才需求之外，还有其他很多社会领域都需要法律人才的参与（可以称为一般法律人才或者一般文科人才），比如：公司企业法务、证券金融等单位职员、党政机关公务员（行政执法、行政管理）、企业事业单位管理人员等。法

---

① 2019年《最高人民法院关于人民法院进一步为"一带一路"建设提供司法服务和保障的意见》。

律人才的需求是广泛的,对应的法律人才的专业知识素养和能力结构会有所不同。一般文科人才与精英法律人才(法检律)对法律专业知识的精深掌握程度要求不一样,这一点上与国家法律职业资格考试的通过率相契合,而对综合通识素质和能力的要求并不会降低,比如:公务员、企事业单位管理干部更需要通识性、综合性知识和能力,这些都可以在学院法学教育课程设置之外进行针对性地培养和训练。

## 四、法学人才培养模式创新与转型的解决路径

1. 改革与创新课堂教学模式,继续做好知识的传授。作为高校文科教学,课堂教学仍然是学生系统学习专业知识的主要阵地,教师的教学理应做到专业性、系统性,紧扣社会发展现实,适度的前沿性和扩展性,而且课堂教学应该与学生的专业能力发展相契合,特别是知识结构中与能力培养的直接相关的知识,从"重知识轻能力"到"重能力但不轻知识"[①],如:对专业知识的准确理解与把握、现行法律与司法实务的衔接、最新立法与社会热点的对应、课堂中的互动讨论、翻转课堂、互联网课堂、微信答疑等,都应当是不断提高教学质量的探索和改革之举。

2. 从"单纯的知识传授模式"向"知识能力并重型模式"转型。法学院校应当对能力培养高度重视并认真加以研究,制定科学有效、系统可行的法学人才能力培养的相关方案,以改进法律人才培养中考试高分但整体实践能力不强的状况。

3. 研究法律人才的就业前景,提高法律人才培养的预见性与前瞻性。法学教育对人才的培养不应当是盲目的,应当是有目的、有计划、有前瞻性的,比如未来几年或若干年对法律人才的需求岗位及其对人才的知识结构与能力类型的需要,法学院校的教育家们应当有针对性、有预见性地做好人才培养的知识素养和能力结构的系统应对和方案设计,这将对明确人才培养的准确定位,增进法律人才培养质量,实现人才的知识结构和能力的与时俱进,提高法律人才职业能力和适应未来岗位需求具有十分重要的意义。

---

① 郝文武:《知识传授促进能力发展的复杂关系和有效教学方式》,载《陕西师范大学学报》2014年第3期。

# 实务课程创新

# 法科生民事诉讼举证、质证训练课程研究[①]

## ——以培养法律思辨能力为目标

王燕莉[②]

**摘　要**：民事诉讼实务模拟课程中举证、质证训练环节，有利于培养法科生的举证、质证能力，有利于提升法科生的法律思辨能力。为此，在举证、质证环节课程中进行了切实有效的课程设计，并在不断的教学探索中完善本环节的课程设计。希冀通过借助"微格教育"手段和"影子法院"模式，将课程推上新的台阶。

**关键词**：举证；质证；思辨能力；民事诉讼实务模拟课程

思辨能力是思考辨析的抽象思维能力，所谓"慎思之，明辨之"。由于司法实务工作（此处主要指审判、辩护、控诉工作）是在现存证据的基础之上对案情的还原和对法律关系的分析，而非亲临亲历后的直观判断，因而思辨能力尤为重要。这决定了法学教育的一大目标即培养法科生思辨能力。美国法理学家博登海默曾说过："教授法律知识的院校，除了对学生进行实在法规和法律程序方面的基础训练之外，还必须教导他们像法律工作者一样去思考问题和掌握论证与推理的复杂艺术。"[③] 民事诉讼实务模拟课程中的举证、质证训练环节恰好能搭建起这样的桥梁。其通过培养学生对证据的分析、判断、甄选和对事理、法理的推导、辨别、选择，达到提升法科生的法律思辨能力的目标。

---

[①] 基金项目：本文系四川师范大学校级教改项目"法科生举证与质证能力训练"的阶段性成果。
[②] 王燕莉，法学硕士，四川师范大学法学院副教授。
[③] ［美］博登海默：《法理学·法律哲学与方法》，邓正来译，中国政法大学出版社1999年版，第507页。

## 一、法科生法律思辨能力的内涵

法律思辨能力，是指按照法律规定和法律理论，以法律逻辑为方法进行思考、分析、解决法律问题的一种思维方式①。它是法学研究和实务工作最基本和核心的能力，决定了对案件事理的合理推理和对法理的准确把握。美国法官鲁格罗·亚狄瑟曾说："受人尊重的法律必须有其理由，而且只有符合逻辑思考规律的法律推理才能被接受。"② 所谓法律逻辑思维，在法律规范中，体现为"假定、规范、处理"；在法律适用中，体现为"大前提、小前提、结论"；在案件处理中，体现为"认定事实、分解法律关系、寻找法律"。

以逻辑思维为本质的法科生法律思辨能力，整体上可以分解为两方面：其一，探究法律知识的能力。本科法学教育的基本内容是对法律知识的讲授。由于知识总是不断发展和修正，特别是随着社会技术的日新月异和民众法律意识的日益提高，法学理论和立法不断调整，这需要学生在学习中不仅"知其然"，还要"知其所以然"，更要以质疑的态度去领会理论的内涵，从中提升问题意识。唯有活跃的思维与扎实的基础知识相结合才能铸造"法学家"。其二，处理法律纠纷的能力。实践性是法律专业的特点。掌握法律知识的目的在于解决现实纠纷，即所谓"定纷止争"。这要求司法从业人员能从复杂的案情中抽丝剥茧，从叠加的法律关系中剥离厘清，从浩瀚的法律规则中比对甄选。因而法科生通过专业的学习，要养成严谨的思维习惯和强大的逻辑分析能力，从而为"法律家"打下坚实的基础。

法科生法律思辨能力体系如图1展示：

---

① 柳励、刘振华：《论法律专业学生法律思辨能力的培养——基于人文精神的视角》，载《科教导刊（电子版）》2017年第21期。
② ［美］鲁格罗·亚狄瑟：《法律的逻辑》，唐欣伟译，法律出版社2007年版，第280页。

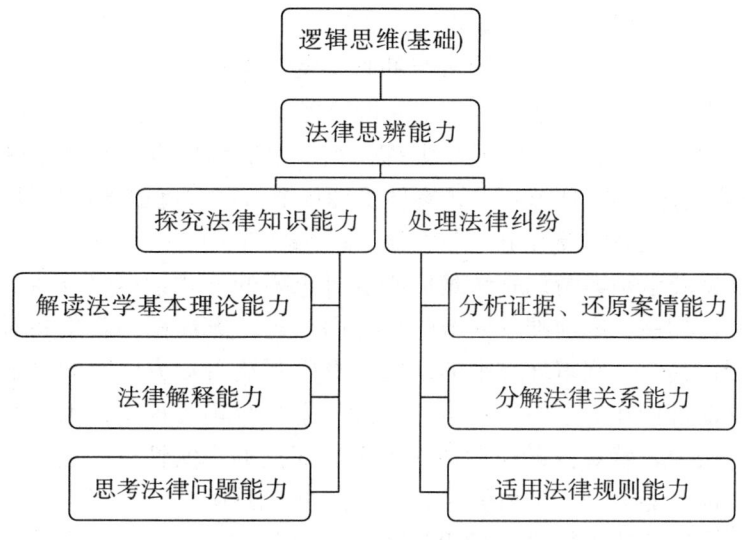

图 1　法科生法律思辨能力体系

## 二、举证、质证训练课程对法律思辨能力培养的意义

在传统的以单个知识点为主要讲授内容，以单纯教师教学为主要方式的教育模式下，虽然能完成基本知识点的讲授，但不能帮助学生完成不同法律部门的交叉运用和整体法律知识的体系构建，即只能完成"点"的教学，不能完成"线"到"面"的教学，最终无法实现学生法律思辨能力的培养。弥补这一教学缺陷的途径之一，即以学生为主体的实践性教学模式①。其中，诉讼实务模拟课程以其精良的教师团队、数量较多的学生受益群体、课程设计的真实性而独树一帜。一方面它可以促使学生在实际操作中进行知识点的反刍，搭建相关知识的贯通，更重要的是由于学生可以操作实际案件和完成对法律工作的立体型体验，包括司法程序的全程参与、证据的收集与分析、法律关系的梳理、法律规则的适用、诉讼技巧的使用等，从而培养其处理纠纷的复杂的实务操作能力。为达成对学生在民事案件诉讼活动中分析和解决问题能力的目标，法学院开设

---

① 法学本科学生在大学二年级上期开设"民事诉讼法"课程，已经较全面地学习了民事诉讼的程序性问题。

了民事实务模拟课程①。民事实务模拟课程设置在基本法律知识学习完成后的第三学期。该课程是一门以教师参与的真实案件为教学素材,以学生全程自主操作、教师指导为教学模式,以完整的诉讼程序展示为教学线索的实践性课程。其特点是:案例真实、学生主导、训练完整。本课程以真实案件处理程序为课程进度安排,包含如下环节:(1)案件受理环节;(2)庭前准备阶段环节;(3)庭审环节;(4)庭后归卷环节。

由于证据展示是案情调查清楚的必要且重要的方式,在此有两个环节均与其紧密相关。其一,庭前准备环节的核心内容是己方证据的收集和对他方提交证据的分析;其二,庭审环节中的法庭调查则围绕着双方依次的举证和质证展开。所谓举证是指在诉讼中,就自己的诉讼主张收集和提供证据的行为;而质证是指在诉讼中,就对方诉讼参加人提供的证据的真实性、合法性、关联性及证明内容、证明能力进行剖析驳斥的行为。如果说举证为"立",那么质证则为"破"。有立有破才能支撑己方的诉讼主张,说服法官,获得有利审判结果。因而,该训练环节是法律实务模拟课程中的重要内容。它不仅可以弥补基础课程教学内容中缺失证据分析技巧的不足,有助于培养学生法律职业技巧,更重要的是对于法科生法律思辨能力的培养发挥着不可替代的作用。

第一,举证、质证训练有助于培养学生分析证据、还原案情的能力。由于司法活动以追求公平正义为目标,在本质上需要查明事实,才能"以事实为依据"。否则一旦事实不清,必定"差之毫厘、失之千里"。所以只有充分的举证与质证才能做到尽可能的还原事实。在课程训练中,教师会指导学生对每一个案件中的证据逐一展开分析,帮助学生掌握提交己方证据的技巧、对不同类别证据质证的不同方法和不同考察点。

第二,举证、质证训练有助于培养学生逆向思维方式。在我国现有教育模式下,长期"满堂灌"的教学方式和单一的知识性考试方式,会逐渐养成学生接受知识而不质疑知识的惰性思维。而举证训练中需要对己方证据分析后,以辩证的分类选择方法,按照"有利于当事人"原则决定向法庭提交的具体证据材料和不提交的具体证据材料。同时,质证训练本身就是要求法律实务工作者以怀疑的态度,对证据的真实性、合法性、关联性进行剖析、认定与反驳。学生通过上述训练,会养成逆向思维的习惯,实现思辨能力的提升。

---

① 民事诉讼实务模拟课程是法律职业技能课程体系中承上启下的课程,上承民事案件分析、法律文书写作等法律职业技能课程,下启法律诊所课程。课程目的在于:通过大型仿真性实验进行民事诉讼实务的"实战演习",以此训练法学本科生的民事诉讼实务技能,完成法律职业的岗前初级训练,期冀法学本科生将来在法律职场中能够"上岗即上手"。课程类型:实验性实践课。

第三，质证训练有助于培养学生严谨分析问题的思维方式。认定案情依靠的是严密的环环相扣的证据锁链，依靠的是证据之间的相互印证。因而在举证、质证的过程中，学生会学到如何对证据进行剖析，如何认定不同证据之间的关系，如何对证据进行去粗取精、去伪存真。经过这样的训练，学生可养成严谨细致地思考分析问题的习惯。这是"以教师主导"的知识点讲授的教学方式所不能企及的。

第四，举证、质证训练有助于培养学生敏捷灵活的思维能力。模拟庭审是每一个阶段训练的最后形式，也是教学效果的最直观呈现。由于模拟庭审没有事前预演，都是学生即兴现场发挥，所以学生必须临场敏捷反应，不仅要迅速明白对方的意图，而且要准确完整地表达自己的观点和反驳意见。这种训练方式对学生的法律思辨能力大有裨益。

## 三、举证、质证训练课程设计的要素

为取得良好的教学效果，举证、质证训练课程内容的设计非常重要。本课程组在设计中充分关注到以下要素：

（一）案件的选择是课程设计的前提

与传统课堂教学以教材为依托不同的是，民事诉讼实务模拟课程并没有一般意义上的教科书，它依托的是真实案件的所有素材。由于证据的门类比较多，要达到训练的目的，就必须选择能涵及所有证据门类的案件为教学的素材。因而在课程组收集的案例库中进行遴选是十分必要的。《民事诉讼法》规定了七种证据，包括书证、物证、视听资料、证人证言、当事人陈述、鉴定意见与勘验笔录。其中书证、当事人陈述是案件中的常见证据，课程选择的案件所涵及的证据一般都包括这两类。在此基础之上，还需要选择含有证人证言、视听资料、鉴定结论与勘验笔录这几类证据的案件。比如"×监测台诉张×返还财产"一案中，就包含了笔迹司法鉴定和证人证言的证据；"×公司诉×公司赔偿火灾损失"一案中，就包含了价格评估报告和消防队现场勘验笔录的证据。在一个学期的课程中所选择的近十个案件中，各个案件的证据素材相互补充，涵及了所有种类的证据。这样能给学生提供全面的学习机会。

（二）有关证据规则的法律法规的学习是课程顺利开展的基础

《民事诉讼法》和《最高人民法院民事诉讼若干证据规则》（以下简称《证据规则》）是民事诉讼活动中的基本法律规则，尤其是《证据规则》对证据的时效、质证内容、证据展示程序、证据的审核认定都作了详尽的规定。因而学习有关证据规则的法律法规是保证课程顺利展开的基础。在被告方提交答辩意见和证据之后，教师首先会组织学生复习《民事诉讼法》和学习《最高人民法院民事诉讼若干证据规则》。分为三步走：第一步，学生逐一自学所有条文；第二步，教师讲解重要条文，其中最重要的是对质证的相关规则的分解，包括有：对质证程序的了解，如何理解把握证据的"真实性、合法性、关联性"及证明内容、证明力。第三步，各组学生相互交流学习体会。这里的各组是指原告组、被告组、法官组。由于在诉讼中所处的地位不同，其对质证的理解和运用也会不同。所以学生之间的学习交流有利于从不同角度对《证据规则》进行理解。

（三）"学徒式"教学方式是教学效果的保障

"学徒式"教学方式是现代法学院校推行法律诊所式教学所采取的教学手段。其主要特点是：老师手把手地对学生进行职业技巧的教授。民事诉讼实务模拟课程的任课教师均在校外长期从事司法实务工作，或兼职律师，或仲裁员，或人民陪审员等。这表明他们有着丰富的实务经验，因而完全可以完成对学生的质证技巧的传授和训练。首先，各组老师会组织学生学习证据的质证方式、质证内容和质证技巧的一般知识，分享自己的执业经验；再在学生完成了对案件证据初步分析后，组织每个案件的分组同学逐一对证据材料展开讨论；继而要求学生完成己方的《证据清单》，和针对对方证据的《质证意见》；最后通过开庭审判中法庭调查环节的训练以及庭审结束后的点评，完成举证、质证的实战演练。通过上述一环扣一环的训练，能有效地推动学生熟悉举证、质证的技巧，建立举证、质证的基本思维。这种举证、质证思维在本质上是逆向思维，是法律逻辑思维的一个方面。所以质证训练不仅是方法的传授，更是法律逻辑思维的培养。

如我院2015级3班同学模拟了"×监测台诉张×返还财产"一案的诉讼活动。原、被告双方同学均主动完成了庭前准备工作，学习了相关法律法规，提交相关证据并开庭审理案件。教师指导学生分析了案件中的证据，并且在庭审结束后，就举证、质证中存在的问题进行专业点评。如：1. 本案涉及一个非常重要的公司法定代表人李×，他的证言直接关系到案情。但是原、被告双方学生均未申请其出庭作证，法官组学生也未要求其出庭作证。2. 庭前证人彭×已提供了证言，但原告方学生又设计了证人彭×的出庭作证环节。然而庭审中未将证言的质证与证人出庭的质证结合起来。3. 证人彭×是原告方申请的证人，庭审中除原告方律师对其进行发问外，被告方律师及法官均未对其发问等。4.

被告方学生还提交了《笔迹司法鉴定书》。但是整个法庭调查阶段原告方同学未对该司法鉴定进行质证。学生的通常思维：司法鉴定是由专业机构作出的具有可行性和科学性，但是事实上司法鉴定只是意见，而非结论，是否采信取决于法官，必须要进行当庭质证。因而从鉴定采取的技术手段、参考指数、结论的概率等角度仍须对其进行考量和质疑。通过上述四组证据的举证、质证训练，学生不仅学习了法律职业技巧，更懂得了使用关联思维方式分析不同证据之间的联系，使用逆向思维方式对证据进行选择和充分质疑。

（四）《证据清单》《质证意见》的撰写和庭审质证的锻炼是课程培养的两条互补的方式

法律工作是一种表达的工作，它需要文字的表达和口头的表达。《证据清单》是收集、整理并向法庭提交的己方证据材料；《质证意见》是对对方证据进行分析之后，为梳理质证意见而完成的书面文件。特别是证据众多的复杂案件，尤其需要通过制作《质证意见》来厘清对对方证据质问的思路，从而更好地发表己方主张。原、被告双方学生在庭审前就要完成此项工作，锻炼自己的文字表达能力。在庭审结束后，根据庭审法庭调查和法庭辩论的情况，对《质证意见》再次修改，并提交法官组学生。开庭审理时的质证环节，通过就对方证据进行现场诘问，甚至有时对一组证据进行数轮质证与反质证，可以使学生的口头表达能力得到极大提升，也锻炼了学生临场快速反应能力。当然在本质上这两方面都是法律逻辑思维能力的提升。

（五）借用师范生的"微格教学"手段，庭审全程录像及回放点评

微格教学产生于美国斯坦福大学，用于师范生的教学技能培养。它将复杂的教学过程做了科学细分，并应用现代化的视听技术，对细分了的教学技能逐项进行训练，帮助师范生或在职教师掌握有关的教学技能，提高他们的教育教学能力。借助我院的模拟法庭的场所和硬件设施，本课程最后的庭审阶段实现了仿真操作和全程录像。每组庭审时长在一个小时至两个小时之间。当庭审结束后，将录像资料选择性回放，即教师在旁听过程中记录的要点和错点部分。在回放过程中，随时暂停切换进行教师点评。通过教师点评，学生能更加清楚地了解自己的问题，并及时纠正。这种"点到点"的跟踪式教学对于教学效果的提升有着不可替代的作用。学生从第三者的立场来观察自己的教学活动，收到"旁观者清"的效果，产生"镜像效应"，可有效提升教学效果。

## 四、举证、质证环节课程的结构与内容

(一)经过四年的课程探索,我院民事诉讼实务模拟课程已初步成型

汇集教师的教学和实务经验,将质证环节训练模板化、体系化。该环节的课程结构见表1:

**表1 民事诉讼实务模拟课程结构**

| 课时 | 共24个课时,占整个民事诉讼实务模拟课程总课时(96课时)的25% | | |
|---|---|---|---|
| 课程性质 | 专业实务训练类的选修课程 | | |
| 课程素材 | 课程组收集制作了案例库,共计100个案件。每学期每个班使用8~10个。该案件为任课教师提供的亲历案件,有完整的证据材料和诉讼文书。 | | |
| 课程组师资 | 共计7位教师。其中副教授有4位、兼职律师有5位、兼职仲裁员1位、人民陪审员1位。教师均有不少于5年的法律实务工作经验。 | | |
| 课程层次 | 第一步:组织证据 | 教学内容 | 围绕诉讼请求展开程序及实体的证据清理,对照法律进行分析,围绕诉讼请求展开程序及实体的证据清理,对照法律进行分析、判断,确定证据是否提交。 |
| | | 教学要点 | 1. 从这些材料中分析筛选出对我方有利的证据。不要将不利于我方的证据提交给法庭。<br>2. 证明内容要条理分明,有时一个证据不光证明一个事实,对于证明的多个事实应当写明。 |
| | 第二步:对对方的证据发表意见 | 教学内容 | 就对方提交的证据形成质证观点,主要围绕证据的三性(真实性、合法性、关联性)进行。 |
| | | 教学要点 | 1. 紧紧围绕对证据三性展开质、辩、验、判。逐一识别、判断。就证据来源形成是否合法、与诉求的关系、有否完全质证、是否可用推定等发表综合意见:(1)原件与复印件是否一致;(2)证据的来源是否合法;(3)证据是否存在瑕疵、伪造的痕迹;(4)证据本身内容上是否矛盾;(5)证据与本案是否存在关联性;(6)证据是否能达到对方所说的证明目的;(7)证据是否与无须举证的事实相违背。<br>2. 质证意见要有层次感,要有条理。 |
| | | 考查方式 | 1. 质证准备、制作《质证意见》。逐一对对方的证据提出的质证意见形成文字,以便开庭过程中有所准备。在庭审后可以根据庭审情况的变化做修正,在提交代理词中一并提交给法庭。<br>2. 庭审发表质证意见。案件有两个以上独立的诉讼请求的,当事人可以逐个出示证据进行质证。质证的顺序是:原告出示证据,被告、第三人与原告进行质证;被告出示证据,原告、第三人与被告进行质证;第三人出示证据,原告、被告与第三人进行质证。 |
| 学生情况 | 法学本科三年级学生。共计4个班,每班选修学生人数控制在40人以下。 | | |

续表1

| 课时 | 共 24 个课时，占整个民事诉讼实务模拟课程总课时（96 课时）的 25％ |
|---|---|
| 硬件 | 法学院模拟法庭、法官服、律师服、法槌、公章、文件袋等。 |
| 课程考核 | 该环节评分为平时成绩，累计 24 分，占整个课程平时成绩评分（共 70 分）的 35％。 |

（二）教学内容的重难点问题

举证、质证训练中的重难点不是程序的把握，而是对技巧的学习、掌握和运用。"不同证据的质证内容"是本训练环节中最主要的教授内容，也是教学的难点。根据教师的教学和实践经验，就此总结如下（见表2）：

表 2　不同证据的质证内容

| 证据种类 | | 质证内容 |
|---|---|---|
| 书证 | | 书证的来源；书证的合法性；书证的形成和制作；书证的内容及含义；书证本身所属的类型；该书证要证明的问题；有无其他证据予以佐证。 |
| 物证 | | 物证是否原物、它被搜集的方式、来源、保存方式；是否与案件事实有联系；有无其他证据予以佐证。 |
| 证人证言 | 书面的证人证言 | 证言取得是否合法；证人证言的来源是直接的还是间接的；证人提供的证言是否受到外界非法的干扰，是否受当事人或其他人的指使、收买、威胁；证人与当事人以及与案件有无利害关系；与其他证据是否存在矛盾；证人的品格。 |
| | 证人出庭 | 证人是否完全民事行为能力人、是否了解案件事实、是否与双方具有法律上的利害关系。证人的陈述是否确切、感受是否深，记忆时间长短，语言表达能力强弱，感受事物时精神状态如何，感受事物时客观环境如何。质证时应就下列问题询问：利害关系；是否主观判断；内容是否不肯定；内容是否与现有双方认可的证据相冲突。 |
| 当事人陈述 | | 陈述的内容是否矛盾；陈述是否与其年龄、语言表达能力相符；与其他证据是否存在矛盾。 |
| 视听资料 | | 其来源是否合法；资料中的主体问题；录音录像资料有否剪接或拼凑的痕迹；有无其他证据予以佐证。 |
| 鉴定报告 | | 委托鉴定主体；鉴定机构及人员有没有资格证书；委托的材料是什么；鉴定的依据；鉴定的过程；鉴定的检材有否双方封存；所鉴定的东西是不是双方争议的东西。 |

续表2

| 证据种类 | 质证内容 |
|---|---|
| 勘验笔录 | 勘验检查的人有无勘验检查权利；有无见证人在场；是否签字盖章；笔录记载的内容是否全面准确，现场情况有无遗漏；笔录记载的现场、物品痕迹是否被破坏、伪造；人身特征、伤害情况或生理状态有无伪造或变化的情况；与本案的事实是否有直接联系，与其他证据是否有矛盾。 |

## 五、举证、质证环节课程的完善

由于民事诉讼实务模拟课程选课学生较多，与模拟法庭比较而言，其受益学生面更大，教学的普惠性更强，并且对于学生毕业后参加实务工作有明显的指导效果。因而需要集合课程组老师的智慧，在学校统一领导下，依托法学院的教学资源，继续深入地研究、完善本环节课程设计。

（一）撰写举证、质证环节训练手册

该训练手册初步构想，可分为教师指导部分与学生学习部分。第一部分"教师指导"以每次课程为教学单元，分为：1. 收集证据训练单元；2. 证据规则训练单元；3. 制作《证据清单》训练单元；4. 制作《质证意见》训练单元；5. 庭审证据展示单元。每一单元中首先介绍相关的基本知识和技巧，这部分由课程组统一讨论完成，即集体备课，然后由任课教师在课程训练结束后评分。第二部分"学生学习"按相对应的教学单元，分为：1. 学习记录；2. 完成总结。如表3所示：

表3 举证、质证环节训练

| 单元名称 | 举证、质证环节训练手册 | | | |
|---|---|---|---|---|
| | 教师指导 | | 学生学习 | |
| | 知识点及技巧 | 评分（10分） | 学习记录 | 完成总结 |
| 第一单元收集证据训练单元 | （注：课程组集体备课完成） | （注：任课教师就学生的表现打分） | （注：课堂笔记） | （注：训练后体会） |

（二）整合案件库

从民事诉讼实务模拟课程最初筹备开始，课程组的教师就已经收集汇总各类民商事案件近50件，形成了涵及各个部门法的案件库。后期，课程组打算以举证、质证环节所需要的证据形式为标准将所有案件分类，并用于本环节课堂教学。共分为七组案件：书证组、物证组、视听资料组、证人证言组、当事人陈述组、鉴定意见组、勘验笔录组。

（三）引入校外专家的课堂指导

依托课程组教师的校外工作部门或法学院共建实习单位，邀请优秀法官、律师、仲裁员等司法实务工作者，参与课堂教学。如分享职业体验、讲授工作技巧、点评学生表现等。通过师资的不断流动与充实，保证优良的教学效果。

（四）充分利用中国庭审公开网等网络视频资源

2016年9月27日上午，最高人民法院开通中国庭审公开网。目前已经有520家地方各级法院实现了与这个平台的联通。它提供一个权威、便捷、可靠的庭审视频观看平台。网站以地图的方式，显示全国四级法院是否接入庭审直播网，是否有正在直播的案件；在"今日直播"栏目推送当天的热点案件，用户不仅可以观看收听直播的庭审，还可以收藏，用微博、微信进行分享。①

在授课过程中，教师在庭审准备阶段组织学生通过该网站实时观摩正在直播的法院庭审，并可就庭审中的细节及问题组织学生讨论，从而帮助学生形成初步的直观感受（参见图2）。

图2 中国庭审公开网页面

（五）将"录像回放点评"打造为精细的"微格教学"

目前本课程对庭审过程进行了全程录像，并选择性回放点评。这虽然是将"微格教学"方式借用在法科生教学中，但不够精细化，表现为：庭审录像时间

---

① https://baike.sogou.com/v154757972.htm?fromTitle=%E4%B8%AD%E5%9B%BD%E5%BA%AD%E5%AE%A1%E5%85%AC%E5%BC%80%E7%BD%91

较长，未及时暂停纠错。学生组织庭审的时间一般为1至2个小时。为保证庭审的整体性，在整个庭审中学生就算有明显的错误，也未及时暂停纠错。而庭审结束后，因时间过去，感悟常常不够深刻。为此，可以将每一次回放时段放在每一组证据展示之后，时间大约10到15分，这样短时间的点评学生的印象更深。

（六）影子法院

我院曾经邀请四川省高级人民法院副院长白宗钊观摩学生审判。他提出了一个方案，即通过与法院联系，获得法院受理但尚未审理的案件，学生依据所有证据材料，自行审理。之后去法院观摩本案真实的庭审，从中进行比较。这样的体会就更加深刻。基于这样一个思路，课程组可以依托学院的"共建法院"，由学生组成"影子法院"对案件进行先行审理，再与法官审案进行比对。

## 五、小结

近年来，法学本科教育的目标由知识灌输型转为职业培训型。为了帮助学生充分地实现理论与实践的结合，我院进行了积极的教学探索。以民事诉讼实务模拟课程为依托的举证、质证训练，在锻炼和丰富学生的逻辑思维能力的同时，也为法科生未来的职业生涯积累了初步的经验。法律的生命应当既在于逻辑，又在于经验。虽然举证、质证训练课程的设计目前还并不完美，但是在一群有着法律信仰与教育追求的教师的共同努力下，一定能够羽翼丰满。

# 法学专业特色课程之"民事诉讼实务模拟"面临的挑战与创新

甘 露[①]

**摘 要**:"民事诉讼实务模拟"是目前诸多大学法学院开设的专业特色课程之一,也是培养具有精英教育理念和职业教育理念的法治人才的重要途径。然而这门课程对于学校(学院)、教师和学生的要求颇高。本文结合多年从事该课程的教学实践,发现其中存在的不足,结合《中央政法委员会、教育部关于实施卓越法律人才教育培养计划的若干意见》《关于坚持德法兼修实施卓越法治人才教育培养计划2.0的意见》,提出改革完善本课程的相关举措。

**关键词**:民事诉讼实务模拟;瓶颈;措施

2018年10月8日,中央政法委、教育部发布《关于坚持德法兼修实施卓越法治人才教育培养计划2.0的意见》(以下简称"卓法计划2.0"),新一轮法学教育改革的序幕就此开启。"民事诉讼实务模拟"(以下简称"民诉实务课")是2011年《中央政法委员会、教育部关于实施卓越法律人才教育培养计划的若干意见》(以下简称"卓法计划1.0")以后众多拥有法学院(系)的大学都紧锣密鼓开始的法学专业特色课程之一。各法学院(系)不管各方面条件是否成熟,不管是否仓促,应时开设了本课程,表现出来的形式五花八门,各有特点,有诸多的不足,也有许多宝贵的经验。我们也是最早开设"民诉实务课"的高校之一,经过多年的运行,"民诉实务课"在培养学生实践性动手能力等方面发挥了良好的作用,但是,时代的发展,新知识的出现,"民诉实务课"也遇到了许多困惑和瓶颈,需要更多的调整和创新来迎接时代的变革。

---

[①] 甘露,法学硕士,四川师范大学法学院副教授。

## 一、"民诉实务课"建设概况

"民诉实务课"是法学本科专业的专业选修课,属于我校训练法律职业辅助技能的特色创新课程。为了适应卓越法律人才教育培养计划对法学专业教学的新要求,优化学生的知识结构,开阔学生的专业视野,培养学生的动手实践能力,特开设本课程。本课程的教学目的在于,民事诉讼实务模拟课程是法律职业技能课程体系中承上启下的课程,上承民事案件分析、法律文书写作等法律职业技能课程,下启法律诊所课程;通过大型仿真性实验进行民事诉讼实务的"实战演习",以此训练法学本科生的民事诉讼实务技能,完成法律职业的岗前初级训练,期冀法学本科生将来在法律职场中能够"上岗即上手"。本课程是面向本科三、四年级,在学生学习了法理学、民法学、商法学、合同法、民事诉讼法学、物权法和侵权行为法等课程的基础上开设。本课程必要的先修课为:民事诉讼法学、商法学、民法学、合同法、物权法和侵权行为法等。本课程需要以民商法学的原理作为基本理论指导,综合运用程序法与实体法等多门学科的知识来分析并处理实务法律问题。

"民诉实务课"是实验性实践课。通过实验操作的亲历性、实验材料的真实性、实验角色的轮换性、实验程序的完整性最大限度地让法学本科生得到司法实践技能的综合性训练。"民诉实务课"实验基本要素与配置:(一)实验场所:课程教室和实验法庭。课程教室要求:三列十排以上。每个实验小组一列,从前排起分区设立原告组、法官组、被告组。(二)实验案件材料:全息案件材料。根据实验阶段需要交付实验案件材料的种类和数量,实验材料由实验指导教师在我院法律职业技能实验中心案件库中选择或通过其他途径准备。除涉及国家机密或商业秘密外,不做任何删减或修改。注意保护案件中的个人信息。各个班及其各个实验小组的实验案件材料在同一实验时段各不相同。(三)实验设施或器材:法官袍;法槌;印章;电脑;速录机;打印纸;打印机;文档装订机;其他器材等。(三)实验指导教师:每个实验班配置三个实验指导教师,分别指导原告组、被告组和法官组。其他实验角色划入相应的原告组、被告组或法官组。(四)实验学生与实验角色组:实验学生每10人为一个实验小组。每个实验小组分为三个实验角色组,即原告组、被告组、法官组,其他实验角色划入相应的原告组、被告组或法官组。如原告证人划入原告组,法警划入法官组。(五)实验时间:授课时间。每次课实验学生和实验指导教师必须到课完成实验活动。

## 法学专业特色课程之"民事诉讼实务模拟"面临的挑战与创新

"民诉实务课"的实验原则：(1) 仿真性原则。仿真性原则是指按照民事诉讼实务的真实内容、真实程序、真实过程进行实验。民事诉讼实务模拟课程的内容应名副其实，设计课程内容时应包含以下几方面：一是民事诉讼实务的实体法律问题，如法律事实认定、法律关系定性、法律规范理解、法律逻辑适用等；二是民事诉讼实务的程序法律问题，如诉讼各阶段及其任务、诉讼规则等；三是法律职业技能，如法律文书写作、案件分析与处理方案策划、调解和解技能、法庭辩论艺术、沟通与询问技巧等。上述课程内容是一项民事诉讼实务活动包含的必要内容。民事诉讼实务模拟课程不仅在课程内容上具有仿真性，还将课程内容以仿真性实验的方式完成。该仿真性实验表现为：第一，实验角色的独立性。每个实验角色将模仿民事诉讼实务而设置，都是个体，而不是一个团体，每个角色必须独立思考、独立分析、独立判断，这也是法律职业人的常态性工作方式。第二，实验材料的真实性。这里实验材料的真实性包含两种：一种是实验案件材料，指导老师为学生提供的实验材料即案件材料须是社会生活中的真实案件，一般是司法机关已经结案的案件或律师正承办的案件，其材料除涉及国家机密或个人隐私外，不做任何删减或修改。但要注意保护案件中的个人信息。另一种是实验档案材料，指实验结束后应形成司法实践相同模式的卷宗档案，存于我院实验法院案卷库，供后来学生做实验材料。第三，实验角色的对抗性。实验角色的对抗是司法实践模拟课程仿真性的重要特点和必要要求。包括：一是实验角色空间上的隔离性。实验过程中，各实验角色在实验室中分区教学，背靠背各自进行自己的实验任务，不串通、不彩排。二是实验角色利益上的对抗性。实验学生必须与实验角色融为一体，真实体会实验角色的利益要求和利益目标，这是实验角色对抗性的根本条件。三是实验角色法庭上的对抗性。实验角色在实验法庭上面对面针锋相对为自己谋取利益。第四，实验过程的完整性。小到一份送达回执、一个签名盖章，大到开庭审理，除了执行程序外，所有过程都完整呈现。(2) 亲历原则。亲历原则是指民事诉讼实务模拟课程实验中要求将所有选修学生划分为若干实验小组，人人有角色、人人有事做，每个实验角色完整完成各自的实验任务，各实验组共同完成一项民事诉讼实务活动。实验中没有旁观者，没有候选者。(3) 学生主角原则。学生主角原则是指在实验过程中，一项民事诉讼实务模拟实验全部由学生亲自、独自完成；每种实验角色不论主要角色还是辅助角色都由学生亲自担任，指导教师不担任任何一种实验角色或实验任务。但实验指导教师对学生并非放任自流不管不问，教师是主导性配角。教师主导性配角是指指导教师除了角色专项小型讲座外，被动参与学生的实验活动，每次授课亲临实验现场按实验计划督促和检查实验任务完成情况和实验进程，并给予角色专项技能指导。这样的教学主体结构是为了更好地实现民事诉讼实务模拟课程的目标，即达到对学生进行民事诉讼实务技能训练的目的，同时也对指导教师进行了实验角色专项技能的教学训练，使民事诉讼实务模拟课程指导教师的教学方法和技能更具有专业性和针对性。

## 二、"民诉实务课"建设的瓶颈和挑战

"民诉实务课"的建设取得了一定的成绩，但是目前看来，课程在运行中也存在着诸多瓶颈，制约着课程的深入开展和教学目的的实现。这里主要从教师、学生、学院（学校）等几个方面分析本课程面临的问题。

（一）从教师方面反思本课程的瓶颈

1. 教师实务经验的核心和关键。"民诉实务课"是把法学理论直接转化为实战的课程，实战中的原告代理人、被告代理人和法官都是法律专业人才，要扮演好这些角色，指导教师必须具备相关的经历，参与过相应的程序，这就对指导教师的要求进一步提高。众所周知，高校法学教师必定是某一方面的专家，但是是否参与过相关的司法实践就是两回事了，理论和实践之间的巨大鸿沟不是单纯在"象牙塔"里可以闭门造车的，既有理论素养，又有实务经验的"双师型"教师至关重要。法学教师获得律师资格相对简单，但是具有法官经历的教师很难得。

2. 恰当案例的选择是重点。"民诉实务课"强调的是"真"，所以选择的案例都是现实社会中的案例，而且基于熟悉程度，多数案例都是选择教师亲自代理的案件，这对学生的融入度、教师的熟悉度来说都是有利的。但是，这样的案例是否反映了最新的社会热点和社会关切，是否具有广泛的典型性，是否经历了学生需要锻炼的必要程序等都是问题。案例的选择和课程时间的长短、学生兴趣的大小都有着直接的关联。

3. 教师的职业态度对课程质量的好坏有重大影响。虽然"民诉实务课"是以学生为主角，教师为辅助，但是教师不是在整个过程中都无为而治，在适当的时候，教师要发挥好指导的作用，比如对于案件以外其他相关知识的介绍，办案过程中的经验介绍，执业中的各种规则，承办案件的发展方向等，都少不了教师的帮助。可以说，指导教师的态度，最能够直接影响学生的态度，从而影响课程的质量。

（二）从学生方面反思本课程的瓶颈

1. 期望值偏高与现实的落差。多数法科学生在学习完部分专业课程，掌握了部分专业技能后，都希望自己的所学能够发挥作用，学以致用无可非议，但是实践性法学人才的培养是个渐进的过程，既需要系统的理论学习，还需要大量的社会实践，大量的时间和经验铸就了一个优秀的法律人。很多学生对于"民诉实务课"报有较高的期望。但是客观上来说，"民诉实务课"的培养目标是初级的法官助理和律师助理，是为了法科毕业生能够尽快融入法律工作。期望与现实的落差造成部分学生心理上的懈怠。

2. 动手动腿能力偏弱。很多学生学习的知识更多的是文本上的东西，"民诉实务课"是实务课，为了更加逼真，更加接近现实，法律文书的制作要切合实际，法律手段的选择更是全方位的，需要调查求证更多材料。这不光是学生的问题，还是学校（学院）管理上对于学生安全的考虑。

3. 主观能动性较差。"民诉实务课"和理论学习课很大的差别在于时间安排上。理论课以教师授课为主，而"民诉实务课"以学生动手为主，时间看似充裕，如果不合理安排自己的时间，很多学生将会觉得无事可做，当然，会合理安排时间、有目标的同学反而觉得时间太短，不够用。因为任何一个法律程序都会涉及诸多情况，学生会不会主动思考反方向的结果，是否穷尽相关的法律法规制度，参考相似案件的审理方式，这些和学生的角色融入度都有关系。

（三）从学院（学校）方面反思本课程的瓶颈

1. 场所设施、硬件建设不足。虽然实验设施或器材有模拟法庭、法官袍、法槌、印章、电脑、速录机、文档装订机、其他器材等。但是相对独立的法官办公室、律师办公室是缺乏的，角色的带入性、体验性不强，办案相互影响，效果不佳；办公设备不齐全，打印机、复印机、扫描仪等基础办公设备的缺失，使得上课效率受到影响。

2. 网络硬件建设不足。现代教学方式的革新少不了互联网。校园的网络建设不应该只是满足基本的查阅资料和搜寻最新资讯，还包括学院自己案例库的建立和管理、校园法庭在校园范围内的封闭运行等。

## 三、"民诉实务课"建设发展的方向

"民诉实务课"建设发展的方向也是整个法律职业培养目标的方向。首先，法律职业是一个需要经过特殊训练的职业，需要严格的职业训练，需要特殊的职业技能，具备特殊的职业伦理。法律职业的特殊性决定了法学教育本质必须是职业导向的，即法学教育是职业教育。人们学习法律的主要目的是获得一技之长，而这种取向也使法学教育的任务主要集中在培养法科生的职业技能上。十八届四中全会《决定》将法学教育的任务直接界定为"法治专门人才"的培养，"卓法计划2.0"对于"卓法计划1.0"从"卓越法律人才"到"卓越法治人才"的表述转变，都明确了我国法学教育的职业教育属性，体现在《法学类专业教学国家质量标准》之中，表述为"素质教育和专业教育基础上的职业教育"，综合了素质教育和专业教育，最终落脚于职业教育，明确了强化法律职业伦理和法律实践教学教育的方向。

其次，法学教育是具有精英属性的职业教育。法律职业作为一种高度专门化的职业，它在长期的发展历程中形成了一套非常严格的准入制度，而法学教育就是其中的一个重要前置条件。法律职业的精英性取决于其为社会所提供服务的特殊性。法律职业为社会所提供的是社会制度正常运转的维护，是公平和正义的价值输送。这一技术化的活动只能由具备特殊技能和特殊职业道德者履行。同时，法律职业所处理的是社会关系，而社会关系的调整需要长期的生活经验和社会阅历，这就决定了法律职业必须经过特殊的经验训练。法律职业作为社会公正的守护者，担负着社会利益分配的任务，要完成这一任务不经过精英化的训练自然无法实现。法学教育是法律人才的孵化器。既然社会需要的是精英型法律人才，法学教育当然也应当培养精英型法律人才。

精英教育理念和职业教育理念是中国法学教育和法治人才培养的本质特征，它们共同支撑着中国法学教育和法治人才培养的改革。近年来的法学教育和法律职业改革，无论是《中共中央关于全面推进依法治国若干重大问题的决定》，还是《普通高等学校法学类本科专业教学质量国家标准》，抑或是《关于完善国家统一法律职业资格制度的意见》，都是在这两个理念引领之下完成的。

法学是实践性很强的学科，这就决定了法学教育理念的内在属性，也就是实践教育理念，这一理念意味着法学教育必须具备系统的法律实践教学体系。然而，我国传统的法学教育通常以传授系统、科学的法律知识为目的，过于强调知识的灌输和纯理论的探讨，过程缺乏实际应用环节，导致所学知识得不到准确理解和认识，大都难以较快胜任实际工作，动手能力普遍较弱。对于职业化导向的法律实践教学遭到忽视的现实，从20世纪末开始，我国法学教育界一直都在反思，并不断采取行动。对此，中国政法大学法律实践教学研究所主任袁钢教授曾指出，从教育部《关于普通高等学校修订本科专业教学计划的原则意见》（教高〔1998〕2号），到《关于进一步加强高等学校本科教学工作的若干意见》(教高〔2005〕1号),到《关于进一步加强和改进大学生社会实践的意见》(中青联发〔2005〕3号),到 2011 年《关于实施卓越法律人才教育培养计划的若干意见》,再到《关于完善国家统一法律职业资格制度的意见》,关于法律实践教学的强化要求也日益明确。①

"民诉实务课"作为中国法学教育和法治人才培养中的主要环节,其重要性会越发突出。

## 四、"民诉实务课"优化建设的措施和创新

依照"卓法计划 2.0"和《普通高等学校法学类本科专业教学质量国家标准》,结合学院自身的具体情况,可以考虑以下措施:

(一)学院(学校)、教师和学生在意识上要重视本课程

《普通高等学校法学类本科专业教学质量国家标准》提出的方向之一就是重实践。要着力强化法学专业知识教育,将中国法治实践的最新经验和生动案例、中国特色社会主义法治理论研究的最新成果引入课堂、写进教材,及时转化为教学资源。要着力强化实践教学,进一步提高法学专业实践教学学分比例,支持学生参与法律援助、自主创业等活动,积极探索实践教学的方式方法,切实提高实践教学的质量和效果。真正做到法治实务部门接收法学专业学生实习,法学专业学生担任实习法官、检察官助理成为常态,真正做到用人单位乐于接受经过培训的学生。

(二)打造一批理论实务双修的优秀教师队伍

教师的作用在"民诉实务课"上非常关键,教师引导决定了整个课程的方向和质量。《普通高等学校法学类本科专业教学质量国家标准》提出加强法学师资队伍建设。建设全国法学专业教师培训基地,举办中国特色社会主义法治理论与实务研修班,用习近平新时代中国特色社会主义思想武装教师头脑,坚定教师理想信念,带头践行社会主义核心价值观。健全师德考核,强化师德监督,引导教师以德立身、以德立学、以德施教。组织开展专题研修,开展法治中国国情教育活动,引导广大教师深入了解法治实践,提升教师专业能力和综合素质。鼓励从事实务的教师回归"民诉实务课"。同时,对于本课程的指导教师,鼓励多参与司法实务活动,除了兼职律师以外,还应推介到仲裁委、人民调解

---

① 刘坤轮:《中国法学教育改革的理念层次》,载《中国大学教学》2019 年第 6 期。

中心等机构从事法律事务，有条件的教师还应进入法院、检察院等单位挂职学习。

（三）优质案例的选择应该发挥多方力量的支持

《普通高等学校法学类本科专业教学质量国家标准》提出拓展渠道，发展"互联网+法学教育"。适应教育信息化与法治建设信息化的新形势，推动法学专业教育与现代信息技术的深度融合，打破校园与法治实务部门间的时空屏障，将社会资源引进高校，转化为优质教育教学资源，建立覆盖线上线下、课前课中课后、教学辅学的多维度智慧学习环境。法治实务部门要向法学院校开放数字化法治实务资源，将法庭庭审等实务信息化资源通过直播等方式实时接入法学院校。学院（学校）应派专人进行信息化建设，随时更新案例库，并按照"民诉实务课"课程的要求对所需材料进行加工整理。

（四）硬件的改造升级成为必然

"民诉实务课"在场地、办公室、办公设施设备等方面的要求比较高，需要有充足经费的支持。《普通高等学校法学类本科专业教学质量国家标准》提出加强政策经费保障。教育部会同中央政法委在专业设置、人员聘用与评价、国际合作交流等方面给予计划参与高校统筹支持。高校应统筹利用中央高校教育教学改革专项拨款和其他各类资源，支持计划实施。各地教育部门、政法部门要加强省内政策协调配套，提供有力的政策保障，统筹地方财政高等教育资金和中央支持地方高校改革发展资金，引导支持地方高校实施好本计划。各高校要根据本校计划具体要求，加大国家、省、校政策的衔接、配套、完善、执行力度。

（五）"民诉实务课"课程创新

包括案件审理的程序从一审到终审直至再审；部分法律文书形式的创新和各环节正反面文书的制作；法院、律师事务所内部流程的梳理；庭审法律文化的系统介绍等。还应该建立信息反馈机制和调控改进机制，开展经常化和制度化的质量评估，确保对"民诉实务课"教学质量形成全过程实施有效监控，保证教学质量的持续提高和专业人才培养目标的充分实现。

大学法学教育的目标在于培养具有精英教育理念和职业教育理念的法治人才，"民诉实务课"课程设计的初衷和目标也是如此。为构建法治人才培养共同体，做强一流法学专业，培育一流法治人才，为全面推进新时代法治中国建设提供有力的人才智力保障。

# 民事非诉讼实务课程的创建与探索

刘如翔[①]

**摘 要**：民事非诉讼实务课程是四川师范大学法学院开设的创新实验课程之一，意在模拟民事非诉讼业务的工作场景，提高学生处理非诉讼业务的实践能力。该课程在很大程度上弥补了我院在实践教学方面的短板，经过多年的发展，取得了良好的教学效果，然而，在教学过程中也出现了硬件设施有待加强、授课对象相对较多、实验素材需要完善等困难和问题，我们认为可以有针对性地加以改进，从而更好地发挥该课程在实践教学方面的功能。

**关键词**：民事非诉讼实务；课程；探索

改革开放四十年以来，特别是党的十八大以来，中国法学教育发展十分迅速。据统计全国已有600余所院系开办法学专业，法学本科招生人数在众多专业中连续多年名列前茅。法学教育的快速扩张尽管在一定程度上满足了中国社会发展对法律人才的需求，但同时也存在着"重数量扩张轻质量提升""重知识传授轻技能培养""重理论灌输轻法律实践"等缺陷。这些问题严重制约了法科学生法律思维的形成和法律技能的塑造，使法学教育脱离了法律实践。

为改变传统法学教育的不足，四川师范大学法学院从2009年开始先后启动本科实践性教学改革和"卓越法律人才"建设项目，"民事非诉讼实务模拟"课程是重点建设项目之一。2012－2013学年第二学期，我院在2009级（大四）学生中进行了"民事非诉讼实务模拟"课程的教学试点，之后规模逐渐扩大，教学内容逐渐丰富，至今已对七届学生进行过授课，在教学过程中出现了很多问题，也收获了很多经验，需要进行深入反思，以进一步推动该课程的发展与完善。

---

[①] 刘如翔，法学博士，四川师范大学法学院副教授。

## 一、民事非诉讼实务课程的创建与设计

非诉讼业务是相对于诉讼业务而言的,不过目前中国法律学术界和实务界关于非诉讼业务并未形成统一的定义。人们通常认为,非诉讼业务是指律师接受公民、法人或者其他组织的委托,在其职权范围内为当事人处理不与法院、仲裁委员会发生直接关联的法律事务。也有人将非诉讼业务界定为公民、法人或其他组织委托律师代办无争议的法律事务或办理虽有争议但不经诉讼程序解决的非诉讼事务。

为体现民事非诉讼业务的特点,尽可能贴近实际,增加实践性教学的效果,我们对课程大纲进行了细致的梳理与构建,具体包括以下方面:

(一)本课程的目的与要求

本实验课程以培养法科学生处理常见民事非诉讼业务的能力为目标,将企业法律事务设定为若干基本实验场景,将学生划分为不同律师团队(2—4人),通过股权转让尽职调查、顾问单位法律培训、合同审查、法律风险评估等一系列实验项目的训练,使学生熟悉常见非诉讼业务,并初步具备处理民事非诉讼业务的能力。

本课程每一个模拟训练实验项目流程均包括以下两个环节:(1)集中讲授环节。主要包括:一是教师对相关业务的总体介绍,重点是该业务的目的和特点、基本流程、处理该业务中的注意事项等内容。二是对本次实验项目的说明。在下发给学生相关实验材料的基础上,由教师对本次教学项目的内容和要求进行说明,重点是让每一个学生明确企业对其律师团队的具体要求以及律师团队在本次项目中所应当完成的任务。(2)实务模拟阶段。在实务模拟阶段,要求学生以律师团队的方式提交制作完成的PPT演示文稿,并且各团队需要分别上台汇报其完成的工作,同时各团队还应当提交相关的法律文书(如尽职调查报告、法律培训方案、法律意见书、法律风险评估报告等)。由老师和同学对律师团队进行提问,老师对各律师团队的表现进行打分。

在模拟实验教学过程中,要求学生:(1)熟悉实验项目所涉及民事非诉讼业务工作流程及相关法律规范;(2)掌握办理常见民事非诉讼业务所需要具备的基本法律技能和现代办公技能;(3)掌握常见民事非诉讼业务相关法律文书制作的基本流程和要求。

（二）实验内容安排

本课程设置了 10 个不同场景，既有需要团队完成的项目，也有需要个人独立完成的项目，前者如法律培训、比选竞标等，后者如合同审查、法律风险评估等。对于具体教学内容，课程大纲均有详细设计，以法律培训实验为例，该实验教学目的在于了解、分析顾问单位面临的现实法律问题；针对顾问单位现实情况制定法律培训方案；培养民事非诉讼业务现场交流能力。实验具体环节如下：（1）任课教师介绍对顾问单位进行法律培训的工作流程和基本技巧，同时对本次实验所涉及顾问单位的法律培训需求进行介绍；（2）各律师团队对顾问单位情况进行调查（通过互联网和询问教师），拟定法律培训方案，制作法律培训 PPT；（3）各律师团队分别开展法律培训（10－15 分钟），接受教师和同学（作为顾问单位代表）现场提问，由教师根据各律师团队尽职调查报告完成质量和现场表现进行打分。（4）任课教师对本次实验项目完成情况进行现场点评。学生提交打印版 PPT，以备存档。

（三）考核方式

本课程系学院特色创新课程，考核形式为结合学生参与平时模拟训练项目和期末综合作业完成情况予以综合评定。课程成绩考核采用百分制。总成绩由平时成绩（80%）和期末成绩（20%）组成，平时成绩以考勤情况、团队和个人现场表现以及法律文书完成情况等作为综合考评依据；期末成绩以一次民事非诉讼实务综合作业（现场完成）作为考评依据。

## 二、民事非诉讼实务课程在探索中出现的主要问题

民事非诉讼实务课程开设以来，一直受到学生的好评，通过问卷调查、课后访谈等形式，我们发现大多数学生对于开设该课程的必要性有清晰的认识，愿意主动积极地参与到教学活动当中来，在学期教学工作完成后，很多学生表示通过课程学习在一定程度上了解了民事非诉讼实务的工作特点，并积累了部分实务经验，此类学习体会是通过其他课程无法了解的。

尽管该课程在学生中间有一定的满意度，也取得了较好的教学效果，但从任课教师的角度而言，通过对比民事非诉讼业务的实践要求，笔者认为该课程在教学过程中仍有一些问题和值得改进的方面。

（一）硬件设施差强人意

法律实践类课程往往强调情景模拟，意在通过仿真环境提前将学生置身于

职场之中,直面具体问题,在任课教师的指导下,通过类似于理工科实验式的教学方法锻炼学生分析问题和解决问题的能力。比如目前各大高校法学院基本上都会开设的模拟法庭课程,就是将学生进行角色分工,转换身份成为法官、检察官、律师、当事人等,通过模拟演练的方式实现教学效果。一般而言模拟法庭课程或者类似的司法实务模拟课程一般都会设置专门的场地,还有专业的服装、道具等,完整再现法庭审判的全过程。

民事非诉讼法律事务与法院、仲裁委员会不发生直接关联,因此在教学过程中不能与司法实务模拟类课程实现场地等资源方面的共享。在多年的教学过程中,该课程所使用的教学场所与普通课程一样,并未进行特殊设计。民事非诉讼实务往往发生在办公场所,如律所办公室或当事人会议室等,有较为完善的办公设施,其氛围与教室有较大区别,教室不能完整再现职场工作环境,教学效果难免差强人意。

(二) 授课对象人数过多

民事非诉讼实务课程虽然属于创新类课程,但在多年的教学过程中一直是面向全年级学生进行开课,从实际情况来看,选课学生较多,平均每班40到50人左右。通过与其他法律实践类任课教师的沟通,我们注意到司法实务类实践课程也存在选课人数较多的问题。由于司法实践中,审判过程涉及多个主体,可以区分出法官、检察官、代理律师、原告、被告,甚至包括法警、书记员等,通过合理安排可以确保选课学生均有实践机会。此外,司法实务类课程往往对抗性较强,在组织得当的情况下,如部分学生有懒惰思想,未进行充分准备,在现场演练时也会一目了然,因此也会倒推学生积极参与到教学过程中来。

民事非诉讼实务课程与司法实务类课程相比有很大不同,一是角色非常单一,学生所扮演角色或为律师或为公司法务;二是角色之间对抗性不强。基于前述特点,部分学生在前期因为课程具有新颖性,往往具有积极参与的意愿,但到后期会出现疲倦感,对课程要求往往应付了事。在这种情况下需要任课教师花费大量精力才能确保课程任务的完成,从客观来看,选课学生多会导致任课教师无法兼顾,比如合同审查,为了让每位同学均有锻炼机会就不能以团队形式进行审查并出具法律意见书,而必须由个人独立完成,但如此一来每一单元就会出现40-50份法律意见书,在课堂上很难进行一一展示并进行讲解。

(三) 实验素材需要完善

民事非诉讼法律事务课程意在重现非诉讼法律服务场景,但需要指出的是实践中非诉讼业务包罗万象,既有较为小型的法律服务,比如法律咨询、法律培训、合同审查或修改、规章制度的设计、出具律师函，也包括较为大型的法律服务，比如法律风险的评估、专项尽职调查、出具法律意见书等，或者更为复杂的法律服务，比如新三板挂牌、私募基金备案、改制、并购重组、IPO 等。

在实验素材的选择方面，严格意义上来说民事非诉讼法律事务课程不可能对所有非诉讼业务类型进行模拟，这主要是因为课堂教学形式的限制，比如尽职调查，实务中需要到工商管理部门调取工商档案或者到不动产登记中心进行调查，需要查阅大量资料，进行走访才能最终出具报告。大型的非诉讼实务，比如新三板挂牌等在实践中需要券商、会计师事务所、律师事务所组成工作组，需要经过尽职调查、出具方案、公司改制、挂牌申请、意见反馈等多个阶段，其间对公司出现的法律问题均需要具体问题具体分析，涉及主体、素材、规则等异常复杂，几乎不可能在课堂上进行再现。因此，民事非诉讼法律事务课程在实验素材的选择方面有较大困难，一方面要体现民事非诉讼法律事务的特点，让学生在课堂教学过程中真正有所收获，另一方面又要考虑课堂教学形式的限制，避免不当选择影响课堂教学的效果。

## 三、完善民事非诉讼实务课程的设想和建议

（一）加强硬件设施建设

民事非诉讼实务模拟课程以培养法科学生处理常见民事非诉讼业务的能力为目标，将企业法律事务设定为基本实验场景，将学生划分为不同律师团队，通过律师备忘录、律师尽职调查、合同审查、法律风险评估一系列实验项目的训练，使学生熟悉常见非诉讼业务，并初步具备处理民事非诉讼业务的能力。

在现实中，律师处理非诉讼业务的环境复杂（律师事务所、企业等），方式多样（如当面咨询、专题讲授、团队分析、会议讨论、现场陈述和谈判等），对各种现代化技术手段运用要求很高。当前教学中，由于受制于教室环境和条件，很难模拟真实民事非诉讼业务的真实场景，从而影响本课程的教学效果。

目前我院设立有法律职业技能辅助实验室、校园法庭、社区诊所实验室等，我们认为可以在此基础上增加新实验室的建设，比如以小型律师事务所为模版设立专门的非诉讼法律实务实验室等。实验室可以包括公共办公区以及小型会议室等，课程讲授阶段可以集中在小型会议室，分组实验阶段可以分散在公共办公区，与真实环境中律所的工作方式基本保持一致，如此将会极大地提高教学效果。

（二）合理控制课堂规模

从目前开课情况来看，民事非诉讼实务模拟课程与一般法学类课程相比，选课人数大体相同甚至有些班级选课人数还要更多一些，基本保持在40-50人左右。如从教学效果的角度而言，该课程选课人数在10人左右最为理想，相当于律师事务所合伙人对律师助理的指导，教学效果更有保障。由于受限于该课程的教学目的，又不能仅限于对小范围学生的授课，因此这种矛盾是客观存在的。为了解决这一问题，争取有更多学生参与到课程中来，我们认为可以在以下几方面进行改进：

第一，增加角色对抗性。比如由两组同学分别扮演企业法律顾问和企业法务人员，或者合同双方各自聘请的法律顾问等，就同一份合同或法律事务从不同角度发表意见或进行评价，从而发挥学生的积极性，互相督促以提高教学效果。

第二，适量增加团队项目。团队项目不宜过多，主要原因是在以往教学过程中发现有部分同学存在滥竽充数的现象，团队中部分表现积极的同学几乎包揽了团队所有事务以至于其他同学坐享其成，失去了锻炼的机会。但团队项目并非一无是处，一是可以加强学生之间的交流，形成非诉业务团队工作的习惯；二是可以提高教学效率，有助于教学进度的推进。比如40名学生如各自提交一份作业，教师进行审查并在课堂上进行反馈，尽管更具针对性，但难免影响教学进度，而以团队形式进行，则只需要对10份左右的法律文书进行分析和讲解即可。增加团队项目有利有弊，关键在于组织得当，这就要求任课教师要对各团队成员参与程度有所了解，发挥监督和督促的作用，尽量确保所有同学均有锻炼和学习的机会。

（三）不断更新实验素材

民事非诉讼实务课程在开设之初对实验素材的选择非常艰难，一方面是因为该课程的设立属于创新事务，如何选择尚无经验可以借鉴，另一方面也是因为任课教师所接触实务资料相对较少所致。随着该课程的陆续开展，对实验主体和素材的积累逐渐增多，我们对课程内容进行了部分调整使之更为合理和贴近实践。目前涉及的主题包括尽职调查、法律培训、合同审查、制度修改、比选申请、法律分析、法律风险评估以及备忘录、律师函和法律意见书的撰写等，基本覆盖基础类非诉讼业务的各个方面。在下一步的工作过程中，我们认为可以在实验素材的选择方面进行以下调整：

一是继续加强基础技能的培训。尽管大型的非诉讼业务类型更为复杂，比如新三板挂牌或者IPO业务等，但究其实质仍然是由各类基础工作构建而成，如新三板挂牌项目，实务中往往由尽职调查、股份制改造以及挂牌申请等三个阶段组成，每一阶段均可以细分出很多基础性法律工作，如尽职调查、法律分析、制度设计、合同起草、出具备忘录以及法律意见书等。受教学形式所限，教学过程中无法再现大型法律事务工作的全过程，但可以将基础性法律工作细分出来重点进行训练，也可以取得一定效果。

二是不断筛选增减部分主题。在以往教学过程中，因师资力量所限，实验素材往往以任课教师接触过的非诉讼业务类型为准，部分内容严格意义上并不适合直接放在教学环节中，比如曾经在前期出现的知识产权交易平台的法律风险评估，高校章程制定等，针对性不是很强且与其他项目有一定重叠之处，可以考虑进行替换。替换与否的最终标准应在于新的素材能否进一步提高学生的实践能力。比如，政府法律顾问的工作严格意义上也属于非诉讼业务的类型之一，完全可以考虑增加相关主题。再比如目前非诉讼项目的选择偏重于律所为企业服务，但在实务中为个人或家族提供服务的项目也开始逐渐增多，比如家族财富传承的问题等，类似新项目、新需求也可以考虑与时俱进，选择适合在课堂教学过程中展现的主题进行专门的课程设置。

# 刑事司法实务模拟课自主性学习的逻辑与经验

蔡 鹤[①]

**摘 要**：刑事司法实务模拟课具有激发学生自主性学习的内在属性，但仍需做好情景设计和促进学生自主创新的工作。具体做法是创设高仿真度的模拟庭审环境，选择具有明显争点和一定难度的案件，采用真实的案卷材料，创设自主创新环境，进行全面、公平的过程考核。此外，还需堵塞由本门课特点导致的消极学习漏洞，做到控辩审三方角色权重总体平衡、各职能角色分工均衡，避免同一小组同学出工不出力、盗用其他小组同学工作成果等现象。

**关键词**：刑事司法实务模拟课；自主性学习；情景设计；自主创新；消极学习之漏洞

刑事司法实务模拟（模拟法庭）课属于实训教学。实训教学是以培养学生职业能力（尤其是实际操作能力）为目的，在学生学习了一定的专业理论之后，由教师引导或指导学生亲自参加与有关专业课程相关的实践训练的教学活动。[②] 刑事司法实务模拟课是在教师的指导下，由学生担任和扮演法官、检察官、律师、案件的当事人、其他诉讼参与人等角色，以司法实践中的法庭审判为参照，模拟审判具体案件。[③]

刑事司法实务模拟课对课堂进行重新定位，形成了以学生为主体、教师为主导的新型师生关系，打破教师为主体的强势地位，学生由"被动学习"转向"主动学习"。在教学方法实施的各个环节，教师一直处于辅助地位，在实践操作中放手让学生自主学习，通过各个环节的任务分配促使学生在实践中学习，

---

[①] 蔡鹤，法学博士，四川师范大学教授。本文为四川师范大学"精课"——刑事司法实务模拟的阶段性成果。
[②] 欧锦雄：《法律实训模块教学研究》，载《广西政法管理干部学院学报》2004年第2期。
[③] 王喆、周毅主编：《模拟法庭实训教程》，经济科学出版社2014年版，第3页。

进而以学促学，实现知识的主动构建。① 刑事司法实务模拟课培养学生刑事实体法知识适用和刑事程序意识的养成和熟悉审判事务，具有教学活动的实践性、学生参与的主体性、② 诉讼角色的扮演性、实验场景的逼真性等特点，③ 学生的参与热情和学习主动性较高。

尽管刑事司法实务模拟课整体上具有学生"主动学习"的内在属性，但是，学生本身素质参差不齐，学习积极性存在着差异，教师教学过程中仍然需要在教学过程设计和临场指导上，做好以下几个方面的工作，将本课程蕴藏的"自主学习"潜能彻底发挥出来。

## 一、做好情景设计

情景认识理论认为，"知识及其对情景的索引是镶嵌在环境中的。正是知识得以产生的环境，提供了知识的结构和意义，因此，知识是通过活动和知识得以发展的环境进行编码的，知识与活动、与环境密切联系"。④ 然而，传统的法学教育，无法提供让学生进入司法实践领域的机会。就刑事诉讼法的学习而言，其课程非常抽象，学生单纯靠记忆来求得对刑事诉讼程序的了解，对其程序设置的真意和初衷没有切身的感受和体验。教学缺乏真实性，可能导致学生学习能动性的丧失和学习无效之结果。刑事司法实务模拟课就是为克服传统法学教育的弊端而设置，模仿真实的审判环境，在形式和内容上与真实审判活动相似。而知识向真实情景的迁移程度、提高学习有效性的程度，依赖于模拟法庭相对于真实法庭的"仿真度"。要达到较高"仿真度"，首先，法庭面积至少应当在100平方米以上，即相当于法院的中等法庭规模；其次，模拟法庭设备齐全，即实训场景布置应当等同于法庭，如应配备大小合适的国徽、审判桌椅、法槌、桌牌，以及法官袍、检察官服、法警制服、律师袍等专门服装；最后，为了指导教师事后点评、学生观摩等，模拟法庭实训室还须配备电脑、投影仪以及录像机等设备。⑤ 本门课"仿真度"不足的后果也有印证：有一次由于天气太热，前一个小组审理时全都汗流浃背，因而老师准许学生不穿制服而穿衬衣短裙，结果在庭审中出现了嘻嘻哈哈的场景，庭审效果大不如前。

---

① 参见王喆、周毅主编：《模拟法庭实训教程》，经济科学出版社2014年版，第5页。
② 参见董雷、张虹主编：《模拟法庭实验教材》，浙江大学出版社2016年版，第2页。
③ 参见陈学权编著：《模拟法庭实验教程（第三版）》，高等教育出版社2016年版，第2页。
④ 朱卫国、王延山：《教育创新集》，河北大学出版社1999年版，第236页。
⑤ 参见王喆、周毅主编：《模拟法庭实训教程》，经济科学出版社2014年版，第13页。

本校建立了校园法庭，并定期延请法院将真实案件带到该校园法庭审理，我们的实务模拟就在校园法庭展开，并使用其所有的法庭设施设备。由于参与实务模拟的同学多次在同一地点观看校园法庭审案，当其身临其境时，增加了其真实性和肃穆性感受，减少了表演性。另外，由于同步录音录像设备的使用，使学生在整个演练过程中一丝不苟，不敢怠慢片刻。

关于模拟法庭案例的来源，各个学校做法不一致。有的是自编案例，有的是在法律文书网上找案例，有的是报上讨论的案例，有的是《最高人民法院公报》上的案例。但是，这些案例存在着一个显著的问题，就是关于案件的真实信息量太少，其教学效果与案例分析课没有太大区别，难以训练学生处理真实案件的能力。为解决此种问题，我们跟一些法院建立了友好协作关系，从他们那里取得原始的案卷材料，这些案卷材料在复印时，仅仅涂改了姓名、司法机关名称、地名等身份信息，其他一切不变。学生拿到这样的真实材料后，学习兴趣大增。在学生完成模拟后，我们还会将法院、检察院、律师的真实处理方式和处理结果发放给他们，使他们能体验到自己的差距，并习得经验。当然，学生也可能在法律把握上和证据审查上做得更好，考虑问题更周全，这会增加他们将来从事法律实务工作的信心和兴趣。

情景式教学要防止表面化和形式化，需从实质上让学生融入"真实"法庭审理的氛围。在早期模拟法庭实验教学依附于诉讼法学教学时，模拟法庭实验呈现的是表演式的模拟审判。表演性的做法是，尽可能选择一些人为加工的典型案件，预先反复演练，走过场式的表演。这样做虽然提高了模拟法庭的观赏性，但是容易造成理论与实践相脱节，偏离了模拟法庭教学的目的。[①] 国内早期出版的大多数教材都存在这个问题。[②] 这些模拟法庭实验教材均针对所有的实验案例为学生提供详尽的模拟法庭实验台词剧本，学生在使用此教材进行模拟法庭实验时只需按照教材提供的台词剧本进行演练即可。这种表演式的模拟审判，由于事先确定了剧本，学生不需要分析案件实体法律关系，不需要起草司法文书，法庭举证、质证以及法庭辩论都是按照事先固定的模式进行，一切都是照本宣科，学生的创造性思维能力、应变能力都会受到限制。[③] 如果长期采用这种表演式的模拟审判，还会给未来的法律职业人潜移默化地传递一个错

---

[①] 杨成：《地方高校模拟法庭实践教学的改革》，载《前沿》2010年第2期。
[②] 这些教材如樊学勇主编：《模拟法庭审判讲义及案例脚本》，中国人民公安大学出版社2007年版；申君贵主编：《模拟法庭教科书》，湘潭大学出版社2007年版；廖永安等著：《模拟审判原理、剧本与技巧》，北京大学出版社2009年版；刘晓霞主编：《模拟法庭》，科学出版社2010年版。
[③] 陈学权：《模拟法庭实验教学方法新探》，载《中国大学教学》2012年第8期。

误的信号——法庭审判就是表演,从而不利于树立学生的法律职业伦理。模拟法庭实验教学的实战化,意味着学生们需自导自演。控辩审三方在实验前得到的仅仅是公安机关的侦查卷宗,审查起诉和法院审理的相关资料均不交给学生。检察组的同学必须在收到每一次实验的证据资料后,及时会见被告人、被害人和辩护律师,在规定时间内完成起诉书的写作并及时送达。法官组的同学必须自行决定是否召开庭前会议,并作庭审准备。律师组的同学在会见被告人后,与被告人一起确立辩护策略。法庭上审理活动的发展方向和发展过程具有不确定性,对对方如何举证,鉴定人如何陈述和证人证言内容为何均不能确知而只能预测;合议庭如何裁判依赖于庭审情况而不仅仅是先前给出的证据材料,因此其裁判也具有不确定性。总之,学生只有发挥自主性,才能争取对己方有利的结果。

要做到实战化,对案例的选择有要求。案件需要具有明显的争议点,使案件的双方无论是从事实上还是从法律上都有理可讲,一方当事人明显胜诉或者败诉的案件显然不宜作为模拟法庭案件采用;案件还需要有一定的难度。[①] 简言之,要求案件具有可辩性。模拟法庭注重的并非调查和辩论的结果,而是其过程。也就是说,要重视的是学生在调查和辩论过程中进行批判性思维的能力,即如何将批判性思维渗透到调查和辩论中。[②] 而有一定的难度的案件,才有可辩性,才能激发学生兴趣和求知欲望。

## 二、注重学生自主创新

刑事司法实务模拟课的实质是一种自主创新教育,体现其主体性特点,其成败主要体现在是否真正发挥了学生学习的主动性。现代教育要求革除传统教育的弊端,该弊端表现为:教学方法呆板,学生学习被动,死记硬背,普遍缺乏学习兴趣。[③] 而取代传统教育模式的创新教育的教育行为的变化包括:一是处处注意利用一切机会激发学生的好奇心和求知欲,激发学生的创造热情。二是学生不再仅仅是学习活动的接受者,而是学习活动的积极参与者。老师不能只扮演发号施令的角色,要成为学生学习活动的指导者,让学生真正有一个"亲自"思考问题的过程。三是教师要教会学生"像科学家那样思考问题"。四

---

[①] 陈学权:《模拟法庭实验课程建设基本问题研究》,载《黑龙江高教研究》2007年第11期。
[②] 湛念:《论模拟法庭教学中大学生批判性思维能力的培养》,载《中南林业科技大学学报(社会科学版)》2010年第6期。
[③] 游永恒:《创新教育的基本特征》,载《中国教育学刊》2000年第3期。

是教师注重学生的统一性变为尊重学生的多样性和差异性。五是教师不再是学生学习和行为的唯一评判者,还要尊重学生的自我评价和学生之间的相互评价。六是教师管理学生的方式应当充满民主的气氛。①

要发挥本门课学生的主动性和创造性,培养自主创新能力,要做好以下两个环节。

第一,要创造学生自主创新环境。"要使课堂教学高度自主,充满创新,教师和学生都必须具有自主创新意识,因而自主创新意识绝不是只针对学生。激发自主创新意识的落脚点在于使教学主体具有预期的心向,使教学主体积极主动地参与到课堂教学活动中去。"这就要求"教师引导学生参与课堂教学目标的制定,指导学生确定适合自己实际的具体的学习目标,进而使学生学会自己建构目标;设置课堂教学情境,指导学生明确情境中所蕴涵的问题,激发学生的探究欲望,满足学生的探究需求,激发学生的自信心;用鼓舞人心的话语激发学生的上进心,强化学生积极进取的心向,引导学生进行积极自我激励,使学生形成积极的自我意象"。② 模拟法庭实验并没有一个固定的结果,罪与非罪、此罪与彼罪,全靠控辩审三方同学在原有案卷基础上的准备工作和博弈,充分发挥自己扮演的角色职能,以求得最有利于己方的结果,并且评价标准是客观的。因此,实验课的学习目标是明确的,实验课本身也赋予了学生们较大的热情。教师的任务主要在于控制课堂教学情境,使学生感到自己是在真的"庭审"而不是"演戏"。要做到这一点,教师在庭审中要抑制随时指点的冲动,因为庭审过程具有连续性,教师的过多介入,会使庭审片段化,抑制其创造性的发挥。应对庭审全程录音录像,在庭审后可通过翻看录像对庭审进行点评。另外,基于控、辩、审三方的诉讼构造,三者能够相互监督和牵制,如果一方违规,他方可能提出异议,因而,许多违规行为可由学生自行化解而无须老师出面。

第二,通过考核方式的改进促进自主创新。模拟法庭实验课程由系列实验组成,在所有实验完毕后通过考试难以真实地反映学生在模拟法庭实验中的表现及能力,因此考试不宜作为模拟法庭实验教学的考核方式。模拟法庭实验课程没有设置专门的考试环节,对学生的考核重在其参与实验的过程,学生对每个实验的参与就等于参加考试;在所有的实验做完之后,每个学生再提交一份课程学习总结就意味着此门课程的学习和考试均已结束。

要使学生们积极表现自己而不存在侥幸心理,需构建科学的学生能力评价

---

① 游永恒:《创新教育的基本特征》,载《中国教育学刊》2000年第3期。
② 曹正善、赵先莘:《自主创新性课堂教学模式初探》,载《创新性教育论坛》2000年第5期。

体系，使考核具有公平性和全面性。学生能力评价体系是一个能综合反映学生能力的评价指标，评价指标应全面。本课程评价指标包括以下四个方面：（1）参加实务模拟的态度和纪律，比如团队精神、协作意识、对实验设施和道具的爱护意识；（2）法律基础知识的掌握情况，即学生在参与实务模拟的过程中表现出来的对法律专业知识的掌握情况；（3）庭审技能及其表现；（4）法律文书的制作及实验总结。在这个标准下，还需要细化分解，比如对庭审技能及其表现可从如下几方面考查：（1）程序是否合法，操作是否规范；（2）法律运用是否准确，说理是否透彻；（3）语言表达是否流畅、精彩；（4）临场的应变能力如何，是否有创新思维；（5）法律文书的写作能力如何。[①] 考核公平性表现在考核标准要事先告知学生，另外要排除教师考核的独断地位，让学生参与进来。一是让旁听学生评议。比如，法官组的一小组学生在参加庭审时，其他两小组学生都必须参加旁听，并且对庭审法官组的各位学生的表现打分评议。其好处在于，既可以促使旁听的学生积极思考，充分地参与模拟法庭审判中来，也便于学生之间相互学习和提高。二是学生自评。"自主评价"是促进自主创新评价中最基本也是最重要的评价方式。"所谓'自主评价'是以'自我发展'为主旨的评价，它要求评价者有主体意识，它是根据自己预先设定的目标、自己以往的状况、自己选定的比较对象进行多向度的评价。它是一种以发现自己的优势、获得成功经验、发展积极的自我意象为主的评价。"[②] 在模拟法庭审判完毕后，要求学生就庭前工作准备情况、庭上的表现、遇到的疑难问题进行自我总结，找出得失以及改进的方法等。三是教师点评。指导教师的点评放在庭审后进行，可以采取全面评价和个体评价等方式进行。教师的点评尤其重要，前车之覆，后车之鉴，后面一组同学在听了点评后在审理同一案件时大多能积极避免犯类似错误。正因为各小组同学审理的顺序和庭审表现密切相关，为公平起见，我们准备了三个案件。在第一个案件中，法官大组的三个小组的出场顺序是甲、乙、丙，即该案被甲、乙、丙小组各自审理一次；在第二个案件中，第一个案件的法官大组变成了检察官大组，其小组出场顺序变为乙、丙、甲；在第三个案件中，第一个案件的法官大组变成了律师大组，该大组中的小组出场顺序变为丙、甲、乙。在三个案件中，每位同学分别充当法官、检察官和律师，法官组老师只考核法官组表现，检察官老师只考核检察官组表现，律师组老师只考核律师组表现。这样，除了每位同学都能尽可能地习得不同诉讼角色之知识和

---

[①] 姚建涛、杜庆贵：《关于模拟法庭教学的若干问题》，载《湖南行政学院学报》2006年第3期。
[②] 曹正善、赵先苹：《自主创新性课堂教学模式初探》，载《创新性教育论坛》2000年第5期。

技能外,还使每位同学的考核具有公平性。先前,我们只安排了一个案件,结果,同学们反映三位老师的打分标准有差异,且出场在后的小组具有优势,因而认为考核不公平。

## 三、堵塞学生消极学习之漏洞

（一）控辩审三方角色在课程中权重总体平衡

刑事司法实务模拟课有法官、检察官和律师三方角色,分别承担审判、公诉和辩护职能。基于刑事诉讼法的规定和刑事司法实务的内在要求,三方角色的实际工作量相差很大。比如,法官组同学要做的工作比较多,要写阅卷笔录,制作《补充材料函》,制作案件受理通知书,送达起诉书副本,组织庭前会议,送达出庭通知书,制作庭审预案,组织庭审,制作判决书并送达。其间要制作的法律文书较多,且程序性工作必须严格规范,比如送达文书必须有送达回执等。而辩护律师的工作量相对较少,仅制作阅卷笔录,会见被告人,参加庭前会议和庭审,制作辩护词等,其工作程序和文书工作自由度比较大。这样,学习消极的同学就可能选择担任律师。另外,如果在学习中扮演一个单一的角色,也易让学生心生倦怠,积极性不高。

对此,我们安排审理三个案件,将学生分为三个大组,在三个案件中,三个大组的同学轮流担任法官、检察官和律师。并且本课程同时由三位老师指导,分别指导法官组、检察官组和律师组。这样,不仅每个教师的教学风格不同,办案经验各异,知识侧重点不同,能带给学生不同的思维方向,使学生保持新鲜感,而且使各大组的总体工作量大体相同。

（二）各职能角色分工均衡

在控辩审三种职能中,存在着不同的角色分工。比如,对法官组同学,分为审判长、审判员、书记员、法警这样几种不同的工作。审判长的职责是组织合议庭成员做好庭审准备工作,主持庭审,主持合议庭对案件进行评议,作出裁判。法警在法庭中的主要职责是负责警卫法庭,维持法庭纪律。由此,扮演审判长的同学其工作任务远多于扮演法警的同学。如何平衡不同工作的学生的工作量以充分发挥其学习积极性?

首先,不同分工随诉讼进程不同而不同。比如,对担任法警的同学,也仅仅是在庭审时担任法警,在庭审前的大量准备工作阶段,和其他审判员一样,也要阅卷作阅卷笔录,也要参加庭前会议,也要制作并送达文书。

其次,要求同学们在法官组、检察官组和律师组各自的组内分工中注重总体工作量的综合平衡。比如在法官组中担任审判长的同学,在检察官组可担任被害人,在辩护组可担任证人;在法官组中担任法警的同学,在检察官组可担任公诉人,在律师组可担任辩护人。

(三) 有效避免"大锅饭"现象

每一个审判庭,法官组、检察官组和律师组一般分别由 3 至 5 个人组成。在每一个小组里,相互协作的共同工作比较多。比如,法官庭前审查中,要制作对检察院、被告人、被害人的案件受理通知书,要制作补充材料函,要制作起诉书副本送达笔录,同时要制作送达回执。这些文书,没有必要每个同学都制作一份,这就存在一个分工问题。有些学习消极的同学就将事情推给其他同学做,有些表现积极的同学也愿意多做,有些不愿意多做的同学也碍于情面不好拒绝,特别是有些平时表现差的同学已经被打上学习不努力的标签,导致其他同学对其偷懒的行为也习以为常而持容忍态度。

对此的解决方案,一是将作业分为个人作业和共同作业两部分,个人作业必须各自完成,不得抄袭借用他人的成果,比如规范化量刑作业、阅卷笔录、个人总结,要作为个人作业分别评分。二是对共同作业部分,要求各组学生就分工情况向老师汇报,老师可视情况调整其分工。另外,在作业过程中,老师随堂监督,以杜绝出工不出力的现象。

(四) 避免盗用他人工作成果

由于教学需要,一般一个班级 30 至 45 人,在教学过程中分为法官、检察官、律师三个大组,每个大组 10 到 15 人。显然,一次庭审活动,不论法官、检察官还是律师都不需要这么多人。实际操作中的做法是,将这三个大组再细分为三个小组,比如,对法官组,再分成三个由 3 至 5 个人组成的合议庭,对同一案件,就会由三个不同的合议庭各自审理一次。对不同人数的班级,工作任务要灵活分配。比如,如果某次庭审的法官组只有三名同学,就可以在庭审中向其他两个组借用人员扮演一些分量较轻的角色,比如扮演法警、人民陪审员。但由于同时存在三个工作任务完全相同的小组,就存在着一些小组抄袭其他小组工作成果的可能。比如对制作打印程序性法律文书,有的组直接让其他组多打印一份以供自己使用。

对此的办法是加强监督,我们制作了一个《刑事司法实务模拟办案记录表》,该表中记录了每次课程中需要完成的内容,老师当场核验并做记录。

通过上述努力,学生对本门课程具有较高的评价。学生积极性调动起来后的效果也是惊人的。首先,学生热情高涨。学生为准备课程,在课外花费了大量的时间,而没有一个同学报怨。庭审中控辩双方充分发表意见,常常导致庭审时间延长,经常出现到了用餐时间庭审仍未完结的情形,同学们顾不上用餐也要坚持将庭审一次性完成。其次,学生们常常发掘出案件中的矛盾、不一致乃至漏洞,而这些问题,有的是由教师在涂改案件中的笔误或不小心造成的,更多的情形是先前并未为法官、检察官和律师注意到的问题。再次,庭审真正做到了控审分离、控辩平衡,充分保护控辩双方权益,使审理达到了一个法治社会的理想状态,而在司法实务中这种状态不能企及。

# 法学本科刑法学实务教学新探索
## ——刑事司法实务模拟教学探究

彭 华[①]

**摘　要**：法学本科刑法学教学有两个维度：一是深耕理论刑法与注释刑法教学；二是深耕法律实践教学。刑事司法实务模拟乃培养学生法律职业技能的实验实践课程，以刑事司法职业技能训练为导向，以仿真司法实践训练和仿真实景模拟训练为核心。刑事司法实务模拟为法学本科刑法学实务教学新探索，构建了独具专业特色的法律职业技能形成与训练的新模式。在我国法学教育第三次转型期，开办法学本科教育的院系宜持续推动"刑事司法实务模拟"课程实践。

**关键词**：法学本科；刑法学；实务教学；刑事司法实务模拟

## 一、法学本科刑法学之教学维度探析

我国法学人才培养已形成具有相当规模的教育体系。据调研，全国已有600余所院系开办法学本科教育，在校法学本科生总数业已超过40万人。[②] 但我国法学本科教育长期偏重通识教育，理论教学、课堂教学居于主导，在课程设置、教学内容、教材建设等方面均未能彰显法律职业教育的专业特色；甚至近年来出现"重培养数量扩张，轻培养质量提升"，"重法律知识传授，轻法律技能培训"等诸多问题，造成人才培养较难适应社会需要，法学专业就业率低的困境。足见当前法学本科教育中最突出的问题是缺少法律职业教育，法学教

---

① 彭华，法学硕士，四川师范大学法学院讲师。
② 薛刚凌：《反思中国法学人才培养的质量和目标》，载《光明日报》2013年7月13日版。

育与法律职业脱离，① 法学教育的供给与社会生活对法律职业的需求极不对称。在此背景下，理当深刻反思我国法学本科教育的正确定位与人才培养的目标厘定。事实上，我国法学教育界已产生初步共识：法学教育应实现以"从强调法学素养的提高转向于法律职业教育"为主线的第三次转型。② 根本而言，法学本科人才培养的直接目标是培养具有高度专业化的法律素养和法律职业能力的专门人才；在保留法学本科教育传统模式之优势的基础上赋予并增强法学本科教育中法律职业教育的内在属性。

从对我国法学本科教育实际情况的宏观考量出发，法学本科刑法学教学具有密切联系、不可偏废的两个维度，并应分别扎根这两个维度开展深度教学实践。其中一个维度是深耕理论刑法与注释刑法教学，通过课堂教学形成法学专业必备的法律理性。刑法学按研究对象的不同意义可分为三个类别：一是研究实在法条文的注释刑法学；二是为注释学说提供概念、原理及方法的概念刑法学；三是注目刑法基本理论问题的理论刑法学。③ 基于刑法学研究的三个不同视角以及刑法学自身特有的知识体系、概念范畴与理论逻辑，刑法学教学首要的是阐明刑事法基本理论，实现刑法学基本概念科学化、基本知识明确化、基本原理系统化，夯实学科理论基础；其次以注释为重、注重应用，即用注释的方法阐明刑法条文本身的内涵以及刑法条文的规范价值与立法意义，使学生具备正确应用刑法为具体事案贴上"标签"的能力。法学本科刑法学教学的另一个维度是深耕法律实践教学，通过实务教学形成法律职业必需的实践理性。但刑法学教学"重知识灌输轻法律实务"的传统模式在培养学生的实践理性方面是不具备相当条件的，这就为法学本科刑法学教学明确了改革导向。即在巩固刑法学课堂教学传统优势的同时，创新刑法学实务教学，实现法学教育与法律职业的无缝对接，推进法学本科教育与司法实践的高度契合。

## 二、刑事司法实务模拟教学概况暨课程设置

我国法学本科教育立足当前加快法治国家建设亟待法学本科人才培养为其提供强有力的智力支持与人才保障的新形势，应高度重视法律职业教育；实现转型，以创新实践教学活动培养学生较强的法律职业技能，满足司法实践，适应社会生活对法学本科生的基本职业能力要求。在恰当的学科定位和科学教育

---

① 鲁琴：《我国法学教育的历史、现状与展望》，载《西南政法大学学报》2012年第8期。
② 易继明：《中国法学教育的三次转型》，载《环球法律评论》2011年第3期。
③ 冯亚东：《罪与刑的探索之道》，中国检察出版社2005年版，第232页。

理念指引下,微观至刑法学教学,刑事司法实务模拟课程的开设是法学本科刑法学实务教学新探索,且是刑法学课堂教学的后续必要延伸。①概论之,刑事司法实务模拟的课程性质是法律职业技能课程,其课程目标是通过高仿真的系统化、立体化训练,使学生掌握一定的刑事司法职业技能,具备法律职业道德,形成法律职业责任感。它与刑事案例分析等传统刑事法理论实践课程的最大不同在于:刑事司法实务模拟乃实验实践课程,以刑事司法职业技能训练为导向,兼顾法律职业道德与职业伦理教育;刑事司法实务模拟以"双仿"训练为核心,即以仿真司法实践训练和仿真实景模拟训练为核心,构建独具专业特色的法律职业技能形成与训练的新模式。

(一)课程设计

刑事司法实务模拟需要学生先行完成相应的法学专业知识积累,尤其是刑事法相关知识积累,可谓向上承接本科刑法学、刑事诉讼法学、刑事案例分析等前置预备课程,故刑事司法实务模拟仅针对大三同学开设,安排在本科第三学年的第二学期进行选修;向下衔接了法科学生的专业实习,使人才培养与专业实习直接对口衔接。既满足了实习单位对实习学生的实践技能要求,又使学生的法律职业技能在紧随其后的实务活动中得以巩固、提升。各项实务教学活动紧贴实践,出于实务教学保持应有连续性、完整性、纯粹性的需要,该课程设置为12个教学周,每周安排连续的4学时教学,共计48学时。教学时间看似充裕,实则各教学环节的任务安排非常紧凑且不容拖沓。为让学生全方位演练实务活动的各个重要环节,一般安排三个真实的刑事案件为素材进行实务模拟。案件来源为不涉及国家秘密和个人隐私的、司法机关已经结案的案件。每个遴选出的供教学使用的真实案件都具有典型代表性、一定的争议性,案件卷宗材料相对完整,并保持卷宗材料的原始性。除对案件当事人、办案人员的身份信息和承办机关的名称略做改动外,对涉及案件事实认定的内容不做任何修改,确保每个案件的办案过程被1:1真实还原。

(二)教学模式

刑事司法实务模拟有典型的"学徒式"培养特点。采用小班教学,每班限定30人选课,以保证每名学生有同等参与实务模拟的机会;授课教师为3名,教师分别担任三个不同角色:检察官、法官、律师,在其职业角色限定的业务

---

① 四川师范大学法学院(文中简称我院)重视法学本科教学的实践性改革,已形成实践性教学改革的总体思路和具体方略,并率先于2011年在2008级法学专业本科生中开设选修课"刑事司法实务模拟",开始践行并持续推广以法律职业技能训练与职业素质培养为中心的实务教学。

范畴内分别同时"带组"教学。刑事司法实务模拟的教学模式包括两个部分:一是前期的法律职业技能培训,为期3周,对应刑事司法实务技能的形成期。以教师的系统性讲授为主,以全班学生为统一授课对象,内容涉及检察实务、审判实务与辩护实务,要求学生掌握办案程序和要点。二是后期的法律职业技能实践,为期9周,对应刑事司法实务技能的训练期与演练期。以实务模拟、学生演练为主,要求学生掌握基本的实用性操作技能。授课教师的职业角色恒定,不予轮换,采用学生单方面轮换方式;学生分为3组,每组10名学生又被分为平行的3个小组,每小组都要在三组职业角色(即检察官组、法官组、律师组)间按照顺序全部轮换一次,让每名学生轮流接受3名教师的"一对一"亲历指导;在课时安排上,每3周为一轮,分成三轮,每轮完成一个刑事案件的模拟训练。课程共完成三个刑事案件的模拟训练,该模拟训练过程为仿真司法实践训练;每个案件以模拟庭审完成视为训练结束标志,该模拟庭审为仿真实景模拟训练,囊括庭审场景仿真、庭审过程仿真、庭审参与者角色仿真。尤为称道的是,模拟法庭里的法庭设施以及参与庭审的法律职业人的着装几乎都是真实的,能完全1∶1再现法庭审理的真实氛围。

(三)教学实施

刑事司法实务模拟的教学实施划为两个必经阶段:一是刑事司法实务技能的形成期;二是刑事司法实务技能的训练期与演练期。教学安排方面,先由任课教师主要采用讲授法对学生进行刑事司法实务技能的体系化集中传授;后由学生自主办案、参加各项具体教学实验,并完成刑事案件仿真实景模拟庭审的演练。教师全程随同辅导,对学生进行刑事司法实务技能的专项训练,督促实务活动正确、合法、有序施行;及时指出学生表现优劣之处,纠正学生操作错误之处,随时解答学生疑问,从而给予学生与教师面对面交流的各种可能与充沛动力。此外,由于刑事司法实务模拟重视法律职业技能培训教学和各项仿真刑事司法实践训练,该课程自然呈现"过程大于结果"的鲜活特色。课程进程强调刑事法律知识(含刑事实体法知识与程序法知识)、法律职业能力的综合运用,法律职业道德与职业伦理教育贯穿课程始终。所以,该课程的考核评价摒弃了以期末考试为主的"重结果"式成绩评定方式,而采取以学生参与课程各个教学环节的表现作为基本依据来评定学生成绩的"重过程"式成绩评定方式。①

(四) 实验内容

刑事司法实务模拟的实验内容全面涵盖检察实务模拟、审判实务模拟、辩护实务模拟。主要有：(1) 检察实务模拟之一是审查起诉实务模拟，包含阅卷实验、讯问犯罪嫌疑人实验、起诉书制作实验等；之二是出庭支持公诉实务模拟，包含出庭预案制作实验、量刑建议书制作实验、公诉人出庭实验等。学生在上述实验过程中需完成阅卷笔录、讯问笔录、起诉书、出庭预案、量刑建议书等文书材料的制作。(2) 审判实务模拟之一是定罪量刑实验；之二是对公诉案件的庭前审查实务模拟，包括庭前审查实验、阅卷实验；之三是庭前准备实务模拟，包括开庭通知送达实验、庭前会议实验、拟定庭审提纲实验等；之四是庭审主持实务模拟，包括庭审主持实验、法官礼仪实验、庭审笔录实验、合议庭评议实验等。学生在上述实验过程中需完成送达回证、庭前会议笔录、庭审笔录、合议庭评议笔录、判决书等诸多文书材料的制作。(3) 辩护实务模拟之一是接受委托担任犯罪嫌疑人的辩护人，涵盖接受委托实验，查阅、复制案卷资料实验，会见在押犯罪嫌疑人实验等；之二是担任案件审理阶段被告人的辩护人。学生在上述实验过程中需完成委托书、阅卷笔录、会见笔录、辩护词的制作。各小组学生制作的所有文书材料待全部实验完成后将依序统一装订、汇编成册，再行卷宗归档，作为该课程的全真实验记录留存；同时，使用同步录音录像设备摄录、保存模拟庭审的影像资料，供学生、教师总结点评和日后教学观摩使用。可见，刑事司法实务模拟课程的实质是通过教师、学生分组，学生单方面轮换的方式，先让学生"上岗"，再通过担任不同职业角色的高仿真实验，培训学生"上手"。

## 三、刑事司法实务模拟的教学反馈与发展前瞻

我院近些年在法学本科生中持续大力推行刑事司法实务模拟的实务教学，其实施成效达到了提高法学本科培养质量和效益的"双赢"。在该课程每次教学

---

① 刑事司法实务模拟的成绩评定采取实验过程考核的形式，采用百分制，由以下部分构成：司法文书、相关文书材料的制作和参与各项实验的表现占45%（其中，小组文书材料的制作与参与实验表现占15%，个人文书材料的制作与参与实验表现占30%）、庭审表现占45%（其中，小组庭审表现占15%，个人庭审表现占30%）、考勤占10%（含学生完成各项实验的工作态度和服从职业纪律、遵循职业道德情况的评价）。

结束后,任课教师持续向每届参加课程实验的学生了解他们的学习感受和征求课程改进意见。通过调研、分析发现,几乎所有学生都认为刑事司法实务模拟课程的开设具有必要性和创新性,既激活了他们的学习主动性,又激发了他们的学习兴趣。刑事司法实务模拟之实务教学的成功性集中体现在:(1)课程开设具有充分必要性。课程对刑事案件办案过程的全程、全真模拟,不仅可以塑造学生处理具体事案时"像法律职业人那样思考"的法律思维能力,又可以让学生在实验实训环节形成法律实践技能,还能深化法律职业素养的学习,使学生具有法律职场所需的工作能力和沟通论辩技巧。(2)课程内容展现高度仿真性,堪称"1∶1还原"。课程内容由一系列仿真性实验有机组合而成,除了实验材料的真实性,实验角色还有对抗性。表现了控、辩、审三方利益的对抗性和检察官、法官、律师等法律职业人角色的真实性,加上模拟庭审实验场景的逼真性,使学生深切感知法律职业人的角色定位,体察法律职业人的职业责任感。(3)课程教学方式的立体互动性。课程教学摆脱了"经院模式",彻底消除了"老师讲、学生听"的"满堂灌"式教学方式的弊端,学生不再置于"乘客席"上。① 恰恰相反,刑事司法实务模拟以学生为主体,要求学生全情投入,独立自主地完成各教学环节的工作任务;教师为辅,只作为教学活动的组织者、实验活动的引导者。课程所实行的学生分组轮换方式,强化了学生所在团队的合作意识,也是对学生的法律职业人角色所必需的沟通、协调能力的有效锻炼。特别是模拟庭审实验没有规定标准、固定结果,只有客观评价标准。被告人的罪与非罪、此罪与彼罪、罪重与罪轻,全凭学生庭前准备工作的积淀以及控、辩、审三方庭审时的博弈表现产生结局。这迫使学生积极主动地发挥其法律职业角色的职能,学生办案热情高涨,急切寻求教师的业务指导,课程因此形成全方位的"立体式""互动式"教学模式。

为培养和提高法学本科生的实践能力,法学本科教育在课程设置层面还有其他可以选择的方式。但经过刑事司法实务模拟的教学体验,笔者认为该课程相较刑事案例分析、法律诊所、专业实习具有不可替代的显著优势。其一,刑事案例分析单纯采用案例来阐释某个刑法原理或刑法规范的方式与真实的刑事司法实践有很大差别,学生难以借此形成法律职业技能。其二,法律诊所教育中学生的参与度有较难克服的、客观存在的现实问题。在校学生一般未取得律师资格,这一身份特点决定了参与法律诊所的学生在办理刑事案件时会遭遇较大阻力和困难。其三,专业实习大都临近毕业季,学生的重视度不够,普遍将

---

① 马民革:《法学人才培养与刑法教学方法》,载《国际关系学院学报》2006年第4期。

专业实习作为顺利毕业的一门"必修课",导致专业实习大多流于形式。当然,刑事司法实务模拟处于中期教学探索中,取得宝贵经验的同时尚有推广成果、促进其发展的待完善之处:第一,宜将刑事司法实务模拟由选修课调整为必修课,深化刑事司法实务模拟的教学实践,扩大刑事司法职业技能培养的受益面。第二,遴选供模拟训练的刑事案件时,应综合考虑不同刑事案件的训练侧重点,求取案件"全面性"与"典型性"的平衡,力求模拟训练产生全面收益。做到所选择的真实案件中既有单独犯罪案件又有共同犯罪案件,既有适用普通程序审理的案件又有简易程序适用的案件。第三,细化实验项目。根据教学反馈,今后教学中进一步细化实验项目内容,详尽拟定每项实验的训练、考评指标,形成大型实验项目嵌套小型实验项目的合理设置格局,增强训练的科学性。第四,缺乏切合实际需求的统编教材。面对教材和参考资料匮乏,着力促使任课教师认真备课,写作高质量的详细教案,适时编撰出刑事司法实务模拟专用教材,使依托刑事司法实务模拟课程进行的"双仿"训练卓有成效。

综上所言,刑事司法实务模拟克服了刑事案例分析、法律诊所、专业实习在刑事司法实务教学方面的不足,依托其独特的刑事司法职业技能的"双仿"训练开创了法学本科刑法学教学改革的又一亮点。在我国法学教育的第三次转型期,开办法学本科教育的院系宜认可开设刑事司法实务模拟的必要性,并持续推动"刑事司法实务模拟"课程实践,强化法学本科教育之法律职业教育的专业特色,为法学本科生架设起从法学课堂到法律职场、"上岗又上手"的畅通无阻的连接通道。

# 法学本科民事非诉讼法律实务能力培养模式探索

刘 洲①

**摘 要**：当前的法律实践教学总体比较偏重诉讼实务能力训练，而对非诉讼实务能力培养关注不够。我们通过连续六年在法学本科七个年级的学生中推行民事非诉讼实务模拟教学，已经初步摸索出在法科学生中进行民事非诉讼实务模拟教学的基本规律，构建起适合于培养法科学生民事非诉讼实务能力的基本模式，在教学实践中取得了良好的成效。该模式对于培养学生实践能力，改变其传统的思维模式，创新法学专业毕业生对于现实案例的思辨与处理能力都具有重要作用。

**关键词**：法学教育；法律职业；实践教学；实务模拟；非诉讼业务

## 一、背景

由于受传统法学教育影响，很多学校都高度重视关于法学理论和法律制度的讲解，而在法律实务能力培养方面则重视不够，这必然导致法科学生缺乏法律职业所必需的实务能力。为解决"法学专业就业率低下与高素质法治人才之间的矛盾"，② 不少学校已经通过开设模拟法庭、法律诊所等方式来加强法律实践教学。总体来看，当前的法律实践教学更侧重于对学生诉讼实务能力的训练，而较少关注学生处理非诉讼实务的能力。然而，对于一个合格的法律人来讲，处理诉讼实务和非诉讼实务的能力缺一不可。③ 正因为如此，有学者指出："我

---

① 刘洲，法学博士，四川师范大学法学院副教授、经济法教研室主任。
② 薛靖超：《法学专业学生实践能力培养研究》，载《教学探索》2015年第4期。
③ 事实上，诸如法律咨询、律师见证、尽职调查、合同审查、出具法律意见书、参与谈判、为公司并购改制提供法律服务等非诉讼业务早已成为当今法律人所必须掌握的基本功。

国庞大的法学教育应对如火如荼的非诉法律业务有所反应,这不但是对市场力量的尊重,更是对法律职业本来含义的复归。"①

有鉴于此,四川师范大学法学院从2009级开始先后启动本科实践性教学改革和"卓越法律人才"建设项目,而开设"民事非诉讼实务模拟"课程即为其中的一项重要内容。2013年春季,我院在2009级(大四)学生中进行了"民事非诉讼实务模拟"课程的第一次教学试点。五年中,我们先后在2009级—2015级共五个年级的法学本科生中进行了本课程的教学。在学院、教务处的大力支持、团队老师的精诚合作和全体学生的认真配合下,经过几年教学实践,我们目前已建立起一套比较成熟的民事非诉讼法律实务模拟教学模式(以下简称本模式)。

## 二、教学模式的基本框架

如前所述,传统法学教育普遍存在重理论轻实践的缺陷,而现有的法律实践教学则更为偏重诉讼实务能力训练,而在非诉讼实务能力培养上存在不足,进而导致法学院系毕业生无法适应经济社会发展对法律人才的现实需要。本模式的推行,旨在通过推行非诉讼实务模拟教学,找到法学本科民事非诉讼实务模拟教学的基本规律,从而构建起适用于法科学生民事非诉讼实务模拟教学的基本模式。本教学模式主要包括以下几方面内容。

(一)教学团队的组建

为有效推行民事非诉讼实务模拟教学,我们精心组建了教学团队。该团队包括课程教学和教材编写两个子团队,其中课程教学团队由经济法教研室三位老师组成,教材编写团队则由前三位老师和该教研室另外一位老师组成(见表1)。

表1 教学团队组成人员

| 教学团队 | | | | | |
| --- | --- | --- | --- | --- | --- |
| 成员 | 职称 | 学历 | 律师 | 教学年限 | 实务年限 |
| 成员1 | 副教授 | 博士 | 兼职律师 | 10年以上 | 10年以上 |
| 成员2 | 副教授 | 博士 | 兼职律师 | 10年以上 | 10年以上 |

---

① 李政辉:《论非诉法律职业技能》,载《中国大学教学》2015年第1期。

续表1

| 教学团队 | | | | | |
|---|---|---|---|---|---|
| 成员3 | 副教授 | 硕士 | 兼职律师 | 10年以上 | 10年以上 |
| 成员4 | 讲师 | 博士 | 兼职律师 | 10年以上 | 10年以上 |

本教学团队具有高职称、高学历、教学与实务经验丰富的特点：团队成员均为法学院中长期从事民商法、经济法教学科研的一线老师，先后承担《商法》《经济法》《合同法》《劳动法》《房地产法》《证券法》《票据法》等多门课程的教学，具有至少十年以上的教学经验。同时，四位教师均为兼职律师，长期从事民商事法律实务，都曾经或正在担任企业（政府）法律顾问，在公司管理与合同审查、投资与并购、房地产开发与工程建设、企业改制、资产处置等非诉讼法律业务方面具有至少十年以上的实践经验。

（二）教学对象的限定

考虑到民事非诉讼实务对于学生法律专业知识和综合能力要求较高，我们将教学对象设定在法学本科高年级学生。

按照《四川师范大学法学本科教学计划（2009）》，本课程面向学院所有本科四年级下期的学生开设。在课程开设第一年，教学试点范围仅限定为1个教学班。所有学生均可申请选修该课程，但最终规模控制在30人，以学校选课系统确认的学生名单为限。限制学生数量规模主要基于两方面考虑：一是此课程系初次开设，缺乏经验，不宜大面积铺开；二是此课程教学过程中授课教师的任务较重（1个教学班级需要配备3名教师），规模过大会带来较大的教学师资压力。

第一年教学结束后，学生们普遍反馈开设本课程极有必要，选课人数限制过于严格则无法满足学生的实际需要；同时，三位授课教师经过前期教学实践也基本上掌握了本课程的教学规律，无须为每一个教学班级同时配置三名教师。因此，从第二年的教学开始，我们不再设定每个教学班级的人数上限，同时改为一个教学班级配置一名授课教师。

需要指出的是，经过前两年的教学实践，我们发现将课程开设在大四下期存在的问题，因此在2013年修订的教学计划中，我们将教学对象调整为本科三年级下期的学生（原因详见本文第四部分），这种调整延续至今。

（三）教学场景的设定

法律实务中的民事非诉讼业务并不限于律师领域，考虑到实践中民事非诉讼业务主要表现出"以企业为服务对象、以律师为服务主体"的特点，同时律师行业也是目前法科学生的主要就业领域，因此我们将本课程的基本教学场景设定为律师企业法律事务。具体而言，本课程包括多个模拟教学项目，每一个项目分别模拟一个真实的企业法律事务场景，而学生则根据自愿原则，分别组建数个2—4人的律师团队，以团队的方式来为相关单位提供非诉讼法律服务。应当说，这种设定符合当前中国律师办理民事非诉讼业务的现实。

（四）教学内容的确定

由于市场经济中企业所面临的民商法律事务极为复杂，因此律师所提供的非诉讼服务类型也显得多元。总体而言，律师民事非诉讼业务大致可分为三大类：（1）基础技能类，包括日常法律及政策咨询、法律文件起草、商业谈判、合同审查、律师见证、律师声明、尽职调查、撰写备忘录、出具法律意见书等；（2）专项技能类，包括公司治理及合规咨询、劳动合同管理、知识产权法律事务、房地产开发与建设专项法律服务等；（3）高端技能类，包括但不限于企业改制、收购重组、破产清算、上市融资、房地产开发及项目转让、基础设施建设、建设工程及政府采购招投标、企业重大资产处置、连锁经营、金融债权或资产包转让、银行贷款审查、商标专利申请、转让与许可使用、股票债券发行、股权激励机制设计等。

本课程教学不可能涵盖上述所有业务领域。结合本课程的教学目的、教学资源和学生情况等因素，我们选择了以下非诉讼业务作为第一年课程的模拟项目：（1）常年法律顾问竞聘（制作比选文件）；（2）股权转让（备忘录、尽职调查报告）；（3）劳动合同管理与审查（法律意见书）；（4）商事合同审查（法律意见书）；（5）股权激励方案审查（参与制定方案，法律意见书）；（6）不良资产处置（参与制定方案，法律意见书）。此后每一年，我们都对模拟教学项目进行适当调整；在保证教学项目一致性的前提下，各位授课教师也可以对选用具体案件材料作适度调整。经过几年的教学实践，目前我院本课程教学模拟项目的范围已基本固定（见表2）。

表2　民事非诉讼法律实务教学项目

| 序号 | 项目名称 | 每组人数 |
| --- | --- | --- |
| 项目1 | 股权转让尽职调查 | 2—4 |
| 项目2 | 对顾问单位法律培训 | 2—4 |
| 项目3 | 商事合同审查 | 2—4 |

续表2

| 序号 | 项目名称 | 每组人数 |
|---|---|---|
| 项目4 | 劳动合同审查 | 2—4 |
| 项目5 | 章程制定法律服务 | 2—4 |
| 项目6 | 常规业务法律风险评估 | 2—4 |
| 项目7 | 专项业务法律风险评估 | 2—4 |

需要特别指出的是,在教学过程中所模拟的每一个企业法律事务都是真实的,相关材料均由授课教师根据各项目的教学要求和学生的实际情况来提供。由于有些材料涉及相关企业的商业秘密,因此我们在向学生提供相关资料时通常对材料所涉及的当事人姓名、企业名称和时间等信息进行了修改,同时我们也要求每一位参与本课程的学生签订"保密承诺书"。

(五)教学过程的安排

民事非诉讼实务模拟课程教学由三大板块组成,其中第一板块为民事非诉讼业务与基本技能概述,由授课老师介绍本课程基本情况和教学要求,并讲授民事非诉讼业务概况和基本技能;第二板块民事非诉讼业务模拟训练是本课程的重心,分别完成7—9个民事非诉讼模拟教学项目;第三板块则是期末考试,内容是完成一次民事非诉讼大型作业(见表3)。

表3 教学过程安排

| 板块 | 第一板块 | 第二板块 | 第三板块 |
|---|---|---|---|
| 教学名称 | 民事非诉讼业务与基本技能概述 | 民事非诉讼业务模拟训练 | 民事非诉讼大型作业 |
| 教学用时 | 2学时(09版计划)<br>6学时(13版计划) | 28学时<br>40学时 | 2学时 |
| 备注 |  | 完成7—9个模拟项目(一般项目4学时,大型项目8学时)<br>每个项目均包括集中讲授和实务模拟两个环节 | 期末考试 |

考虑到非诉讼业务对从业人员知识结构要求很高,而我们的学生缺乏处理相关业务所需要的专业知识,同时也普遍缺乏处理此类业务的经验,为保证教学的效果,我们并未直接让学生开始模拟操作,而是将每一个模拟教学项目均划分为教师集中讲授和实务模拟两个环节来完成。需要说明的是,在本期教学

过程中，集中讲授和实务模拟是分两次课完成的，这意味着从布置任务到学生提交作业，中间有一个星期的时间。

在集中讲授环节，老师的教学任务主要有两个方面的内容：一是对相关业务的总体介绍，重点是该业务的目的和特点、基本流程、律师在该项业务中应当注意的事项等。以商事合同审查为例，老师要对商事合同审查的特点、基本流程、法律意见书的格式、撰写技巧和注意事项等问题做详细地介绍，使学生对该项业务有一个总体认识。二是对本次模拟项目的说明。在下发给学生相关实验材料的基础上，由教师对本次非诉讼业务的内容和要求进行说明，重点是让每一个律师团队的学生明确企业对其团队的具体要求是什么，以及律师团队在本次非诉讼业务中应当完成的任务是什么。

在实务模拟阶段，我们要求学生以律师团队的方式提交制作完成PPT，并且由各团队分别上台报告各自团队完成的工作，同时各律师团队还应当提交相关的法律文书（如比选文件、尽职调查报告、法律意见书）。

在团队报告阶段，我们要求各律师团队确定其中1名成员作为主报告人，其余成员作补充，每一个团队报告时间控制在10－15分钟；在陈述完毕后，教师以企业管理者的身份，针对学生报告及相关法律文书中的问题向同学提问，由报告团队回答；其他团队同学也可以针对报告团队提问，由报告团队作答。

在团队报告结束后，教师则根据各团队的报告、答辩及法律文书的完成情况进行现场点评，重点是针对各团队在报告、答辩过程中存在的问题、法律文书制作中存在的缺陷及其改进方法予以评述，同时对本环节中表现优异的团队和同学进行评选。最后，由授课教师根据各律师团队在陈述答辩过程中的表现和法律文书制作情况予以打分（计入平时成绩）。

（六）考核方式的确定

由于民事非诉讼实务模拟课程系实验课程，对学生的考察主要通过平时参与各次非诉讼实务模拟项目来完成，因此我们认为，考核方式应当体现实验课程的特点。

教学团队讨论后，经学院领导同意，报学校教务处批准，最终将本次课程的考核方式确定如下：本课程考核总成绩由平时成绩（80%）和期末成绩（20%）两部分组成。平时成绩以考勤情况、课堂表现、现场表现以及法律文书完成情况等为考评依据，每一次模拟项目分别打分；期末成绩为一次大型民事非诉讼实务法律文书现场制作的成绩。

## 三、教学模式的实施情况

根据 2009 版本科教学计划，我院从 2012－2013 学年第二学期开始在 2009 级法学本科（大四）学生中试点开展"民事非诉讼实务模拟"课程的教学试点。考虑到初次开设本课程缺乏经验，我们将选课人数限制在 30 人。从 2010 级开始，我们不再设定人数限制，此后选课学生人数有了大幅度增加，同时从 2013 级开始，由于教学计划更新，课程学时也相应增加（见表4）。

表4 民事非诉讼实务模拟教学实施情况表

| 序号 | 教学年级 | 开课时间 | 开课学期 | 课程学时 | 选课人数 | 备注 |
| --- | --- | --- | --- | --- | --- | --- |
| 1 | 2009级 | 2012－2013学年第二学期 | 大四（下） | 32 | 30 | 2009版教学计划 |
| 2 | 2010级 | 2013－2014学年第二学期 | 大四（下） | 32 | 189 | 2009版教学计划 |
| 3 | 2011级 | 2014－2015学年第二学期 | 大四（下） | 32 | 212 | 2009版教学计划 |
| 4 | 2012级 | 2015－2016学年第二学期 | 大四（下） | 32 | 155 | 2009版教学计划 |
| 5 | 2013级 | 2015－2016学年第二学期 | 大三（下） | 48 | 150 | 2013版教学计划 |
| 6 | 2014级 | 2016－2017学年第二学期 | 大三（下） | 48 | 180 | 2013版教学计划 |
| 7 | 2015级 | 2016－2017学年第二学期 | 大三（下） | 48 | 200 | 2013版教学计划 |

民事非诉讼法律实务模拟教学从 2013 年推行至今已有五年，先后有 7 个法学本科年级一千余名学生参与了本课程。为了解并评估本项目实施的效果，本教学团队坚持在每年度对本课程教学进行总结，同时先后于 2013 年和 2016 年在部分授课班级中开展了问卷调查。总体来看，我院近年来的民事非诉讼法律实务模拟教学取得了不少的成绩，基本探索出一条适应于法学本科民事非诉讼实务能力的培养规律，该教学模式已经成型。

（一）拓展了法律实践教学领域，提升了学生的职业技能

针对我国目前大学法学教育普遍存在的理论和实践脱节、知识和能力脱钩、

学校和社会脱离的教学方式，实务模拟课程的引入的确有助于培养学生的法律实践能力。当前的法律实践教学主要侧重于诉讼能力培养，而在非诉讼能力方面比较薄弱。我院推行的民事非诉讼实务模拟教学，使学生处理非诉讼实务方面的能力受到了系统的训练，这就极大地拓展了法律实践教学的领域，使学生法律职业能力得到了更为全面的培养。该教学模式有助于补齐当前法学教学在实践教学（特别是非诉讼实践教学）方面的短板，有效提升学生法律职业能力，明显缩短学生毕业后融入法律实务工作的过渡期。

（二）实现了高度贴近实战、师生充分互动式教学

相比于传统教学模式，民事非诉讼法律实务模拟课程极大地增强了教学的互动性。该课程的教学目的是从律师实务出发，有针对性地培养学生处理非诉讼业务的职业能力、法律职业伦理和团队合作精神。在教学过程中，教师既是引导者，也是参与者；学生既要完成客户要求的任务，也要主动发现问题，寻求问题的解决方案。学生必须通过阅读案件材料、集体讨论、分工协作的方式来完成每一次平时作业。此种教学模式具有极强的互动性。通过民事非诉讼法律事务模拟实现了理论和实践的密切结合，对于提升学生的职业能力具有重要意义。

（三）建设民事非诉讼实务模拟教学指导资源

为有效推动民事非诉讼实务模拟教学，本教学团队精诚合作，经过几年来的不懈努力，初步构建起一套包括配套教材、实验指南和案例数据库在内的指导资源体系。

缺乏参考资料可供借鉴是我们在本课程开设初期就发现的突出问题，在教学过程中有不少学生也向我们反馈该问题。考虑到我国目前法律实践性教学尚处于探索之中，现有的教材很少，同时也不够成熟和完善，我们决定自主编写一本适应民事非诉讼实务模拟教学的配套教材，该教材获得了四川师范大学教师教学能力提升计划"校级规划教材"2013年度立项项目资助。2015年，我们编写的《民事非诉讼法律实务模拟教程》已由四川大学出版社出版发行。该教材不仅可以直接应用于民事非诉讼实务模拟课程教学，而且可以为其他学校开设相关课程提供参考。在教学过程中，我们为每一个模拟教学项目均编写了较为详细的实验指南（即项目要求书），说明本次项目的背景、内容、步骤、要求等情况，为教师和同学提供明确的操作指引。同时，本课程所模拟的每一个项目的材料均由三位授课教师精心选择（真实案件材料），每一期授课之后都会作一定数量的调整，目前已经积累了数十个案例数据，这些案例数据已经纳入我

院法律数据库，并处于不断丰富和完善之中。

（四）获得了学校和上级主管部门的肯定

2015 年，本教学团队将教学过程中的感受予以总结和提炼，在此基础上撰写而成的"民事非诉讼法律实务模拟教学案例"被评为四川师范大学 2015 年本科教学改革优秀案例。2016 年，法学院申报的"卓越法律人才职业能力模拟教学'一体四翼'资源体系构建"，获四川师范大学校级教学成果一等奖，2018 年获得四川省第八届高等教育教学成果奖（二等奖）。民事非诉讼实务模拟教学正是前述获奖教学成果的重要组成部分。这是学校对我院推行包括民事非诉讼实务在内的模拟教学的肯定与认可。

（五）教学范围和教学层次不断拓展和提升

鉴于我院民事非诉讼实务模拟教学的实施效果较好，同时考虑到法律硕士研究生教学的实际需要，我院已于 2015 年开始将本教学模式引入法律硕士培养方案之中，迄今已在两届法律硕士班中推行，取得了很好的效果。这意味着民事非诉讼实务模拟教学正朝着更高更广的平台上迈进。

## 四、教学模式存在的问题及完善

在教学结束后，为了解学生对本次教学过程的看法，我们分别于 2013 年和 2016 年开展了两次调查问卷。调查问卷涉及以下问题：开设本门课程的必要性、同学在本课程中自己有无收获、实验项目选择的评价、对学生本人和老师表现的评价、对同学参与情况的评价、对本次课程的总体评价、对本课程开设时间的评价以及改进建议等十个方面。在参与该课程的学生中，第一次试点收回有效问卷 27 份，第二次试点收回有效问卷 62 份。

（一）调研发现的问题

通过学生反馈回来的信息，我们发现，对于开设课程的必要性来说，几乎所有学生都认为开设这样的实务模拟课让学生接触实践是非常有必要的，在课程学习中，有超过 90% 的同学认为自己收获很大，还有 10% 的同学也感到有收获，但是认为这样的实务模拟虽然有收获但对自己适用于实践的过程仍存在一定的难度。经两次问卷调查显示本次教学试点工作的总体效果较好。同时两次问卷调查也反映出了一些问题：

1. 不少同学表示大四忙于毕业，很多时间都投入找工作等，面对学校的教学难以倾注更多精力，希望将课程的开设时间稍做更改，安排在其他学期。

2. 在课程参与情况方面，很多同学反应无论是在集中讲授阶段还是实务模拟阶段都存在一个问题，就是部分同学积极参与，其余同学参与不够积极，这就导致课程的效果是对部分同学较为有效，很多同学在课程中错失了学习的机会，这也是目前我们需要改进的一点，通过完善课程教育提高课程的参与度。

3. 对于目前在课堂模拟的案例，同学认为部分案例过于复杂，对于目前本科学生来说有点难，所以在学习过程中会遇到很多困惑。

（二）完善教学模式的对策

对于在教学过程中存在的问题，我们已经或将要采取如下改进措施：

1. 调整开设时间

不少同学反映，本课程开设在大四下期必然会和同学们的毕业实习、考研复试、求职等事务发生冲突。同时，民事非诉讼实务模拟的性质属于实践教学中的高阶课程，需要学生具有相对完整的民商事法律知识，应当安排在高年级开设，32学时的课时安排显得过少。因此，我们在2013年修订法学本科教学计划时，已经将课程调整至大三下学期进行，同时将学时调整为48学时。

2. 改进教学方式

为提高学生团队中每一个同学的参与程度，克服个别学生搭便车的问题，我们从以下方面对教学方式进行了改进：一是限定团队规模（2—4人），同时要求每一个同学都要进行现场陈述和参与讨论。二是适当增加实验项目的对抗性。例如在合同审查项目中，由学生分饰合同双方法律顾问，就合同内容进行谈判；又如在法律风险评估项目中，由学生分别扮演企业管理者、律师、债权人等几方角色，共同就法律风险评估与处置方案进行商讨。三是丰富课程形式和教学内容，例如，邀请法律实务界人士参与教学过程[①]，强化授课教师对各个学生团队的提问和不同团队之间的相互点评。

3. 调整教学项目

考虑到法学本科生知识结构和法律经验的现实情况，在模拟项目的选择方面，应当尽量选择具有代表性和较为常见的非诉讼项目作为实验内容。实践中的大型、复杂的非诉讼业务可以在开课初期作简单介绍，但不宜在本课程中作为专门模拟项目进行。例如第一年教学中所进行的股权激励方案审查和不良资产处置两个实验项目，在律师非诉讼业务中也属于比较高深的业务，由于学生

---

① 具体方式可以采取相关非诉讼业务的讲解，也可以参与学生模拟过程的讲评，或者直接指导学生相关模拟项目的完成。

对处理这些业务所需要具备的相关专业知识不了解,这些项目对于学生来讲难度显得比较大,因此在第二年的教学中我们就更换这两个项目。同时,我们决定,在保持民事非诉讼模拟教学项目基本框架的基础上,每一年都对模拟教学的业务种类或者项目难度进行动态调整,并且允许授课教师根据实际情况考虑选取不同案例材料①。

4. 优化教学环境

本教学模式是以律师办理非诉讼业务为基本场景的,然而传统教室与律师事务所差别极大,这导致模拟教学的场景极不真实。为解决该问题,我们将依托学院建成的法律职业能力实验实训中心,开展法律实务训练。该实验室是以律师事务所为样板建设的,硬件条件非常优异,可以为今后开展民事非诉讼模拟教学提供高度仿真的工作场景,有效保障模拟教学的效果。

---

① 例如,在2017年的教学中,我们针对高晓松指责湖南卫视《歌手》节目中张杰演唱歌曲《默》未经过授权一事,要求学生以受害人顾问律师的身份起草一份律师声明。又如,在2018年的教学中,我们针对中兴通讯公司遭遇美国商务部禁令封杀事件,要求同学们就中兴公司所遇危机进行法律分析,提交一份中兴通讯公司在禁令尚未解除期间的法律应对方案。

# 在线直播课程"翻转"探究

全 亮[①]

**摘 要**：在线直播教学环境下，翻转课堂运行条件发生了变化。传统翻转课堂的核心环节是课堂面授中的建构主义教学方法，但当课堂面授环节迁移到直播平台上后，其必须与在线直播的特点进行结合，才能很好地实现在线翻转的效果。为此，应当选用便利的网络会议平台模拟线下讨论环境，并事先预设与课件内容紧密结合的习题，不仅要强化语音问答互动，还要尽量实现授课老师与教学内容的可视化。而这些努力有可能是未来我国在线大学的发展方向。

**关键词**：在线课程；直播课程；翻转课堂

"我们再也不可能也不应该退回到疫情发生之前的教与学状态，因为融合了'互联网＋智能＋技术'的在线教学已经成为中国高等教育和世界高等教育的重要发展方向。"

——教育部高等教育司司长 吴岩

## 引言 当课堂变成直播间

虽然新冠疫情的突发打乱了各高校既定的2020年春季教学部署，但随着"停课不停学"[②]口号的提出，各大高校的新学期课程事实上都如期开展。只不过，老师们侃侃而谈的场域不再是教室或教学楼，而是各大在线直播平台。现

---

[①] 全亮，法学博士，四川师范大学法学院副教授，法学院诉讼法教研室主任。本文系笔者2019年7月赴清华大学参加"四川师范大学卓越教师教学能力提升培训班"研修成果。

[②] 教育部：《利用网络平台，"停课不停学"》，载教育部官网2020年1月30日，http://www.moe.gov.cn/jyb_xwfb/gzdt_gzdt/s5987/202001/t20200129_416993.htm，访问时间：2020年2月20日。

场授课变成了线上直播,老师们成为"主播",学生们成为"粉丝",课堂变成了直播间,由此引发了一种新的网上教学模式。按照教育部五大"一流课程"的类型设计①,网络直播式课程原本并不属于任何一种"一流课程"类型,直播顶多是构成"一流课程"的部分元素或辅助手段而已。但在疫情背景下开展的各高校网上教学中,在线直播已经不仅仅是一种辅助上课的手段或元素了,直播已经变成了上课本身,上课就是直播,直播就是教学。因此,直播的效果就是教学的效果,直播的成败就是教学的成败,直播教学第一次在大学课程上变得如此重要。参照我国竞争激烈的网络直播行业,一门好的在线直播课程,一定是高人气、大流量的课程。而课程人气高低显然取决于课程内容编排和教学方法设计是否对学生具有足够的吸引力以及是否契合学生的真正需求;流量的大小则取决于在直播中能否有效调动学生的学习积极性和激发学生的学习欲望。换言之,如果课程受众对直播效果的评价不高,即便老师的自我感觉再良好,"掉粉"也只是迟早的事情。

当课堂变成直播间的时候,整个教学环境已经发生了巨大的变化,但是,从新闻媒体使用诸如"老师被逼当主播"这样的标题中可见,对于这样一种变化,大多数高校教师对直播课堂其实是比较陌生的。大学的老师们,或习惯于讲台上的侃侃而谈,或习惯于面对面的灵魂发问,抑或习惯于教室里的来回穿梭,但在线直播授课的教学方式陡然间改变了这一切的"惯习"②。因此对于这样一种骤然兴起的网上教学活动,还有很多东西尚未经过比较成熟的思考、设计和验证,仍停留在摸着石头过河的阶段,值得更深入的探讨。尽管有人认为,此次网络直播教学的"盛况"只不过是突发疫情背景下的一种紧急事态应对策略,并不是高等教育常规的教学秩序和教学模式,似乎不必过度解读。但笔者想指出的是,第一,下一次的社会公共卫生紧急事件会于什么时候再次出现,谁也难以预料,如果再发生一次类似的疫情,那么我们的高校课程教学能不能

---

① 在《教育部关于一流本科课程建设的实施意见》(教高〔2019〕8 号)的附件《"双万计划"国家级一流本科课程推荐认定办法》中,确定的五类一流课程分别是"线上一流课程""线下一流课程""线上线下混合式一流课程""虚拟仿真实验教学一流课程"和"社会实践一流课程",这其中没有哪一类是以网络直播为主要表现形式和实施方式的。此前,仅有部分实行所谓"混合式教学"的在线开放课程即慕课以设置"见面课"的方式在开课期间穿插了几次直播课,但直播也并不是这些慕课教学过程的主要构成元素。

② 笔者此处使用布迪厄的"惯习"概念意在强调:对于不少老师而言,陡然让其将授课场景从实体课堂迁移、转换到网上平台,事实上容易受到其本能的抵制。因为传统教学行动的"实践感"早已形成一种社会结构性因素,通过老师们的社会化经验而内化为个人相应的倾向——作为一种倾向的系统,惯习是非常抵制变化的。质言之,对于这些老师来说,改弦易张进行网上教学,需要改变的不仅仅是所谓观念,更是心理、身体乃至潜意识。相关理论阐释可参见郭海青:《试述布迪厄关系主义视角下的场域惯习理论》,载《湖南文理学院学报(社会科学版)》2008 年 05 期。

应对得更从容、更好？第二，"经过这一轮大规模的使用和体验，在线教育和教育信息化或许将迈上一个全新的发展阶段"①，这很难说它不会成为一种彻底的高等教育教学形态升级的前兆。它会不会从根本上改变我们的高等教学及其课堂教学的观念和模式？恐怕谁也不能轻易地否定，因此对在线直播教学问题再进行深度挖掘是有必要的。由于"翻转课堂"是当前一种非常流行的课堂教学方法，也是"线上线下混合式一流课程"的主要呈现方式，因此在线直播教学中如何"翻转"就成为一个重要话题，本文的立意即在于此。

## 一、传统翻转课堂的基本构成

通常认为，教学过程一般包含知识传授（即信息传递）和知识内化两个阶段，传统教学模式是先通过课堂教学进行知识传授，然后通过课后布置作业来实现学生的知识内化。而所谓"翻转课堂"（The Flipped Classroom）则是将这个知识传递和知识内化的场合顺序进行颠倒，即知识传递由学生在课前或课外通过自主学习来实现，教师在课堂上不再占用时间来进行信息传递，而是通过师生、学生之间的互动，包括应用练习、答疑解惑、合作探究等方式来促成知识的内化②。因此，所谓"翻转"就是指课堂上和课堂下之传统功能的"颠倒"（Inverted）。这一源自美国的新兴教学模式被认为是一种以学生为中心的教法，能够实现学生的个性化学习和满足学生自我发展的切实需要。20世纪90年代初，哈佛大学的物理学教授 Eric Mazur 率先基于这一革命性的发现提出了同伴教学法（Peer Instruction）。

（一）翻转课堂的基本原理

知识传递和知识内化这两个阶段的"翻转"或说"颠倒"之所以被认为更符合教学规律，主要是源于布鲁姆的教学目标分类学理论，因为知识信息的传递即记忆或者理解这些环节，属于布鲁姆教学目标分类学中较低层次的目标，而学生对所学知识进行内化，即应用、分析知识，进行评估和创造才是教学的更高层次目标。而传统的教学模式恰恰不利于这些高阶目标的达成，为此，加州大学圣马科斯分校教授艾利森·金进一步提出了建构主义的教学方法，即教师在课堂上主要不是信息的传递者，而是从旁指导学生自己主动地运用已有经

---

① 武志军：《在线教育的生命周期》，载《中国品牌》2020年03期。
② 王洪叶：《翻转课堂教学模式在行政法学课中的运用》，载《教育探索》2015年10期。

验和现有知识对新知识进行意义构建或重构[①]，以此来建立新旧知识之间的联系，从而更好地理解新知识。至此，以建构主义理念为指导的改变传统的知识传递与知识内化方法的教学研究与思考开始兴起，直至 2007 年科罗拉多州 Woodland Park High School 两位化学老师 Jonathan Bergmann 和 Aaron Sams 明确提出了颠倒传统 classwork 和 homework 模式的"翻转课堂"。

（二）翻转课堂的基本方式

信息技术的兴起加速了"翻转课堂"的发展和技术升级。课前，学生在预习/自习即知识和信息的传递这一环节，可以更为方便的通过线上微课、微视频以及慕课平台资源的方式来实现。换言之，网络为学生在课前自行学习基础知识提供了丰富的资源，因此在很大程度上，当前各高校推广的"线上线下混合式"教学模式主要就是采用的"翻转课堂"——学生在课下通过线上视频以及资料等方式，自行进行知识传递性学习，然后到线下的课堂上再进行应用性的练习或者讨论，在老师的指引和指导下进行互动式参与性学习。在此可以发现，对于早就采用在课前进行大量阅读、课上直接投入问答和讨论式的"苏格拉底问答法"的美国法学院来说，他们的课堂其实早就"翻转"了，其课前阅读任务其实就是一种"前录像时代的'纸面慕课'"[②]。如是观之，"翻转课堂"对于我国的法学课程来说真是一条迟来的真理。

（三）翻转课堂的基本理念

"翻转课堂"或说"线上线下混合式课堂"，其最核心的元素在于课堂上的建构主义教学方法，本质上就是对课堂上师生"面对面"（face to face，缩写"F2F"）的场合进行全新的利用——老师不再向学生"灌输"所谓的"新知识"（已经由学生在课前通过信息化手段自学完成），而是学生在老师的指引下，通过课堂测验、互相讨论、提问、借鉴以及小组合作、反馈等方式来展示和运用自己学到的新知识，进而形成一个学习者社区——以学生为中心的主动式学习组织形式，由此实现建构主义教学理念所讲的：通过互动学习去创造一件作品来展示他们所学到的知识。这样一种 F2F 的互动过程必然会碰撞出大量的思维火花和新知，学生就可以按各自情况提取自己所需要的知识或者能力，从而实现学生的个性化学习；同时，这种互动能够在师生之间或者学生之间形成一种快速有效的沟通和反馈，从而提高学生的识别能力并激发创造精神。可以说这

---

[①] Alison King：From Sage on the Stage to Guide on the Side. College Teaching 41（1），1993.
[②] 王竹：《法学教育的慕课实践与国际比较——以四川大学〈侵权责任法〉慕课教学为例》，载《中国大学教学》2016 年 06 期。

就是人工智能时代教师角色转变的一种体现，教师的知识传授角色逐渐被AI取代，相反，教师的"育人"角色则日益重要①。这也是为什么在教育部规划的五大一流课程类型中，"线上线下混合式"课程在实践中最受推崇的原因，因为"翻转课堂"教学模式最能匹配"两性一度"的要求②。

在教育技术信息化的加持下，传统的"翻转课堂"事实上成为我们现在常说的"线上线下混合式课程"，学生的预习和复习转移到线上，老师的面授以及翻转本身在线下进行，即"MOOC+"的混合式教学，开展O2O（online to offline）教学③。可以说，"线上线下混合式课程"已经成为"翻转课堂"教学模式的一种常见载体。但不管怎样，课堂F2F环节仍然是这种教学模式的核心与关键的部分。然而在新冠疫情背景下的在线直播教学活动中，F2F的课堂实体环境已不复存在，所有的"线上线下混合式课程"都变成了"线上课程"而且是直播课程。当"面对面"变成"屏对屏"（screen to screen，缩写"S2S"）时，二者较大的环境差异决定了我们不可能将传统的"课堂翻转"方式直接移植到网课中，而只能针对在线直播教学的特点进行必要的改造，因此接下来必须把我们的分析重点转移到在线直播这种教学方式上来。

## 二、在线直播教学的必然要求

在线直播，事实上已经成为现代社会生活中的一种常见现象，一种常见的娱乐活动，一种常见的社会交往活动，甚至一种专门的职业。在线直播实际上也成为新一代大学生们日常生活中一种主要的休闲娱乐方式，甚至具有某种依赖性。因此，新一代的大学生事实上对在线直播这种活动是非常熟悉的，也是非常认可的，甚至是很有研究的。然而，这种直播恰恰是我们大多数作为"互联网移民"的老师的短板，也是大量前信息化时代培养出来的老师所不熟悉的代际学习对象④。因此，直播教学的效果好坏在很大程度上将取决于老师们对

---

① 梁彦红、段振英：《智能云翻转课堂教学改革探析——以民法案例教学课程为例》，载《河北师范大学学报（教育科学版）》2019年04期。
② 在2018年11月24日第十一届"中国大学教学论坛"上，教育部高等教育司司长吴岩作了题为"建设中国金课"的报告，提出了"两性一度"的"金课"标准，即高阶性、创新性、挑战度。"高阶性"是知识能力素质的有机融合，是要培养学生解决复杂问题的综合能力和高级思维；"创新性"是课程内容反映前沿性和时代性，教学形式呈现先进性和互动性，学习结果具有探究性和个性化；"挑战度"是指课程有一定难度，需要跳一跳才能够得着，老师备课和学生课下有较高要求。由此可见，"两性一度"标准正好契合"翻转课堂"采用建构主义进路在课堂上进行知识内化的教学思路。
③ 白彦、张文静：《政府与法治课程基于"MOOC+"混合教学模式的构建与实践》，载《中国高等教育》2018年13期。
④ 沈杰：《互联网原住民与互联网移民的代际学习》，载《中国青年研究》2019年05期。

在线直播本身有多少真正地理解，是否能够很好地将教学方法与直播本身相结合。而网红主播们的生存之道就是得"有流量"，即让网民能够持续地关注你，让受众能够形成对你的一种黏性，从而留住粉丝乃至增加粉丝。笔者认为这至少涉及三个基本要求：一是直播的内容主题对观众或特定群体来说是能够吸引眼球的、让网民能有欲望去了解的；二是直播内容的呈现方式生动有趣，能够随时抓住观众的注意力，适时调动受众的情绪，不容易让人感到疲惫；三是主播和受众之间频繁地交流互动，包括通过文字或语音进行对话聊天、提问讨论、点赞打赏等。在线直播教学活动如果要取得成功，就必须尽可能贴近或者说依循前述要求，努力让教学的"神"与直播的"形"有机融合。

（一）直播教学选题应提高吸引力

在线直播教学的选题应当尽可能对学生具有足够的吸引力。因此，原则上，我们应当首选那些最容易引起兴趣、引发共鸣的教学内容作为在线直播的初期尝试，以减少直播授课的难度，便于增加老师的自信，给学生以更多的期待。当然，必须要看到，有不少课程受该学科性质的"先天"限制而注定不可能是那种人见人爱的热门话题。因此，这类课程不论在什么样的条件下，对学生来说永远都只会是一个不得不完成的任务而不大可能成为一种兴趣。但这并不意味着这类课程就永远只能以一副让人敬而远之的面孔出现在网络上，当然这就需要一系列的课程教学改革了，不过这并不是本文的重点，不再赘述。

（二）直播教学方式充分利用多媒体

在线直播教学内容的呈现方法应当充分利用多媒体技术。人们对于网络直播的体验感主要是靠多媒体技术支撑的，因此在线直播课程不仅要图文并茂，而且应增大音视频内容的比例，并增加趣味性，包括授课老师的用语都可以适度夸张和娱乐化，这样才能够抓住屏幕另一端——学生的注意力，尽量避免因为长时间坐在屏幕前而产生生理或心理上的疲倦。如果授课老师属于"脱口秀"型则具有更大优势，但更重要的是课件的设计对学生要保持足够的视听冲击力，这实际上就要求网络直播课程使用的PPT绝不能照搬教室里用的PPT，而应该根据直播的特点进行重新加工。

（三）直播教学环节应包含充分互动

"互动双向交流设计是提高在线直播课程有效性的关键。"[1] 没有哪一个网

---

[1] 肖宇、吴访升、蒋小明：《有效在线教学的策略设计与实践探索》，载《江苏教育》2020年28期。

红主播在自己的直播间只演独角戏,质言之,老师绝不能把直播课程变成单口相声或者个人演讲,否则屏幕那头的学生看个录像回放就可以了。对于互动式教学其实大家并不陌生,那么直播互动无非就是让互动式教学方法从实体课堂迁移到网络平台,让学生隔着屏幕也能实实在在地参与老师的教学活动。这种参与感能激发学生的主体意识,避免学生成为一个冷眼旁观、可有可无的看客,也即在网络直播课程中体现以学生为中心的教学思路。互动参与是网络主播"提高流量"的必备技能,也是直播教学中调动学生主观能动性的法宝,当然互动的方式方法必须根据网上授课的特点进行改造。

在线直播课程和 MOOC 的最大不同在于,MOOC 强调碎片化学习方式,每一个视频时间不长(5~10 分钟),以避免长时间看视频后的疲乏,从而帮助学生保持学习专注力,同时也方便学生随时灵活地学习;但是在线直播课程,它一次不可能只直播 5~10 分钟,通常是按照正常课程 45 分钟到一个小时的节奏进行,以完成一个完整的教学单元内容为着眼点。因此如何在这 45 分钟到一个小时的直播当中,让学生持续地保持对学习内容的热忱和关注而不会"溜号挂机",是直播教学首先要考虑的。尤其和中小学不同的是,因高校老师通常不熟悉自己所教的学生而学生人数又较多,使得课堂中会习惯性地出现气氛沉闷、互动生硬等问题,这在网络平台上更容易造成学习氛围的不足[①]。说到这里,问题其实就很明显了,在线教学效果的好坏,就取决于原来在课堂上进行的"线下翻转"如何成功地转换为"线上翻转",而简单地把线下的方法直接"复制"到线上显然是行不通的。

## 三、直播与翻转的融合要点

在线直播教学本质上是一种远程教学,而远程教学的生命力在于师生之间必须要有交互,而且是一种强交互。只有强交互,增强学生的参与感,才能从根本上让直播对学生是可欲的。而"翻转课堂"本身就是一种强交互的教学模式,"课堂大部分时间将用于答疑、学习小组间的协作探究及师生深入交流等"[②],因此它是契合直播教学性质的。由此看来,在线直播教学的成败关键就是,原本在线下进行翻转的内容如何在线上来开展。笔者认为,要在直播教学

---

① 雷舒雅:《新冠疫情背景下高校在线直播教学的问题与对策分析》,载《现代商贸工业》2020 年 17 期。
② 薛靖超:《法学专业学生实践能力培养研究》,载《教育探索》2015 年 04 期。

中成功地融入"翻转"元素,应当从以下几个方面着手①。

## (一) 讨论"线下化"

"翻转课堂"作为一种以学生为中心的主动型教学方式,一个核心就是要在课堂上开展师生之间、学生之间的互动讨论,以此激发学生的分析、综合、评价等创新能力。因此在线上直播过程中,如何开展讨论是一个首先需要解决的教学组织问题。如果在教室里,不管是分组讨论还是集体讨论,学生之间是F2F,老师也可以通过来回走动的方式与学生F2F。但当这种F2F的讨论转移到线上后便出现两个问题:一是在屏幕前"隔空"讨论,S2S似乎缺乏对话的氛围②,可能影响讨论效果;二是老师如何在不同的讨论组之间进行有效的流转与参与,以实现对全场的掌控?对此,笔者经过实践后认为,这主要可以从两点着手。

1. 便利的在线讨论平台

因为翻转课堂本身就要求老师"积极有效地组织协调课堂讨论、归纳总结,还要具备实践经验和教学技巧来应对课堂突发情况"③,所以当讨论只能依赖在线平台展开时,该平台的使用是否便利即成为前述要求能否达成的关键。纵观各种具有视频电话会议功能的常见软件或平台,"腾讯会议"这一软件/平台应该是在即时讨论模式下效果最好的选择,因为它最接近还原实体课堂的讨论场景,任何参与者只要想发言,随时可以发言,还可以通过共享自己屏幕进行图文并茂的讲解,而且网速相对有保障,"卡顿"少。而像"智慧树""腾讯课堂"等看起来更专业的"上课平台",学生发言功能反而受到诸多限制,比如,需要老师点击邀请后学生再确认才能连麦——此种形式更适合老师提问后指定学生回答的抽问模式。

---

① 需要说明的是,笔者一直以来实施的"翻转课堂"都是根据 BOPPPS 教学模型设计的一个六步教学过程,即课堂导入(Bridge-in)、课堂目标(Objective)、课堂前测(Pre-assessment)、课堂参与式学习(Participatory Learning)、课堂后测(Post-assessment)和课堂总结(Summary)。而在信息化技术已经被充分运用的今天,其前三步和后两步早已经通过各种在线学习平台的功能得以完全实施或辅助实施,因此该五步的教学内容展开不论是在教室上课还是在网上直播,其实并没有太大区别。当然,直播时看不到学生面部表情以及听不到现场即时反应,可能影响教师对学生听讲效果的一个反馈评判,但通过在线做题来检测学生对知识的掌握程度在一定程度上可以弥补这个缺憾。因此,笔者将主要就"课堂参与式学习"这一环节如何与在线直播的特点相融合进行阐述。关于 BOPPPS 的进一步介绍可以参见张建勋、朱琳:《基于 BOPPPS 模型的有效课堂教学设计》,载《职业技术教育》2016 年 11 期。

② S2S 的讨论虽然缺乏 F2F 讨论的那种真切感,但因为老师不能直接看到学生,因此学生不会有课堂上被老师直接盯着的那种拘束感和紧张感,那么学生可能会更加放松,则可能更有利于学生的思想发挥与思维发散。以笔者的实践来看,网上讨论学生的活跃度远高于课堂场景,用学生自己的话来说就是"坐在自己电脑前(相较于教室里)没那么拘谨"。

③ 潘淑岩:《翻转课堂教学模式在法学课程教学中的开展》,载《教育理论与实践》2019 年 27 期。

值得注意的是，在线讨论由于缺乏老师的"现场控制"，那么分散于各个屏幕另一头的学生有可能会比较随意或者过于放松，从而影响讨论的积极性和主动性，甚至演化为冷眼旁观的看客。对此，有效地应对方案是尽量将讨论规模缩小，即划分为人数更少的小组讨论，以便于老师对发言人员的掌控。但小组一旦划分过多，一个老师如何同时兼顾不同的视频电话会议呢？这便涉及下面第二点。

2. 多师协作的分组讨论

一旦细分为更多的讨论小组，那么一堂课上可能出现五六个甚至七八个（以 60 人一个标准班计算，一般 8 到 10 人划一组进行讨论为上限）语音讨论房间，各小组自建语音讨论房间展开组内讨论，然后在约定时间回到老师上课的"大房间"，由各小组代表汇报本组讨论情况。这样的问题在于各小组内部的真实讨论情况老师难以掌握，不利于评价学生的实际表现，除非老师不断地切换于各个语音房间之间。来回穿梭、登入登出，无疑会让有效的教学时间被无形消耗，并且不排除来回切换可能导致的软件/平台响应变慢、卡顿甚至死机等技术问题。

从笔者几个月的实践来看，与其主讲老师疲于切换不同的视频会议房间，不如安排多个老师或者助教来协助主讲老师把控各组学生的讨论，即多师协作、各自分别"承包"一两个讨论间，这样以教学团队的方式便可实现对所有讨论小组情况的全面覆盖与即时掌握，从而接近线下讨论的效果。这一思路其实就是借鉴了"大班教学，小班讨论"的多师同堂教学模式，其本义在于通过教学团队的合作达到最优的教学效果[1]，有助于提高在线讨论的效率。

（二）习题"预设化"

除了讨论式教学，"翻转课堂"的另一个核心内容，是要通过在教学过程中同步穿插各种习题的练习来促进学生对知识的内化和运用。尤其是与 F2F 课堂教学的秩序感和临场感不同，直播教学中教师对学生学习节奏的控制力会降低[2]，因此及时地通过布置练习题来聚拢学生的注意力非常重要。而目前常见的在线学习平台基本都能实现在线发题、计时、收题和统计，但是应当说，目前还没有哪一个平台能够比较完美地实现与在实体课堂做题效果的同等替换。

---

[1] 沈宏兴、郝大魁、江婧婧：《"停课不停学"时期在线教学实践与疫后在线教学改革的思考——以上海交通大学为例》，载《现代教育技术》2020 年 05 期。

[2] 于歆杰：《有效应对疫情，创建以雨课堂直播为主要特征的混合式教学》，载《新清华》2020 年 3 月 6 日第 006 版。

比如,"雨课堂"平台能够较好实现在线发题、收题和统计,但由于不能实现双向语音对话,因此老师虽然可以对全班作答情况进行整体评价,但却不便于直接了解某一同学为什么做错,学生只能通过发弹幕或投稿的方式留言,这显然降低了交流的效率。对此,"智慧树"平台的优势在于可以通过点对点的直接语音来了解学生为什么做错,可是"智慧树"平台不能像"雨课堂"一样提前在课件中设计好题目备用,而只能在直播时现场制题,即便题目是老师事先设计好的,现场调用制题功能显然也耽误有效教学时间,其他平台大多问题类似。

相比而言,目前"雨课堂"是当堂做练习题功能的最优选择。不仅是因为该平台可以提前设计好题目以备课堂上直接使用从而能节约发题时间,更重要的是,它的做题功能是与课件本身融为一体的——题目直接设计在课件中,一方面,便于题目与讲课内容紧密结合,学生学完一个知识点马上就可以进行测试,提升知识内化的效率;另一方面,究竟设计哪些题目,在哪个内容后面设计题目,怎样设计题目最能检验出学生的认知效果,这是需要老师对教学内容进行通盘考虑的,那么一边制作课件的同时就同步在课件上设计题目,这是最有利实现这种通盘考虑的策略[1]。

此外,设置游戏化的答题情境也被认为是激发学生探究动力的在线教学设计原则和策略[2],而这显然也有赖于老师在课前对相关知识点与对应题目的精心预设。

(三)互动"语音化"

除了讨论和做题,"翻转课堂"还有一个精华在于师生之间频繁的实时互动问答,通过提问来了解学生知识的盲点,通过学生的实时反馈来评估学生的认知程度,同时能活跃课堂气氛,比如让学生抢答之类的活动。师生课堂互动的主体性和互动性越好,师生间就越容易建立起良好的人际关系[3],师生之间形成合力是提高教学效果的不二法宝。那么很明显,在网上直播教学中这一要素的实现程度,就完全取决于老师所使用的平台是否有良好的语音互动功能,或者语音互动功能设计是否便利。比如,"智慧树"平台除了有老师一对一点名邀请学生上麦回答问题的语音功能外,还设有抢答功能,更能还原教室上课的感

---

[1] 不得不指出的一个缺憾是,能提供在线做题功能的平台,往往都存在部分学生因网速原因无法及时答题或答题后老师端迟迟接收不到信息的问题。这导致,要么老师只能对答题时间一再延长等待响应,造成对教学时间的浪费,要么就无法统计到部分学生的答题成绩,造成平时成绩计算有遗漏。

[2] 曲茜美、曾嘉灵、尚俊杰:《疫情期间如何有效开展在线教学》,载《教师教育论坛》2020年第4期。

[3] 朱伟强、黄山、盛慧晓:《教学中的人际关系与师生课堂互动、学习结果的相关性研究》,载《全球教育展望》2017年第12期。

觉。当然像"腾讯会议"或者是"腾讯课堂",其语音交互功能就更为强大和方便,老师点名喊话后学生上麦作答一般都非常流畅。相反,如前所述,"雨课堂"平台,由于缺乏互动语音功能,无法实现师生直接问答,其点名功能也就仅仅只能起到考勤的作用。对于在线直播课程,师生互发文字留言进行讨论既不方便也耽误时间,因此语音化问答功能是调动网课气氛的重要手段。

另外,网上语音问答较之传统实体课堂环境下的问答,也有一个优势。由于在线直播时老师往往看不到学生本人所处的实际位置以及表情、神态等,可能一定程度上影响老师对学生答题情况的一个判断,但这对学生来说不见得是坏事。很多学生在和老师面对面时总会紧张,但现在老师看不见学生,作答学生没有在教室被抽问时那种站起来被注视的压力,又是纯语音交流,则学生更容易处在一个和老师平等对话的心理状态中,那么有助于他更加放松地去思考问题,有利于他作出更好的回答。

(四)讲解"可视化"

任何"翻转课堂"都必须要配置有一定的老师直接讲解的内容,而不可能"全程翻转",否则会让课堂显得过于松散,尤其是上课的开始和结尾阶段。换言之,在这个阶段学生主要是听老师讲,以笔者经验来看,此时讲解的"可视化"非常重要。从一般的生物学原理来讲,视觉比听觉更能刺激大脑皮层而加深对信息输入的印象,从而更有效地创造出一种投入学习的自我观念环境,对此有两点要注意。

1. 主讲老师最好露脸出镜

虽然直播时老师只是对着屏幕讲话,但学生如果能够通过屏幕看到老师面部表情乃至身体动作手势等,尤其是老师如果能正盯摄像头,那么学生即使在千里之外的屏幕另一头,其实也有一种被老师注意的"课堂的感觉"。在这个意义上,老师本人的"可视化"直播会让学生更能感觉到自己在上课而不是在听评书,听讲起来更有感觉,会更加注意去听老师在讲什么。否则,纯语音讲授容易沦为一种"背景音乐",从而影响学习效果。有学者专门研究指出,"在视频中呈现教师形象不仅提高了学生的视觉注意,还提高了学生的知识迁移学习效果"[①]。笔者亲自对学生进行的调研也证实,他们通常都表示老师出镜直播比起纯粹语音直播,能让其更有欲望想去注意老师在说什么。

---

① 程雪姣、皮忠玲、洪建中、翟成蹊:《网络直播模式对教学效果的影响——以"职业规划课程"为例》,载《现代教育技术》2020年02期。

2. 授课内容尽量"去文字化"

除了老师本人"可视化"之外,授课内容"可视化"也很重要。一方面,和教室里上课不同,这种远程教学如果没有课件,听评书式的讲解会大大增加学生理解老师口述内容的难度,不利于学生对当堂知识的准确掌握;另一方面,和教室里的黑板或者投影挂幕不同,由于学生是在电子设备屏幕上看直播,画面上文字过多的话,一来不容易看清楚看全面,二来容易让人产生眼疲劳。传统的线下课堂上,满屏的文字学生也许还能够一定程度上接受,毕竟黑板或投影挂幕面积较大,但在电子设备上满屏文字就很难让人接受了。长时间看电子设备本身就比较容易眼疲劳,文字再多一点,画面再单调一些,人的思维更容易混沌,注意力更容易走神。因此,基于用电脑、手机等长时间观看效果的考虑,此时的 PPT 文字不宜太多,应多用一些图片或者动画以及视频,而且画面构成应该尽量生动活泼一些。丰富多彩的 PPT 画面,能让学生更有耐心继续地听老师讲下去。

此外,单纯地老师主讲,学生在屏幕另一端听久了难免会感到枯燥无聊、想睡觉。因此如果老师声音能够激昂一些,更富有抑扬顿挫,让声音更有"画面感",则有助于减少这一情况。当然,有趣幽默的说话方式也有助于直播听课氛围的改善。

## 余论　一种新的课程模式——"在线大学"展望

虽然新冠疫情的发生导致国内的社会经济发展不同程度地受到影响,但国内各大高校的正常教学秩序受到的影响似乎却不大,几乎所有大学都通过网上教学的方式如期开展了教学活动。这一事实表明,学生即使不到学校和实体课堂,我们的教学也能够进行,因为融合了"互联网+智能+技术"的在线教学已经成为中国高等教育的一个重要发展方向[①]。那么这是否意味着,如果传统实体课堂上的教学环节在网上都能够实现,如果学生只需要在寝室、在家就能学完一门课程,如果这样的课程能够开设到一定的规模,那就可能建立起一套不依赖实体学习环境的虚拟大学课程体系,也即"网上上大学"是可能的?笔者这里所指的"网上上大学"并不同于我们传统上见到的广播电视大学(即现

---

① 南方都市报:"教育部:再也不可能也不应该退回到疫情发生之前的教与学状态",载凤凰网 2020 年 05 月 14 日,http://news.ifeng.com/c/7wT2lwPMOp0,访问时间:2020 年 5 月 15 日。

在的开放大学）的学习方式①——它们的在线课程更类似于慕课，但慕课的性质决定了其很难具备"翻转课堂"这个要素，而"翻转"才是新时代我们课堂革命的精要所在。

在美国就存在好些没有实体的 Online College，学习者纯粹通过网上学习方式就能够获得学位。笔者在密歇根州立大学进修时就体验过这种没有实体课堂的课程，当时曾询问缘由，美方教授幽默地回答说因为教室不够用。也许客观上真有此考虑，但笔者认为，"在线大学"更大的意义在于其学习的灵活性且降低了学习成本，至少学生不用把时间、精力消耗在往返路途或争抢座位上。而且，对于常因大兴土木而背负沉重负担的国内高校来说，"在线大学"在很大程度上就能缓解所谓教学用地资源紧张的问题。

最后但并非最不重要的是，新生代大学生作为互联网的"原住民"，网上直播可能是一种更亲近他们生活习惯和交往规律的学习方式。笔者在这里无意争论虚拟课堂与现实课堂究竟哪一个教学效果更好，但至少我们可以从中窥见中国高等教育未来的一种新的可能。

---

① 从开放大学通常称学生对自己课程的学习为"收看"这一用词表达就可知，电大序列的学习者主要还是扮演一种"旁听者"角色而非"参与者"。参见司主明、董洪华、加建荣、马省轩：《"互联网＋直播"在开放教育中的应用与推广——以陕西广播电视大学为例》，载《陕西广播电视大学学报》2019 年 04 期。

# 论本科法学实践教学的现状与改革

## ——以"模拟法庭"课程教学为例

曾巍 田洋[①]

**摘 要**：自卓越法治（法律）人才教育培养计划实施以来，如何更好地培养满足法治中国建设需求的法治人才已成为法学教育的重要议题。经过长期探索，"模拟法庭"作为法学本科教育中的"常设课程"受到了广泛认可。但是在课程教学过程中，诸如教师"中心化"、学生"表演化"、课程"理论化"等问题依然存在。在新形势下，本科法学教育须通过有效措施来完善本科法学实践教学体系，促进我国本科法学教育的改革发展。

**关键词**：法学实践教学；卓越法治人才；模拟法庭；改革

改革开放以来，我国恢复了以"政法院校"为代表的法学高等教育机构，并逐步完善了法学教育体系，这为培养法律（法治）人才奠定了坚实基础。党的十八届四中全会以来，明确要全面推进依法治国，而这就需要大量优秀的法治人才。一般意义上，法学教育是法治人才培养基本且最为重要的途径，而其原点则在于应该培养怎样的人才以及如何培养人才[②]。21世纪以来，随着建设中国特色社会主义法治国家的深入，法学教育的培养目标从"卓越法律人才"演变为"卓越法治人才"[③]，一字之变主要呈现对于"法治"之理论与实践认识的加深。其中，作为改革总体思路之一的"强化法学实践教育"，明确回应了培养人才的实践路向。

20世纪90年代，国内众多法学院系就试图将学术性和实践性贯穿于法学

---

[①] 曾巍，四川师范大学讲师；田洋，四川师范大学法学院民商法2018级法学硕士。
[②] 参见李龙：《我国法学教育急需解决的若干问题》，载《中国高等教育》2002年第7期。
[③] 教育部及中央政法委员会于2011年12月23日发布《关于实施卓越法律人才教育培养计划的若干意见》，2018年9月17日发布《关于坚持德法兼修实施卓越法治人才教育培养计划2.0的意见》。

教育之中①，通过学习"诊所法律教育（clinical legal education）""案例教学（case study）"②"模拟法庭（Moot Court）"③等众多实践教学模式开展法学实践教学，并取得了不俗的业绩。④模拟法庭等实践性课程或教学模式为进一步完善我国法学教育提供了可以依托的路径。⑤

在法学教育历史演进之中，从学徒式培养职业法律人到学院式培养法学人才，法学教育实际显现了其内在的学术性和实践性的二重属性。所谓二者的"悖论"其实是断裂地理解了法学教育的学术性与实践性，即是将二者对立起来或进行非此即彼的选择。⑥实际上，好的法学教育应当是学术性与实践性的有机融合，尤其是在本科法学教育阶段应当使学生得到完整的法学教育，即要进行法律职业与法学学术的双重训练。就本科法学教育而言，"悖论"消解的基础是建立一套合理、有效、科学的法学课程体系。从对法学教育二重属性的理解出发，这一课程体系则应由法学理论教学体系与法学实践教学体系共同构成。一般而言，法学实践教学体系应当包括立法的理念与技术、执法的限度与准则、司法的技巧与能力、守法的观念与方式等，要实现培养卓越的法治人才⑦的目标，必然要通过模拟法庭等实践教学课程来适应新时代对法学教育的要求。⑧

在卓越法治人才教育培养计划的具体要求下，模拟法庭教学的功能主要聚焦于提高学生的法律实务能力，包括训练诉讼技巧、熟悉专业流程、锻炼法律文书写作、培养法庭礼仪等。同时，卓越法治人才教育培养计划中"厚德育""强专业""深协同""促开放"等改革措施亦可纳入模拟法庭教学之中。就当前的研究与教学实践而言，模拟法庭益处颇多：在模拟法庭教学过程中，学生可通过"角色扮演"参与诉讼程序，直观感受并理解法律职业道德的精神所在；

---

① 参见陈兵：《法学教育应推进模拟法庭教学课程化》，载《中国大学教学》2013年第4期。
② 参见刘燕：《法学教学方法的问题与完善途径——以案例教学为例》，载《中国大学教学》2013年第7期；张淞纶：《作为教学方法的法教义学：反思与扬弃——以案例教学和请求权基础理论为对象》，载《法学评论》2018年第6期。
③ 西方早在17世纪末即有所谓的"模拟法庭"的出现。See Fabio, Michelle." What Is Moot Court?" ThoughtCo, Feb. 11, 2020, thoughtco.com/what-is-moot-court-2154874.
④ 参见王晨光：《法学教育的宗旨——兼论案例教学模式和实践性法律教学模式在法学教育中的地位、作用和关系》，载《法制与社会发展》2002年第6期；陈建平：《从法学教育的目标审视诊所法律教育的地位和作用》，载《环球法律评论》2005年第3期；王泽鉴：《法学案例教学模式的探索与创新》，载《法学》2013年第4期。
⑤ 参见王晨光：《我国模拟法庭教学的理论阐释及功能设置》，载《中国应用法学》2017年第6期。
⑥ 参见王晨光：《法学教育的宗旨——兼论案例教学模式和实践性法律教学模式在法学教育中的地位、作用和关系》，载《法制与社会发展》2002年第6期。
⑦ 根据教育部、中央政法委《关于坚持德法兼修 实施卓越法治人才教育培养计划2.0的意见》对法治人才的要求，其详细地表述为"培养造就一大批宪法法律的信仰者、公平正义的捍卫者、法治建设的实践者、法治进程的推动者、法治文明的传承者"。
⑧ 参见何志鹏：《卓越法治人才培养的实践解读》，载《中国大学教学》2019年第6期。

模拟法庭教学以实践为导向，能打通掌握法学基础理论与运用法律基本知识之间的桥梁，以实践问题促进学生深入研究理论，夯实理论根基，筑牢法学教育之本。

总之，模拟法庭教学在卓越法治人才的培养中扮演着不可或缺的角色。然而，并非所有法学院系都开设了模拟法庭等法学实践类课程，有该课程的高校依然存在着不少问题。结合新时代卓越法治人才培养的要求，通过分析"模拟法庭"教学实践中发现的主要问题，以期进一步完善本科法学教育的实践教学。

## 一、教师在授课中的"中心化"

在法学的传统教学模式中，教师在授课中的"中心化"即是以授课教师为中心的教学模式。该教学模式主要以教师为课程的中心，在课程设计、教案（讲义）准备及教学实施中，教师容易从自身角度出发去构建并完成整个教学过程。该教学模式继承教学传统，深刻影响了绝大多数法学课程教学。就该模式而言，一方面从传授知识的系统性上讲，其有较明显的优势——授课教师所讲授的理论知识较为完整，对于学生构建系统的知识结构有显著效果；另一方面这种模式也容易忽略学生的接收能力和程度。造成该模式盛行可以列举出繁多的原因，例如传统教学的惯性及影响等，但是缺乏对课程性质的准确认识可能是"模拟法庭"类的法学实践课程的关键所在。

在现行本科法学教育体系之下，法学教育界对模拟法庭的地位或定位的认识并不统一，这既容易造成是否开设"模拟法庭"课程的争论，也容易使"模拟法庭"课程设计变得混乱，从而影响授课效果，甚至进一步影响了整个法学实践课程教学体系的形成。就法学教育界的研究与实践来看，关于模拟法庭地位的认识大致有以下几种观点：一是教学方法说，强调"模拟法庭"应当成为宪法及各部门法进行教学的重要方法，而非一门独立的课程；二是教学活动说，认为模拟法庭应是附属于理论教学的教学活动，此种职业训练可在课堂内外展开；三是教学课程说，认为"模拟法庭"独立构成一门课程，并应当属于本科法学教育体系内的课程。[①] 正是基于上述认识的差异，导致了模拟法庭在教学实践中的各个环节上均存在着不同问题。就模拟法庭性质而言，要明确模拟法庭教学属于实践教学的一种；教学模式是从方法论的角度看待模拟法庭，更多

---

① 参见于晓丽、高云鹏：《"模拟法庭"课程设置分析》，载《青岛大学师范学院学报》2008年第4期。

表现为教学方法的一种革新;而教学课程说则是从课程设置的角度看待模拟法庭。教学方法、教学模式,抑或是教学课程的说法从不同角度对模拟法庭的性质进行了判定,但从长远来看,为实现模拟法庭教学的独立价值与功能,采"教学模式说"更为合理,一是因为教学方法之下还可囊括案例分析教学、法律诊所教学等;二是教学课程说的判定过于狭窄,不能彰显模拟法庭教学的全部功能,如模拟法庭教学对课程之外的模拟法庭大赛同样可起到指引和参考的作用。

模拟法庭并非主要是理论知识的传授,而更多是实践技能的锻炼。要改变教师中心化的倾向,可以从两方面进行尝试:一是从教学理念的技术层面入手,意即从教学大纲的设计上就要求合理设定课程内容等;二是从"教师"角色入手,适当引入法官、检察官、律师等人员,通过改善教师结构来促使授课贴近"实战"。

教学大纲是整个教学的指导性文件,一份科学合理的教学大纲能对一个学科的发展和教育质量的提高起到关键性作用。模拟法庭教学大纲设计过程中,应当避免或解决已在实践中所产生的问题,如此才能保证其科学合理性。具体而言,从教学目标的确定、指导教材的选定、教学内容的明晰、考核标准的设立、教学课时的分配等问题上都有赖于任课教师、非任课教师、学院乃至整个学校等的群策群力。在制定模拟法教学大纲时需注意以下问题:教学目标应凸显时代特征,体现中国特色法治人才培养体系;指导教材需选择在国内、国际上具有权威性的教材,或逐步通过教学自编具有特色的教材;教学内容上以模拟法庭课程本身的教学内容为中心,并经评估、删减其与其他学科教学内容重叠的部分;考核标准上,需修改相关考核规则,将学生参与度、参加相关国际国内省内竞赛成绩等作为考核标准,其评价过程应着眼于动态的过程评价[①];教学课时上,应当以保证每个学生能够完整地参与一次模拟庭审来确定,科学合理安排课时。

教师是教学活动的实施者,根据不同教学模式选择不同的老师是合理且必要的,正如模拟法庭大赛多由律师、法官、检察官担任评委一样,实务界导师在模拟法庭教学中的重要性不言而喻。模拟法庭教学过程中师资力量薄弱,主要体现是缺乏"双师型"教师或来自法律实务部门的导师,而实务导师的缺位正是模拟法庭等实践性教学易走上"理论化"道路的重要原因。在法学院校的模拟法庭教学过程中,任课教师多为在校老师,法律实务界导师较少参与属于

---

① 参见宋刚:《高校法学院模拟法庭课程学生评价体系初探》,载《中国高教研究》2014 年第 4 期。

常见情况。基于在校教师职业的客观原因，绝大多数都用在了科研、教学上，少有时间从事实务工作，实务经验相对不足，"理论化"教学属常见授课模式。然而，模拟法庭实践教学又对实务经验要求甚高，由此产生了对实务导师的需求，法律实务界导师通常是资深法官、检察官及律师，其丰富的实践经验与高校老师较高的理论水平在教学中正好相得益彰。可以适当设置实务界教学导师岗位，吸收法治实务部门专家参与人才培养方案制定、课程体系设计、教材编写、专业教学，不断提升协同育人效果。同时，模拟法庭教学导师通过引入法律实践部门的工作人员参与，以模拟法庭教学为契机引入校外导师，破除培养机制壁垒；通过模拟法庭教学，为选拔学生参与国际模拟法庭培训和竞赛打下基础，是培养国际化法治人才的一个有效方式，[①] 以此为基础构建涉外法治人才培养新格局。

## 二、学生在教学中的"表演化"

基于模拟法庭教学的特点，学生应当是模拟法庭教学过程的中心。在学生扮演不同诉讼角色时，应当以学生为中心去分析和理解在不同角色之下的立场与观点，而模拟法庭实际教学中还存在以教师主讲的情况，这与模拟法庭教学要求明显有一定距离。

学生在模拟法庭教学过程中存在表演性过强的问题。所谓的"表演"，一个重要特征就是事先存在"彩排"。[②] 表演性过强，就会使模拟法庭主要关注点在最后的模拟庭审，而对庭审前的知识与技巧关注不足。[③] 诚然，诉讼技巧是模拟法庭教学中重要内容，其实践意义也较为明显，但若在教学过程中过分关注技巧的适用，同样会使模拟法庭教学流于表演，故而需合理把握住"度"，看清模拟法庭与传统辩论的区别。概言之，模拟法庭始终应秉承"规范"精神，即言之有据，而与传统辩论赛不同的是，其言之有理即可；模拟法庭始终还是应坚持"规范"之下的技巧使用，而传统辩论则相对宽松。

在模拟法庭教学过程中参与的学生数量有限，大多数学生只是充当"观众"，难以得到真正的实战训练，从而使得模拟法庭教学覆盖面不广。[④] 根据模

---

① 参见钱锦宁、薛莹：《国家化复合型法律人才的培养：现状分析、路径选择及保障机制》，载《山东大学学报（哲学社会科学版）》2017年第5期。
② 参见曹锦秋、郭金良：《高等学校法学实践教育创新研究——从实训课程与模拟法庭的关系视角切入》，载《辽宁大学学报（哲学社会科学版）》2018年第4期。
③ 参见陈兵：《法学教育应推进模拟法庭教学课程化》，载《中国大学教学》2013年第4期。
④ 参见王晨光：《我国模拟法庭教学的理论阐释及功能设置》，载《中国应用法学》2017年第6期。

拟法庭教学的特点，最能获得教学反馈的环节就是模拟庭审，同时也是耗时较多的教学环节，因课时受限和学生人数较多，致使模拟法庭教学过程中能够参与最后模拟庭审的学生数量有限。基于模拟法庭教学的重要性，其在锻炼和培养学生综合素质上是理论教学不能替代的，因此有必要合理安排课时和抓住重要教学环节，保证每个学生能真正参与整个模拟法庭教学过程，而不至于让模拟法庭教学沦为少数学生的"表演场"。

卓越法治人才培养计划明确提出要强化实践教学，进一步提高法学专业实践教学学分比例。实践性教学蕴含了法律适用的某种规范科学的思维方式，可据此改变普通人基于生活逻辑而形成的思维定式，[①] 培养法科生的法治思维，促使法科生最终"像法律人一样思考"。作为已被众多高校设置为教学课程的模拟法庭教学，应当在现如今的法学教育中被推而广之。模拟法庭教学不应是一种培养"雕虫小技"的点缀课程，而应成为每一个法学院校都高度重视、教师主动投入、学生积极参与的常设甚至是必修课。[②] 基于此，在法学教育体系之中确立模拟法庭教学的基本地位，将其设置成为课程，给予其应有的重视，是符合卓越法治人才培养要求的。在模拟法庭教学过程中，学生由传统理论教学的被动学习到主动分析案件和运用所学的法律知识，从而完成由概念、判断到推理的整个学习过程，是一种学习方式上的根本转变。基于模拟法庭教学的特点，教师在教学过程中更多的是方法上的传授和方向上的引导，"应当切忌成为标准答案的提供者，切忌用自己的思维模式禁锢学生的思维方式，而应当成为学生独立思考、解决法律争议的指路人"。[③] 若以教师为中心进行"灌输式教学"，则达不到学生主动分析案情并经过深思熟虑后选择诉讼策略的效果。因此，模拟法庭教学需革新传统理论教学以教师为中心的授课理念，建立以学生为中心的实践教学理念。

就整体而言，模拟法庭的教学特点首先当以学生为中心，与传统理论教学范式有所差别；其次是诉讼流程的系统化培训，含庭前、庭中、庭后的诉讼技能；再者是具有综合性，可检视学生对理论知识的"内化"效果，即从理论到实践的运用能力，此部分尤为需要实务界导师；最后是文书写作、诉讼礼仪等的学习。

---

[①] 参见孙笑侠：《法学的本相——兼论法科教育转型》，载《中外法学》2008年第3期。
[②] 参见王晨光：《我国模拟法庭教学的理论阐释及功能设置》，载《中国应用法学》2017年第6期。
[③] 参见王晨光：《模拟法庭——对传统法学教育模式的挑战》，载《人民法院报》2001年第5期。

## 三、实践教学的"理论化"

整体而言,我国法学教育普遍存在着过于重视传授理论知识,而忽视培养学生"真正断案"能力的问题。① 在新时代法学教育的大背景下,实践教学在整个法学教育体系之下不可或缺,其与理论教学共同构成了法学教育的"鸟之双翼、车之两轮"。各个法学院校的课程教学既要重视理论教学,又要重视实践教学,应将两者充分地结合起来,形成良性有机的课程体系,以此促进我国法学教育的改革与发展,而这就需要从根本上对模拟法庭进行合理定位及确立起合理目标。

在推动法学实践教育的大潮之下,模拟法庭课程的地位实际上并未得到应有的重视,例如在诸多高校模拟法庭课程未能进入必修或常设课程,当然师资匮乏、授课资源不足等原因确实客观存在。对于模拟法庭课程地位认识不清,实际上反映了实践教学的地位边缘化情形仍比较明显。在模拟法庭课程不足的情况下,各地各校开展的模拟法庭竞赛可能是弥补实践教学缺失的有益思路。

就 2015 年至 2019 年四川模拟法庭大赛来看,绝大多数参赛的高校并未开设模拟法庭课程,实际上仅将"模拟法庭竞赛"视为一项定期的学生活动。这样的定位事实上缩小了模拟法庭提升、培养多数甚至全体学生实务能力的目标,而代之以选拔、培训少数学生代表参赛作为目的,这样忽略了模拟法庭竞赛活动与模拟法庭课程教学的良性互动关系——教学为竞赛储备人才,竞赛激励学生上课热情。②

据不完全统计,我国各地各校举办了超过 30 个不同层级的模拟法庭竞赛(参见表1),基本做到了以"省"为单位的区域涵盖,这也足见国内法学教育界对模拟法庭的重视程度。然而,需要强调的是,模拟法庭大赛的真正意义并非在于比赛本身,而在于"以赛促教、以赛促学",让比赛成为模拟法庭课程教学的交流学习平台,推动各高校模拟法庭课程的发展与进步,以促进我国法学实践教学体系的形成。

---

① 参见王晨光:《我国模拟法庭教学的理论阐释及功能设置》,载《中国应用法学》2017 年第 6 期。
② 在 2015—2019 年四川省模拟法庭比赛期间了解得知,四川省开设法学专业的地方高校多数未开设模拟法庭课程,有且仅有四川大学法学院、西南民族大学法学院、四川师范大学法学院等少数院校开设模拟法庭课程并作为实践选修课程。

表 1　国内部分模拟法庭竞赛

| 序号 | 名称 | 主办单位 | 备注 |
| --- | --- | --- | --- |
| 1 | 北京市大学生模拟法庭竞赛 | 北京市教委 | 2019年10月举办第11届 |
| 2 | 上海市大学生模拟法庭竞赛 | 上海市教委 | 2019年11月举办第5届 |
| 3 | 山西省大学生模拟法庭大赛 | 山西省委政法委等单位 | 2019年12月举办第9届 |
| 4 | 浙江省大学生法律职业能力竞赛（含辩论赛、模拟法庭赛） | 浙江省教育厅等 | 2019年11月举办第6届 |
| 5 | 安徽省大学生模拟法庭比赛 | 安徽省教育厅 | 2019年11月举办第4届 |
| 6 | 福建省高校模拟法庭辩论赛 | 福建省教育厅 | 2019年5月举办第6届 |
| 7 | 江西省高校模拟法庭大赛 | 江西省教育厅 | 2016年11月举办第3届 |
| 8 | 山东省高等学校大学生模拟法庭比赛 | 山东省教育厅、山东省法学会 | 2019年10月举办第9届 |
| 9 | 湖南省大学生模拟法庭大赛 | 湖南省教育厅 | 2019年12月举办第5届 |
| 10 | 四川省大学生模拟法庭大赛 | 四川省教育厅 | 2019年10月举办第7届 |
| 12 | 华东地区高校模拟法庭大赛 | 上海大学法学院 | 2019年4月举办第13届 |
| 13 | 江苏省模拟法庭大赛 | 江苏省司法厅等 | 2018年12月举办第8届 |
| 14 | 华中八校模拟法庭对抗赛 | 武汉大学等 | 2019年12月举办第9届 |
| 15 | 东北高校模拟法庭竞赛 | 吉林大学法学院 | 2019年11月举办第6届 |
| 16 | 辽宁省本科大学生模拟法庭竞赛 | 辽宁省教育厅等 | 2019年10月举办第6届 |
| 17 | 陕西高校英文模拟法庭联赛 | 西北政法大学行政法学院等 | 2018年12月举办首届 |
| 18 | 锦天城第四届模拟法庭大赛 | 上海市锦天城律师事务所 | 2019年5月举办第4届 |
| 20 | 天津市大学生模拟法庭竞赛 | 天津商业大学等 | 2018年12月举办第7届 |
| 22 | 全国高校模拟法庭大赛 | 中国法学会法学教育研究会模拟法庭专业委员会等 | 2019年10月举办第2届 |

续表1

| 序号 | 名称 | 主办单位 | 备注 |
|---|---|---|---|
| 25 | 全国大学生模拟法庭竞赛 | 教育部国家级实验教学示范中心法学组联席会 | 2018年5月举办第6届 |
| 28 | 甘肃省高校模拟审判大赛 | 甘肃政法学院等 | 2018年5月举办第3届 |
| 29 | 新疆高校大学生模拟法庭大赛 | 新疆大学等 | 2019年12月举办首届 |
| 30 | 全国大学生保险模拟法庭大赛 | 中国保险行业协会等 | 2018年11月举办第5届 |

模拟法庭竞赛活动的广泛推广,为何难以带动相关课程的改革,原因之一或许是教学方法的僵化,即表现为模拟法庭教学还是以"灌输式教学"为主。我国传统法学教育观念和我国整个传统教育体系的观念是一脉相承的,即重视学生对课堂知识的学习,通过考试来检测学生掌握知识的情况。在传统法学教育的课程上,学生学到什么知识大多是确定性的。在传统法学教育观念指导之下,学生普遍认为只要掌握了概念、特征、分类等法律知识,就能够应付和面对现实社会中的法律问题。殊不知正是在传统法学教育观念指导下培养出来的法科生,面临现实生活中纷繁复杂的法律问题时却无从下手,这也致使大多数法科生在踏入实务岗位时需要从头学起,同时这也无形中使得法科生"就业难",司法实务界普遍反映法科生实务操作能力较弱。需明确的是,此种"确定性"的传统式教学方法无法应对"不确定"的现实社会。①

在模拟法庭教学考评上,无论是对老师还是对学生的考核评价均存在不尽合理甚至不科学的地方:一是表现为对学生结课考核方式的不科学,学生从庭前准备、庭审过程、庭后报告多个流程完成模拟法庭教学课时,而大多高校的通常做法是仅以庭后报告的完成情况来评判学生结课成绩;二是对老师教学考核的不科学,与传统理论教学相异,模拟法庭教学除备课、行课外,还需全程参与指导学生案例分析和庭审准备,包括课上、课后、庭上、庭下等,如将模拟法庭教学考核与传统理论教学考核采取同一标准,定会因教学模式上的偏差

---

① 正如有学者所言:"法学教学方法就其本质来讲,是辩证的、具体的,任何一种方法都可能有效地解决一些问题,但又不能同时解决另一些问题,那种包罗万象的、适用一切的、一成不变的教学方法是不存在的;简单地人为地只确定某一种方法为法学教学的方法,即使这种方法是一种正确的方法,也会因为其不能广泛适用于法学的全部学科或者主要学科,不能适应法学学科在不同时期的发展而必然招致失败。"参见邵俊武:《法学教学方法论要》,载《法学评论》2000年第6期。

而导致教师教学考核上的不公。

模拟法庭教学是对传统法学教学范式的革新，若针对老师和学生的教学考核方式或标准与传统教学考核无异，使得模拟法庭教学在实际操作过程中产生教学考核偏差，则难以达到精确评估教学的目的。

在模拟法庭教学目标上，存在着"普法教育""职业教育""法治人才教育"等不同目标取向。自20世纪70年代末以来，我国恢复了本科法学教育，培养的大批人才在普法教育方面作出了巨大贡献，为我国法治建设奠定了基础。然而，因此形成了路径依赖，使得模拟法庭教学极易被当作是普法教学课程。自2011年实施的卓越法律人才以来，职业教学被法学教育界广为提倡和推崇[①]，因而模拟法庭教学又容易沦为职业教学的工具，培养出类似"法律机器人"的法科生。2018年卓越法治人才培养计划对法学教育提出了新的要求，作为培养卓越法治人才的一种路径选择，以法治人才教育为目标，才是模拟法庭教学的正确选择。所谓法治人才，应当具备专业化、实战化、技能化、复合化、理论化、国际化等综合性素质。

由于教学目标的模糊，极易导致教学内容的不明确化，即在教学内容上：一是表现为无统一指导教材；二是表现为模拟法庭教学内容与其他学科的教学内容产生重叠。在无统一指导教材的问题上，相较于传统理论教学，目前推广的模拟法庭实践教学缺乏系统权威的教材，教学内容主要局限在程序法领域，以庭审训练为主，受指导老师主观影响较大。[②] 若授课过程中仅注重程序法学习而忽略实体法教授，则可能使学生仅注重庭审流程，忽略对实体法知识的关注。关于模拟法庭课程与其他法学学科之间的教学内容产生重叠的问题，从整体上而言，多数高校并未正视和探究模拟法庭课程与其他法学课程之间的关系，从而造成教学内容之间的交叉重叠；具体而言，模拟法庭教学除能教授学生在法律文书课上习得的内容外，还能教授学生在案例分析课上习得的内容，而在有些高校行课过程中，上述课程是同时并行。明晰模拟法庭的教学内容是否应当与其他学科教学内容并列抑或是作为其他学科教学内容的补充，是把握和设计模拟法庭教学内容的关键。

---

① 参见陈广权：《模拟法庭实验教学方法新探》，载《中国大学教学》2012年第8期。
② 参见陈兵、张光宁：《卓越法律人才教育培养计划与模拟法庭实践教学》，载《黑龙江高教研究》2014年第10期。

## 结语

面向新时代的本科法学教育的要求，法学院校要进一步明确模拟法庭在本科法学教育体系中的地位，并以此为契机形成科学、合理的法学实践课程体系；制定科学合理的教学大纲以完善模拟法庭课程在教学过程中存在的不足，尤其是要注意将课程目标贯穿于授课过程之中；努力补足模拟法庭教学的师资短板，通过多种渠道构建法律实务部门资深人士参与教学的有效机制。

在本科法学教育中，强调模拟法庭教学的重要性，并非与理论知识的教学相互对立，相反，应当说二者是相辅相成、互为表里的。在教学过程中，既要精确传授基础概念、基本原理、基本理论等知识，又要不断培养案例分析方法、诉讼技巧等能力。总之，法学理论素养和法律实践能力在法科生的培养中不分伯仲，同等重要。[①] 换言之，模拟法庭教学为法学理论提供了实践场地，法学理论为模拟法庭教学提供理论基础。法学理论正是源自法律实践的经验积累，而非法学家的"空想"，在某种程度上，对于法律理论的扎实学习，才是更好推进法学实践教学的根基。

学术性与实践性须有机融合是法学教育应当遵循的基本原则，各大法学院校需要进一步科学、合理地优化本科法学课程体系：在教学过程中，一方面要对接法律实务部门，建立或完善诸如模拟法庭、法律诊所、非诉实务、公证等实践性教学课程，进一步积极探索法学实践课程体系；另一方面要重视基础知识的传授，强化法科生的学术训练，促进法学院系的科研水平提高，培养既能参与法治中国生动实践的法律职业人，亦培养总结中国法治经验、凝练中国法治理论的法学研究人才。

面对新时代的要求，凝聚法学教育双重面向的共识，不断丰富法学理论与实践课程教学体系，成为完善我国法学教育体系的必由之路。如此才能进一步促进不同层级、不同类型法学院系的共同发展，推动全国各法学院校培养更多法治中国建设者，为全面推进依法治国储备更多的法治人才。

---

① 参见陈兵：《法学教育应推进模拟法庭教学课程化》，载《中国大学教学》2013年第4期。

# 公证人才培养

# 论公证法治人才培养

郝 亚 刘 蓉[①]

**摘 要**：公证法治人才是卓越法治人才发展的题中应有之义，也是公证机构、公证行业发展的关键。公证法治人才培养的探讨是随着公证这一行业的不断发展而引人深思的问题。公证作为法律行业体中相对覆盖面较少、群体较少的部分，对于该领域法治人才的培养探讨有所欠缺，本文笔者拟从公证法治人才的概述、重要性、现状、如何培养方面着重分析，以期对今后在公证方面的人才培养有一定的指导意义。

**关键词**：公证；公证法治人才；内部培养；外部培养

2018年9月，教育部、中央政法委发布了《关于坚持德法兼修实施卓越法治人才教育培养计划2.0的意见》，意见提出卓越法治人才培养需要"围绕建设社会主义法治国家需要，坚持立德树人、德法兼修，践行明法笃行、知行合一，主动适应法治国家、法治政府、法治社会建设新任务新要求，找准人才培养和行业需求的结合点"，而法治人才的培养包含各个层次，各个法律行业的法治人才培养，公证法治人才培养也是其中之一，也是值得我们深思与探讨的。

## 一、公证法治人才培养概述

"人才"一词最早出现于《诗经·菁菁者莪序》中，其中描述到"菁菁者莪，乐育材也，君子能长育人才，则天下喜乐之矣"[②]。人才，强调的是在某个领域的有综合性全面发展的人。而在《国家中长期发展规划纲要2010－2020

---

[①] 郝亚，四川省成都市成都公证处金沙公证研究中心主任，公证员；刘蓉，四川省成都市成都公证处公证员。

[②] 向熹：《诗经译注》，北京：商务印书馆2013版。

年》文件中,对人才做出的定义是具有一定的专业知识或专门技能,进行创造性劳动,并对社会作出贡献的人,是人力资源中能力和素质较高的劳动者。由此,笔者认为公证法治人才是法律行业法治人才中的重要一环,是指在公证行业中,熟练掌握法律知识,并且能够创新应用公证实践,在一定领域有一定造诣,对行业发展可作出贡献的人。

公证法治人才的培养要结合其特质,也就是说了解公证法治人才的特质,能够作用于人才的培养和进一步的发展。综合起来,笔者认为,公证法治人才有以下几个方面的特质。

(一)综合知识全面广

公证人的入职门槛其实与其他法律职业相同:同样需要有至少两年的工作经验。也就是说,公证人是法律人中的"个体",也应该是综合全面的法律人。公证工作并不是一成不变的,在实际办理案件的过程当中,公证人员同其他法律职业一样会面临许多的当事人、许多的家庭。随着社会的发展、法律的完善、法治社会的健全,家庭中的法律观念越发增强,寻求公证解决家庭纠纷矛盾的人群更多,甚至相较于律师,公证人更是长期奋战在家庭法律关系事务中的群体。这个过程当中,新问题也毫无疑问地越来越多,敢于接受挑战,敢于介入家庭纠纷,这归根究底的原因和勇气来源于对法律知识的综合全面了解,并能够用于个案当中。从这个层面上讲,公证法治人才的培养,首要因素是能够培养适格的法律人才,这也是公证法治人才的首要特质。

(二)勇于创新

创新是知识运用的极大体现,也是法治环境下对法治人才的要求。法律的一大特点即滞后性,也就是说在具体问题出现的时候,可能没有对应的法律条款进行专门规定。在实务当中,如果能够做到创新,能够在法律允许的范围内采取其他适当的方式处理此类问题,也不失为一个解决方式。公证法治人才应当具备创新能力,这也是法治人才培养过程中的注重方向,这一项能力也是前述的知识结构、运用能力的体现。此外,创新能力也是在其他能力基础之上延伸的能力,是公证法治人才在不断地学习过程中和丰富的"办证"经验中去培养的能力,并且这种能力是有意识地培养、有意识地运用,也是公证事业向上发展的推力。

(三)现代公证法治人才的品格

如今,依法治国已经取得历史性成就,全面推进依法治国,关系到社会、国家的长治久安。现代法治社会环境下法治人才的内涵不断丰富,人们的法治观念亦普遍增强，法律人才的标准不断升高，公证法律人才的标准也随之渐高。公证法治人才的品格不仅体现在业务能力上的不断精进，还体现在个人品质上，即有为社会作贡献的精神。公证机构究其本质，是不以营利为目的的机构，因而在"办证"过程当中，也应当在解决当事人的需求方面能无惧繁琐，以当事人利益为出发点，解决当事人的需求。例如在遗嘱、继承等与家庭息息相关的事项，这些问题的解决大都需要公证人在现代法治社会中依靠良好的品格谨慎妥当地处理，因而现代法治人才的品格也是公证法治人才的重要品质。

## 二、公证法治人才培养的重要性

随着卓越法治人才培养方案的提出以及深化，公证法治人才的发展对于公证机构的发展、法治社会的完善也是至关重要的。

（一）公证法治人才的培养是公证机构繁荣发展的必要条件

人才兴，则公证兴，则法治兴。在《关于人民法院进一步深化多元化纠纷解决机制改革的意见》中明确，多元化纠纷解决机制的构建需要各法律行业的共同配合，其中也特别提到需加强与公证机构的对接。将公证放在整个法律行业中来看，公证机构需要源源不断地吸收法治人才，予以完成公证业务。

公证机构的发展，最终的落脚点是"人"的发展。人才的发展，是公证机构发展的决定性力量，公证人才的培养，也是为公证机构的发展储备力量。公证法治人才的培养，是保证公证机构蓬勃向上发展的必要条件。人才的发展，是保证公证机构内在活力的要素，只有保持活力，才能够在发展中不断创新、不断突破、不断参与全法律行业的发展建设中。现代公证机构的发展与传统的公证事业发展，已经存在很大差异，在面对社会转型的过程中，公证机构遇到的挑战加大，只有有意识培养公证机构的法治人才，才能适应社会发展。

（二）公证法治人才的培养是法治社会发展的题中应有之义

法治社会的构建与发展不是靠单一的部门、单一的机构、单一的个人就能完成的，只有各个环节都发展，各个环节都做到更好，才能在法治社会的建设中，以点带面，形成一张完整的网。就公证事业而言，如果发展滞后，就会"脱节"，不仅对公证领域有所影响，对其他部门也有所影响。坚持高素质人才的培养，即培养综合能力强、多元化发展的公证人才队伍是公证机构在法治社会构建中发挥作用的重要路径。法治社会的发展涉及方方面面，新问题也层出不穷，加之"互联网+"环境的推进，公证机构面临挑战的同时，也有了新的发展空间和方向。

在多元化纠纷解决机制的倡导下，人才的培养显得极为重要。以公证机构目前正在进行的与法院对接这一大转变为例，在对接工作中，虽然可以发挥公证在家事、附强公证等方面的优势，但是依然面临对法院工作程序的陌生。只有培养出敢于创新、敢于探索的人才，公证工作才能有序推进。就上述与法院对接工作来看，公证机构需要的是在发展过程中结合自身已有的业务，发挥人才在公证事业中的导向性和决定性作用，满足法治社会的需求。

## 三、公证法治人才培养现状

公证法治人才的培养，已经有很大的进步。相较于其他法律群体，公证可以算是小众的。在公证人才的培养上认识不够，是导致高校教育和后期继续教育不足的直接原因。目前公证法治人才的培养多集中在公证机构内部。随着公证机构的体制改革，公证机构面临人才流失，甚至在一些小型公证处也呈现竞争力衰退、工作积极性不高的困境。公证机构在体制改革中如何能够突破瓶颈，为公证机构的发展谋求新的出路，当下最现实有效的途径是加快法治人才的培养。目前，人才培养过程中依然存在以下几点不足：

第一，公证法治人才培养欠缺针对性。公证制度恢复三十多年以来，在发展中也遇到过不少坎坷和困境。不可否认的是，在不同的公证体制并存的情况下，竞争的激烈直接导致的结果是忽视对于人才的培养，注意力更集中在业务的竞争以及"办证"的日常事务当中。同时公证人员也疏于自身综合能力的提高。在人才培养方面，没有找到精准切入点、没有针对性，直接导致公证机构在发展中后备力量不足。除此之外，培训与实务之间的衔接也有待加强，在法律专业学生到公证实务人员、从公证实务人员回归到继续教育学员的整个过程，流畅性不足。

第二，公证法治人才培养缺乏规划性。公证法治人才培养其实也是法律行业法治人才培养的一个环节，对人才的培养需要详细的规划。现在的公证行业将精力较多放于眼下的实证办理，虽然注意到了人才培养对于机构发展的重要性，但是缺乏在法治大环境下有针对性培养人才的实际行动。所谓规划性培养，具体来说即在找准定位之后，明确单位需要的是什么样的人才，再依据需求制定不同阶段培养计划。对于各个阶段的公证人来说，如何有长远性的规划、通过长远性的规划最终打造的是什么样的人才，这样的人才又最终满足什么样的公证需求，这是一个完整的链条。当下的公证机构，没有系统性规划，缺乏针对具体培养目标提出的培养方案。

第三，社会对于公证法治人才的关注度不高。从高等教育的课程体系设置来看，实难有开展公证课程的高校，即使开设相关课程，也只是《公证法》等一些法规上的讲解，对于实务的讲授甚少。对公证的实务了解及研究明显欠缺。高校老师多有在律所工作的经历，却少有在公证机构工作的经历，加上课程上的缺失，也就使法律专业学生，一旦接触到公证工作，就生疏而困难。就笔者的实务经验来说，目前的公证所能做的工作，以及能够解决的社会问题和取得的社会效益，都在面临巨大转型。例如，就意定监护公证来说，公证机构应主动走进家庭中，而不是被动地等这一类问题出现再行解决。公证事业在自身转型中获得了发展的机遇。公证人才的培养，需要高校的关注、机构的关注以及社会的关注。

## 四、培养公证法治人才的措施

公证法治人才的培养需要内外共同作为，才能够起到良好效果。当然，人才的培养不是一朝一夕能够完成的，需要在一个长期的过程中形成完善的体系，然后形成成熟的人才培养机制。

（一）从公证机构内部加强培养

如何培养适宜公证行业发展的人才，公证机构内部的培养也是人才培养的重要方面。

公证法治人才的培养要内容丰富、有针对性、分层次培养。新中国成立之后，尤其是改革开放以来，我国的法治建设不断深入进行。法治中国正是在借鉴吸收了人类共同法治文化遗产的基础上结合中国现实国情进行创造性转换的产物[1]。从这个观点我们可以看出，法治社会的建设是在前期的文化基础上进行建设，同理，公证机构的独立发展，也是在结合国内外公证制度文化成果的基础上进一步发展的。我国公证事业起步较晚，发展势头却是向好，公证法治人才的培养更需要贯通历史长河，从实际环境出发培养新时代法治人才。公证人才需要从不同的方向有针对性、有层次性地培养。

新时代公证法治人才需要综合素养完备。就公证机构来说，首先要注重培训。培训的路径具体而言，一方面是行业协会组织公证人员学习；另一方面是

---

[1] 汪习根：《论法治中国的科学含义》，载《中国法学》2014第2期。

公证机构的内部培训。公证机构的内部培训需要做到内容丰富、形式灵活、辐射面广。内容丰富是指,既要以公证业务为专题,也要研讨各类法律问题,以及非法律综合素质性培训,例如人际沟通等。形式灵活是指培训并不限于采用单一的讲座形式,可以结合沙龙、圆桌探讨、走访交流等形式,目的是动员更多的人参与到培训当中,并且活泼的培训方式往往会取得更好的效果。辐射面广是指在公证机构的内部培训中,尽可能让更多的公证人才参与到其中,我们这里所说的公证人才不仅包含公证一线"办证"人员,还包括在公证机构中的行政、财务等部门的人员,通过让更多人参与培训,发掘更多的公证人才。

公证机构的培养是需要有针对性的,而有针对性的培训背后离不开前端应聘机制的完善以及后期的培养计划的制定。随着高校法律专业专场招聘的开展,公证机构也在与各大高校对接,以期从法律毕业生中择优录取,为机构发展储备人才。

(二)公证机构外部的培养

公证法治人才的培养,举公证机构一家之力,或举公证行业一行业之力是难以真正实现的,还需要高等教育及全法律行业共同关注,共同制定解决方案才能够真正实现人才培养目标。

首先,公证机构需要与高校建立长期有效对接机制。前文所述的参加校园招聘也是与高校建立对接机制的一个渠道。除此以外,高校教育中加入公证知识的教学是公证法治人才培养的重要一环,将人才培养有意识置于前端。创新法治人才培养机制是中国共产党十八届四中全会提出的,法治人才的培养离不开法学实践教学,实践教学可以提升学生掌握解决实践问题的基本能力[①],对于高校的公证教育,一方面是要加强对公证制度的研究,另外一方面是公证机构可与高校开展联合教学。与高校的深层次对接是促进公证理论研究的优选办法。公证人才难培养、难创新,其中一个很大的原因就在于理论研究的缺位。理论服务于实践,实践转换为理论,两者之间相辅相成,互相推动。

另外,在外部推动因素中,还需要加强社会对公证的认识以及构建公证公信力的环境,从而加强公证人自信,推动公证人才培养发展。如前文所述,公证法治人才的培养离不开公证人的主观能动性,而良好环境的营造会增强公证人的法治自信,以此推动公证人才的自主培养。值得注意的是,社会环境的培养并不是在一朝一夕中能形成,需要法律行业长期共同努力。

---

① 张健:《法律诊所教学方法设计研究》,载《长春工业大学学报》2015第2期。

## 五、结语

  法治需要信仰,看待法治的发展需要宽广的视野,公证行业年轻而富有活力。行业法治人才是推动整个行业向前发展的动力。从卓越法律人才培养计划到卓越法治人才培养计划的转变,可见人才的培养在法律行业里是重中之重,同样,在公证这一法律行业中也是如此。培养公证法治人才,需要公证机构内在动力,也需要高校教育、外部法治环境的推动,才能够将人才培养落在实处,实现行业发展。在发展的长河中,必然会出现不同的问题、不同的挑战,还需要全行业共同努力,实现公证事业的大发展。

# 公证人才培养的意义与问题

邓 岚 戴勇[①]

**摘　要**：经济的发展对公证行业提出了更高的要求，在人才强国和司法体制改革背景下，公证人才的匮乏严重制约公证行业的发展。公证人才培养对充分发挥公证的社会职能至关重要，如何培养人才成为行业内外关注的焦点。本文拟从公证人才培养的意义着手，对当前人才培养存在的问题进行分析，进而就公证人才培养途径进行论述。

**关键字**：公证；公证人才；培养

党的十八大报告提出，要"加快确立人才优先发展战略布局，造就规模宏大、素质优良的人才队伍，推动我国由人才大国迈向人才强国"。习近平总书记强调，千秋基业，人才为本。人才是社会经济发展、综合国力竞争的重要资源。随着人口红利的锐减，社会经济的发展更多要依靠人才。人才培养尤为重要。而党的十九大指出，法治建设是党和国家在新阶段重点实现的重要课题，并对深化依法治国实践作出重要部署。公证作为法律体系的重要组成部分，亦需要进行深化改革。新时代法治建设对公证行业提出了更高的要求，如何培养公证人才，培养什么样的公证人才，都是值得我们深思和探讨的。

## 一、公证人才培养的意义

公证作为社会公共法律服务的组成部分，在社会中发挥着重要作用。近年来，伴随和谐社会的发展以及司法改革，对公证工作进行肯定的同时也对其提出了新的要求。2016年最高人民法院发布了《关于进一步深化多元化纠纷解决

---

[①] 邓岚，四川省成都市成都公证处公证员；戴勇，四川成都市成都公证处公证员。

机制改革的意见》，该意见指出要充分发挥公证职能作用，推动公证参与多元化纠纷解决机制，进一步推进公证参与社会管理、促进公证事业发展。2017年6月16日司法部、国家工商行政管理总局、国家版权局联合发布了《关于充分发挥公证职能作用加强公证服务知识产权保护工作的通知》，指出"公证工作在服务知识产权保护，促进实施创新驱动发展战略和国家知识产权战略，加快知识产权强国建设中大有可为"。2017年7月20日最高人民法院、司法部、银监会联合发布了《关于充分发挥公证书的强制执行效力服务银行金融债权风险防控的通知》，该通知指出，"进一步加强金融风险防控，充分发挥公证作为预防性法律制度的作用，提高银行业金融机构金融债权实现效率，降低金融债权实现成本，有效提高银行业金融机构防控风险的水平"。作为预防纠纷的重要机构，公证在社会管理中发挥着越来越重要的作用，然而公证人员水平参差不齐，各地公证人才分布不均，严重制约了公证职能的发挥。培养卓越公证人才，不仅是公证行业内部发展的需要，更是推动社会法治建设发展的着力点。

## 二、公证人才培养存在的问题

### （一）公证人才培养方式缺乏完整体系

公证人才培养主要包括两个方面，一是对公证员的培养，二是对公证辅助人员的培养。公证员是公证人才队伍的中坚力量，然而当前的公证员培养并没有一个完整的体系，培养公证员的主要职责在于公证机构。从《公证法》的规定来看，该法仅对担任公证员和不适宜担任公证员的条件进行了限定，而未对公证员的培养方式进行明确说明。公证机构往往以"在公证机构实习二年以上或者具有三年以上其他法律职业经历并在公证机构实习一年以上，经考核合格"为标准培养公证员，至于实习期内的具体要求是什么、考核标准是什么并没有标准。2015年以前，公证员任职前的培训考核是由中国公证协会统一组织，而2015年至2018年，这一考核由省级公证协会组织。自2019年起，公证员任职前的培训考核再次改为由中国公证协会统一组织。总的来说，公证员的培训缺乏完整的体系。

公证辅助人员是指辅助公证员办理公证业务的人员，除传统意义上的助理人员外，还包括行政、技术等人员。然而，无论是《公证法》还是《公证程序规则》都未对公证辅助人员有明确的界定，更谈不上对该类人员的培训方式进行规范了。由于公证机构的设立条件仅对公证员有硬性要求，因此，公证辅助人员的选任和培养方式往往也由公证机构承担，其结果不言而喻。

## （二）理论人才严重匮乏

公证属于法学的一个分支，但是从当前法学理论研究成果来看，公证理论研究人才十分匮乏。一方面对公证领域关注的知名学者可谓凤毛麟角，而且几乎没有理论成果。无论是检察制度、审判制度以及律师制度，都有较多专家、学者的关注研究，且往往都有较为深刻的理论研究成果，而同样作为司法制度组成部分的公证制度，却似乎被广大专家、学者所遗忘。另一方面各大高校基本没有设立公证人才培养的相关课程，且还有部分高校将公证制度与律师制度合并为一个课程作为法学本科生的教学内容。出于教学需要，不少教材也多将公证制度与律师制度合为一书。目前专门的与公证制度相关的教材仅有中国公证协会于2018年编写的《公证理论与实务》以及成都公证处于2017年编写的《公证理论与实务》。所有高校都没有公证法学硕士与博士的培养，也没有专业的教授。公证理论人才培养制度的缺失使得我国公证理论人才缺乏的问题长期难以得到解决。目前我国现有的公证法学博士均为在域外的大学进行学习而取得学位。

高校在公证法学方面的教育缺失，客观上影响了高校法学毕业生进入公证行业。虽然这一现象在近年来有所好转，但是由于理论人才的培养并非一朝一夕能完成，因此，当前我国公证理论人才的缺口仍十分明显。

## （三）人才培养目标落后，公证人才综合知识有所欠缺

公证人才的培养是以培养公证员为目标，但是培养何种公证员往往是模糊的。一方面，公证员的培养方式主要是"以老带新"，但老一代公证员存在思想理念落后的问题，在人才培养方面过度迷恋以往的经验，这样的方式极容易造成新公证员与老公证员的思维模式如出一辙。老公证员带新公证员往往以能办理公证案件为评判标准。然而在新的经济形势下，互联网、物联网、大数据、云计算的广泛运用，知识产权保护的意识增强，新型公证涌现，对公证员的综合能力要求越来越高，而传统模式的培养方式使得公证员不足以应对现实的需求和种种新问题。

另一方面，老公证员在传授公证知识上主要是以阐述和讲解"办证"经验为主，忽视了对法律关系的分析和讲解，由此形成了"填鸭式"教学模式。公证员的数量是根据公证业务需要确定，省、自治区、直辖市人民政府司法行政部门可以根据公证机构的设置情况和公证业务的需要核定公证员配备方案，报国务院司法行政部门备案即可，故符合《公证法》规定的条件的大有人在，而

公证员的名额却很有限,公证员的上岗往往需要"排资论辈",甚至需要等到老一代公证员退休以后才能有机会"上任"。

## 三、公证人才培养的途径探析

(一) 宏观方面,搭建公证人才培养体系

公证人才培养体系搭建可以由中国公证协会牵头,各地公证协会协作。目前我国公证行业推行的是两者结合管理,即对公证行业实行行政管理与行业管理相结合的管理体制,公证人员要受到行业组织和国家司法行政部门的双重监督。近年来,公证协会在人才培养方面推出多种举措,对公证人才的培养意义深重。

1. 构建公证人才培养体系

根据《中国公证协会章程》,中国公证协会是依据《中华人民共和国公证法》设立的,由公证机构、公证员、地方公证协会以及其他与公证事业有关的专业人员、机构组成的全国性公证行业自律组织,是非营利性的社会团体法人。由中国公证协会与地方公证协会协同搭建公证人才培养体系是可行的。公证协会下设有多个部门,包括理论研究、行业发展研究等,对公证行业的发展现状、各地区公证情况的差异、社会对公证的需求等都有比较深入的分析,因此由公证协会牵头,负责公证人才培养体系的构建不仅具有可行性,也能让培养出来的公证人才适应社会发展、满足社会需求。当前公证行业内部已有相应的培训机制,中国公证协会设立了培训委员会,负责公证人才的培训工作。地方各省市级公证协会也成立了培训委员会,负责各省市公证人才的培养。此外,公证协会可积极与高校合作,开设各类研习班,提升公证人员的业务能力。

2. 加强对公证人才行业自信的培养

公证作为法律职业共同体中重要的组成部分,与检察官、法官、律师相比,缺少的不仅是社会对公证的认知程度,还有公证行业本身的自信感。作为我国准入门槛最高的法律职业之一,公证行业的法律精英们在通过专门的资格考试、完成规定的实习期限后,经过层层遴选,最终由司法部统一任命,如此严格的聘用程序是国家对公证行业的高度重视,同时也为公证人员的专业素养提供了有力保障。虽然近年来各种政策层出不穷,如国家发改委降低公证收费标准、多部门停开各项证明、房产继承取消强制公证等,都在改变公证的传统支柱业务和办证模式,为公证行业带来了紧迫感和危机感,让公证人员不断拓宽领域、延伸服务，在积极探索的同时彰显公证价值。除此之外，"自信源于专业"，为更好地"守住法律底线、满足社会需求"，公证人员应不断更新知识储备、提升专业技能、增强综合素质，苦练公证的"基本功"。作为公证人不仅要"修身"增强业务能力，更要"修心"转变"办证"理念，并注重"修心"甚于"修身"，从基层出发、从小事出发，善于解决老百姓面临的实际问题，使老百姓在遇到问题时可以在第一时间想到向公证处和向公证员寻求帮助，使他们来公证处处理纠纷、立约盟誓、咨询解惑成为一种自觉自愿的社会习惯。只有具备了行业自信，才能在行业发展中发挥更大的优势。

3. 培养公证人才正确价值观

2018年中国公证协会正式确定以"崇法、尚信、守正、求真"为内容的"公证执业理念"，以"通知"的形式将该理念下发至全行业，并在《通知》里指出，"公证执业理念"是一个有机整体，"崇法"是"公证执业理念"的核心。"公证执业理念"表述语的正式印发，对于推动公证事业持续健康发展具有十分重要的意义。同时中国公证协会在《通知》中要求全国公证行业要努力弘扬"公证执业理念"，认真做好表述语的使用和宣传工作，使"公证执业理念"在全行业践行、被全社会知晓，成为反映公证行业面貌、代表公证行业形象、引领公证事业发展的强大精神力量。这是中国公证协会对整个行业内公证员的要求。为落实该《通知》，中国公证协会通过对优秀的表彰、不好的通报批评，让公证人员清晰地认识到公证的核心价值，对整个行业核心价值的提升都有重要意义。

公证人员在承担社会责任的同时，还应注重公益理念的传承与传播，突出公证的公益属性。公证制度与律师制度最大的不同在于公证制度的公益性。《公证法》第六条规定："公证机构是依法设立，不以营利为目的，依法独立行使公证职能、承担民事责任的证明机构。"我国实行的是机构本位主义，对机构的不营利性要求，客观上也是对公证人员的要求。公证事业不仅是履行社会义务，也向社会展示坚决捍卫法律尊严、维护诚实信用、促进社会公平正义的行业形象，公证执业人员更是富有爱心、具有高度社会责任感的群体。

公证人员应时刻树牢质量意识，常怀敬畏心和责任心，严守公证人员职业道德规范，清醒地认识到"质量决定生死，关乎发展"的深刻意义。公证实务是建立在诚信执业的基础上的，目前行业中存在少数公证员因追求眼前利益，而降低对公证质量的把控，无视公证员的职业道德和执业纪律，这都警醒我们在公证人才培养的过程中更应当注重价值观的培养。

4. 制定公证辅助人员的培养标准

公证员任职前的考核也是由中国公证协会担任，一方面是因为中国公证协会能协调更为优秀的师资力量进行任职前的系统培训，同时也能将最先进的理论、实践知识传授给准公证员们。通过培训不仅能对公证行业有更深刻的认识，也能更直观、系统地接触其他地区尤其是发达地区的公证理念与实践，对各准公证员的发展有积极的推动作用。

公证辅助人员是辅助公证员"办证"的各类人员的总称，但目前各地基本没有对公证辅助人员进行培训。四川省公证协会于2018年开展对公证助理的培训活动，并要求所有担任公证员助理的人员进行考核、持证上岗。然而该培训考核并没有系统的标准，只要通过培训、考试合格就通过了。公证辅助人员是公证员的重要来源，绝大部分公证员都是公证辅助人员成长起来的，因此，对公证辅助人员的培养也是非常重要的。

（二）加强高校在公证人才培养方面的作为

高校是培育法学人才的摇篮，积极发挥高校的人才培养基地的优势，可以从以下几个方面入手：

1. 加强公证法学教师培养和学科建设，培养公证理论人才

公证法学作为一个学科体系，尚未在我国建立学科性教育，实属遗憾。在推动中国特色社会主义法治体系建设的口号下，从我国公证制度的发展现状与公证理论研究的现实需求来看，公证理论人才的培养有很大的发展空间，也值得我们期待。

教师是人才培养的前提，没有专业的教师难以培养出专业的人才。在培养公证理论人才方面，我们寄希望于高校认识到公证法学教师培养的积极意义，填补公证教师队伍的缺失现状。一方面应鼓励现有教师以公证法学研究为方向，另一方面，可以适当引进国外公证法学专家担任教师，以推动国内公证法学发展。

学科建设是人才培养的基础。当前我国的公证法学学科的系统建设基本处于空白，学科建设的路还漫长。对此，我们一方面应当加强公证法学基础学科的建设，在系列高校中进行基础公证法学建设，为公证事业的发展培养基础性的公证法学人才。另一方面应当加强公证法学的专项建设，以培养更加专业的公证法学人才为目标。应当鼓励有条件的高校尝试建立公证法学的硕士点、博士点。应当加强公证人才培养的对外交流，受当前我国公证人才培养的现状所限制，可以通过与国外大学合作培养、聘请国外公证理论专家等方式进行公证

人才培养。

2. 应当注重培养学生实践能力

一直以来，我国高校的教育往往有注重理论而忽视实践的现象，高校人才的培养方式一直遭人病垢——受过高等教育的人才"高分低能"，看似具备相应的知识，实则无法在短时间内胜任实际工作。公证法学人才培养同样面临这样的问题。要改变这一现象，可以从以下两个方面入手：一是通过"学习—实践—能力"三位一体培养模式，进行公证人才培养。以专业教师和公证行业专家混编教师团队对公证法学学生进行精准教学，改变传统仅进行理论传授的局面。四川大学与四川省成都市公证处合作开展"公证法学"课程就取得了良好效果。二是在培养公证法学人才时要注重实践操作。公证是一个实践性很强的学科，仅有理论知识难以满足社会对公证人才的要求，高校可以选择与公证机构合作，以公证机构为实习基地，培养公证法学人才的实践能力。例如四川师范大学与四川省成都市公证处共建教学实践基地等。

（三）加强公证机构内部培养人才的机制

公证机构是公证人才培养的主要阵地，一方面是因为公证机构是公证人才发挥作用的战场；另一方面，只有公证机构才能真正知道需要什么样的人才。公证人才的培养应当从以下几个方面入手：

1. 培养管理型公证人才

我国公证行业实行的是机构本位主义，机构的发展要依靠人才。培养公证人员不仅要提升法律素养，还需要提升公证人员的综合素养。由于各地公证机构的实际情况不一致，这就要求公证机构在培养公证人员时还要综合考虑机构的发展。公证人员不应局限于办理公证的一线从业人员，还应包括公证管理人员。公证人员除了从法律素养、诚信素养、服务能力、创新能力、专业能力方面进行培训外，还应注重对公证人员的管理能力的培训。四川省成都市公证处开展"中坚人才20人"计划，旨在培养一批专业素质过硬、管理能力强的人才队伍。

2. 发挥机构优势，培养公证理论人才

理论源于实践并作用于实践，理论研究对公证事业的发展有着重要意义。公证机构作为公证行业的第一线，能更加直观地发现行业存在的问题以及未来的趋势，由公证机构参与培养理论人才，进行理论研究，能够更加深刻。在公证人才的培养参与中，公证机构首先应当发挥自身优势，建立公证理论研究机构，形成理论研究成果。例如云南省昆明市明信公证处成立了"拉丁鹰法律工作室"，四川省成都市成都公证处成立了"金沙公证研究中心"，上海东方公证处推出了《公证研讨》，四川省成都市成都公证处推出了《金沙公证》等。这些公证机构都在理论研究上有所建树，也培养了一大批公证人才。通过公证机构与高校共建理论研究中心，培养理论人才。例如成都市律政公证处和西华大学、中国政法大学知识产权研究院、跨国知识产权研究院共建知识产权公证服务中心等。

3. 引进专业人才，提升公证人才法律水平

一直以来，公证给人的印象停留在"盖章收费"的层面，这是因为早期公证机构对从业人员的要求低，导致很多公证机构的人员学历低，甚至有些公证员也不是法学科班出身，不具备相应的法律知识，无法运用法律知识为当事人解决问题，仅仅能办理一些简单的公证。没有适当的人才基础而进行专业人才培养无异于"无源之水"，公证事业的发展需要引进专业人才来提升法律水平。近年来，部分公证机构也通过引进硕士、博士，培养了大批专业人才。

4. 强化公证人才的综合能力培养

信息化的快速发展，新兴公证需求的剧增，要求公证人员具备多学科交叉知识，因此在培养公证人才时应当注重综合能力的培训。一方面可以引进一定专业背景的人才，如信息工程方面的人才，相互配合，构建人才合作模式；另一方面，可以根据实际需要，对公证人才开展专项提升培训。四川省成都市成都公证处每年都以"金沙公证"讲座的形式开展专项培训，培养公证人员的综合能力。

## 四、结语

公证人才的培养需要多方共同努力，就目前的发展形势而言，我国公证人才的培养已有显著成效，但与发达国家相比还有差距。我们要立足国情，加强公证人才培养，充分发挥公证的社会职能，让公证更好地服务社会、服务群众。

# 论高校的公证人才培养路径

郑庆莎　曾显东[①]

**摘　要**：公证具有预防纠纷、减少诉讼等功能，在社会生活中发挥着越来越重要的作用，然而目前的公证人才已无法适应社会日益增长的需要，亟待加强公证人才的培养。高校作为公证行业的人才输送方，是集中培养公证人才的基地。目前很多高校并未给予公证人才培养足够的重视，开设公证课程的高校较少，并且开设的公证课程缺乏独立性，在教学的过程中也出现了重理论轻实践的问题，阻碍了公证人才的培养。因此，高校应当以公证行业的人才需求为导向，以培养质量为重点，积极采取优化课程设置、加强与公证处的合作以及优化公证人才培养的教学与实践模式等措施，培养专业基础扎实、职业技能熟练、职业道德良好的应用型公证人才。

**关键词**：高校；公证人才；课程设置；联合培养；工学交替

## 一、高校培养公证人才的必要性

### （一）适应公证事业蓬勃发展的需要

随着社会对依法治国理念的认识逐步加深，人们的法律意识也愈来愈强，更多人愿意通过公证来预防纠纷和减少诉讼，这也造就了公证行业蓬勃发展的态势。一则，公证作为真实、合法的证明，其范围已经涵盖了民事法律行为以及有法律意义的文书和事实，包括了法律规定的 11 大类公证事项和 5 大类公证事务，涉及了社会生活的诸多方面。二则，更重要的是，公证所具备的三大法

---

[①] 郑庆莎、曾显东，四川省成都市成都公证处工作人员。

律效力即证明效力、强制执行效力和法律行为生效要件效力，不仅在社会交往中便利了人们的生活，也在司法审判中发挥着越来越重要的作用。三则，据统计，截至2018年底全国公证机构总数为2956家，公证员总数为13335人，公证员助理总数为12660人，2018年全国办证总量达到1337.3万余件，提供公益法律服务共计30余万次（件）。① 公证在国家经济、政治、社会、文化等领域的地位和作用日益彰显。公证事业的蓬勃发展需要培养更多公证人才，这需要高校为其助力。

（二）高校法学教育与公证行业需求对接的需要

随着公证行业重要性日益凸显和公证事业的不断发展，公证行业对公证人才的要求也愈来愈高，目前公证行业已经出现公证人才短缺的情况，公证人才的培养也日益紧迫。从高校法学教育与公证这一法律行业的关系来看，二者可以说是供需双方的关系。高校是公证人才诞生的摇篮，是培养公证人才的基地，而公证行业则是公证人才施展才能的平台。② 因此高校的法学教育应当适应公证行业对公证人才的需求。高校的法学教育在公证人才的培养中是一个相对基础化、系统性的阶段，能够"第一时间"促进公证人才奠定法律知识基础、树立职业道德理念以及提升职业技能，其对法治人才的培养具有重大意义。然而反观现在的高校法学教育，对公证人才的培养目标并不清晰，并未重视公证法律人才的培养。高校的法学教育培养出的学生与现实社会的人才需求脱节，这也导致了高校法学专业学生就业率低而法学专业领域内的单位又缺乏人才的结果。诚然，高校的法学教育的本质任务是要培养出全方位、多层次的法学人才，以满足社会多种多样的需求。高校不仅要培养法律实务型人才，也要培养法学研究型人才；不仅要培养律师、法官、检察官，还应培养公证员、企业法务等法律职业人才。③ 因此，高校加强对公证人才的培养，是实现法学教育与社会需求对接的重要体现。

（三）全面实现依法治国的必然要求

高校加强对公证人才的培养是时代赋予的使命，更是全面实现依法治国的必然要求。一方面，由于高素质的法治人才是实现法治国家、法治社会的有力保障，在高校的法学教育阶段培养法治人才是全面推进依法治国的重要手段，

---

① 马越：《2018年公证行业成绩单出炉》，载法制网 http://www.legaldaily.com.cn/Notarization/content/2019-02/15/content_7768437.htm，2019年10月25日访问。
② 李秋月、何颖、黄炎：《创新创业视域下高校法律人才培养模式研究》，载《教育教学论坛》2019年第6期，第43页。
③ 李大勇：《公证人才队伍建设与法学教育改革》，载《法学教育研究》2017年第3期。

所以高校必须重视对法治人才的培养。另一方面，为社会主义法治国家的建设"添砖加瓦"的法治人才应当是能够适应各种法律实践要求的人才，而公证人才队伍是法治人才队伍不可或缺的组成部分。在公证行业重要地位和作用日渐凸显的新时代，高校更需要重新审视以往的传统型公检法系统人才的培养目标，加强对公证法律人才培养的重视，从而为公证行业不断注入新鲜血液，推进法治事业的发展。

## 二、公证人才的培养目标

通过高校法学教育来培养公证人才，有利于从人才输送源头上提高公证从业人员的综合素质。在培养的过程中，首先要明确的是高校应当培养什么样的公证人才，设立什么样的人才培养目标，这取决于社会需要具备何种素质的公证人才。

（一）扎实的法律理论基础

公证人才队伍作为法治队伍的重要组成部分，应当具备扎实的法律专业理论知识基础，这也是高校培养公证人才的基本目标。具体来说，高校应当让公证人才掌握两大方面的法律知识。一方面，要熟悉与社会生活普遍相关的法律规则，特别是公证事项所涉及的民商事法律。由于公证从业人员大多有通过国家法律职业资格考试的要求，法律职业资格考试的科目也决定了其必须掌握基本的法律知识。然而由于办理公证业务涉及较多的主要是民商事法律，因此需要对民商事法律的教与学更加重视。另一方面，要掌握与公证行业相关的法律法规，包括公证法、公证行业管理规范以及办证规则等。公证人员的执业行为受到这些法律规则的引导和直接约束，是公证人员执业的红线，是公证人员所必须深入理解和掌握的法律知识。

（二）熟练的公证职业技能

2012年启动的"卓越法律人才教育培养计划"提出要加强培养应用型、复合型法律人才的目标。复合型法律人才不只是要掌握法律和其他专业领域的基础知识，具备相应的职业技能也十分重要，这同样也是培养应用型人才的要求。正如"法律的生命不在于逻辑，而在于经验"，学以致用是法学专业人才培养的直接追求。[①] 法律人才普遍应当具备的技能包括文书撰写技能、表达沟通技能、

---

① 王艳丽：《复合型法律人才培养改革探析》，载《江苏教育研究》2019年第18期。

谈判调解技能、解答咨询技能等。① 对于公证人才而言，其需要具备的技能主要包括办证技能以及服务技能。一方面，公证人员最主要的业务便是办理公证，因此办证技能是公证人才应当掌握的核心职业技能。另一方面，公证的实质其实也是公共服务，公证工作是一项服务性工作，直接面向基层、面向群众，为广大人民群众提供满意的公证服务是公证人员追求的最高目标。② 因此，公证服务理念的树立、服务能力的提升是培养公证人才职业技能的重要内容。

（三）良好的公证职业道德

职业道德是每个从业者应当具备的与职业及职业行为相关的高尚品德和精神修养，它与职业技能犹如车之双轮，在公证人才的培养过程中不可偏废。作为法律行业的工作者，应当具有高尚的职业道德情操和对公平正义价值的不懈追求。高校要培养作为公证行业佼佼者的公证人才，一是要强调客观、诚信、公正等思想品德的重要性。公证人员需要保持客观、中立的立场，不得弄虚作假或者违反法律规定，这样才能实现公正，才能产生公信力。而公证人员的诚信、公正素养又是公证公信力的基础。因此，高校在培养学生一般的法律职业道德时，应当重点提升公证人才的客观、诚信、公正方面的道德修养。二是应当引导其养成良好的公证职业道德，主要包括：忠于法律，尽职履责；爱岗敬业，规范服务；加强修养，提高素质；廉洁自律，尊重同行。

## 三、高校公证人才的培养现状

（一）开设公证课程的高校少

高校对公证人才的培养没有给予应有的关注和重视，这首先表现为很少有高校专门开设公证及相关的课程。我国目前开设了法学专业的高等院校一共有600多所，一般都将民法、刑法等基础学科设置为必修主干课程，将一些小众法学科目设置为选修课程。在开设法学专业的600多所高校中，将公证课程开设为选修课程的高校可以说是屈指可数③。从高校的这种课程设置情况可以看出，高校普遍没有将公证课程纳入法学教育常规课程体系的整体规划中，这也直观地反映出高校并不重视公证人才的培养。高校几乎不开设公证课程，体现的是高校法学教育与公证行业需求的脱轨。高校作为公证人才的供给方并未明

---

① 于定勇：《论地方高校应用型法律人才之培养》，载《广东技术师范学院学报》2018年第2期。
② 雷达：《如何突破公证公信力的现实困境》，载《中国公证》2006年第11期。
③ 李大勇：《公证人才队伍建设与法学教育改革》，载《法学教育研究》2017年第3期。

确人才培养目标,也很难达到"卓越法律人才教育培养计划"提出的"要培养、造就一批适应社会主义法治国家建设需要的卓越法律职业人才的目标"。这一情况显然滞碍了高校的公证人才培养,因此亟待更多高校转变思维定式,开设公证课程并调整和优化法学教育的课程体系,使之更有利于公证人才的培养。

(二)公证课程缺乏独立性

开设公证课程的高校数量少,体现了高校在培养公证人才方面的不足。即使在开设了公证课程的高校中,也基本上没有将公证课程作为单独的一门课程,而是将其与其他制度合并作为一门课程进行教学。例如通常把公证制度与律师制度合并为一门课程,或者将公证、律师和仲裁制度合并为一门课程。其实,公证与律师或仲裁制度也是有诸多明显差别的,合起来教学反而影响效果。高校使用的相关教材也明显地体现了这一特征,高校采用的教材多为《律师与公证》《律师与公证制度教程》《律师公证与仲裁制度》等。这种做法多是由于"公证是一个小众法律行业"这一传统思想,但今时不同往日,公证已经越来越融入我们的社会生活中,公证行业的人才渴求也应该得到高校的关注与回应。因此,在新时代背景下,抹杀公证课程的独立性无异于"饮鸩止渴",必须承认并进一步在课程设计上体现公证课程应有的独立性。

(三)公证教学重理论轻实践

由于实践能力是法学应用型人才素质的核心,[①] 各法律行业对从业者的实践能力也提出了较高要求,因此提高法律专业学生的实践能力,培养应用型人才也就成为高校法学教育的重要目标。目前,高校的法学教育还存在一个明显的情况,那就是重理论传授而轻实践教学。实践教学不足是我国法学教育中普遍存在的状况,也是我国法学教学质量上的欠缺。[②] 在本来就为数不多的公证课程方面,这一特征表现得更加明显。其一,高校的老师基本都是理论知识丰富的学术型人才,其中也不乏优秀的兼职律师、仲裁委员等,但从事公证制度教育和研究的老师较少,精于公证实务的老师更是缺乏。公证领域的"双师型"人才匮乏将严重影响公证课程的教学效果,不利于公证应用型人才的培养。其二,高校公证课程教师侧重于公证理论知识的灌输,以教师和教材为核心,对公证实践鲜有涉及或者只是轻描淡写地带过。这也是由于负责教授公证课程的老师一般只熟悉公证理论,而不深谙公证实务所造成的。其三,高校公证课程采取的是老师讲授、学生听课的教学模式,教师与学生之间缺乏互动与交流,

---

① 孙祥生:《论法学应用型人才实践能力的培养》,载《浙江万里学院学报》2012 年第 6 期。
② 徐祥民:《解读〈卓越法律人才教育培养计划〉》,载《教育教学论坛》2016 年第 52 期。

缺乏对学生发散思维、创新能力的培养。并且，高校虽然设置了模拟法庭、法律诊所等实务场景模拟环节，但基本不针对公证实务。由于高校基本没有设置公证实务的教学与训练环节，学生在课堂上所接收的理论知识无法得到有效检验，学生的公证实践能力也得不到提升。这种培养模式也无法实现高校教育与法律职业的有效衔接、法律理论同公证实务的有机结合、知识讲授和实践训练的相得益彰。

## 四、高校加强公证人才培养的措施

### （一）优化课程设置

法学课程是法学教育开展的基础，科学合理地设置课程是人才培养目标实现的重要保障。高校要以社会需求和培养目标为导向，积极开设公证课程，培养公证人才；要以培养质量为核心，构建以基础课程、法律核心课程、法律职业课程为整体的课程体系。[①] 为使课程体系的设置符合新时代公证实务界对公证人才的要求，法律课程在设置时应当集思广益，积极邀请相关职业专家参与培养方案、教学计划的制定与完善。

1. 课程整体规划

要培养出法律基础扎实、职业技能熟练、职业道德良好的高素质公证法律人才，离不开科学的公证课程体系。首先，高校应当在法学教育的第一年开设人文科学及社会科学公共必修课程、法学基础理论等专业基础课程。培养学生的知识底蕴和道德情操，增强其对法学学科的认识，提升其自主学习以及逻辑思考的能力。其次，在第二年开设法律专业知识学习。开设法学核心课程和实践课程，使学生系统全面地掌握法律基础知识、法律原理，夯实法律基础。再次，在第三年根据学生的职业意向划分选修方向。为选择公证职业方向的学生开设公证理论和实务课程，包括公证实体法律课程、公证职业道德课程、公证实务及其模拟课程等，提高其公证职业道德素质和职业能力，针对性地培养公证人才。当然，其他职业方向的学生也可选修一门公证方向的子项课程，公证职业方向的学生也可以再选修一门其他职业方向的课程。最后，在第四年的上半年进行职业实习。学校按照学生之前选择的职业方向，安排学生进入公证机

---

① 陈羽凌：《新科技时代法律人才培养模式探索——以浙江高校为例》，载《宁波教育学院学报》2018年第4期。

构进行为期半年的实习,让学生进一步熟练掌握公证技能。①

## 2. 确保公证课程的独立性

在开设公证课程的前提下,还要保证公证课程的独立性。课程设置以社会需求为导向,就应当考虑公证行业的发展及其对人才的实际需求。在此基础上,独立开设公证课程才能保障和公证职业需求的步调一致。一方面,鉴于公证行业有较大的独立性,公证制度也和律师制度、仲裁制度等存在较大差异,因此也应当尊重公证制度本身的独立性,而不能将其视为律师制度或仲裁制度等制度的附庸。另一方面,公证行业的快速发展以及公证重要功能的日益凸显,促进了公证人才的需求增加,这种社会形势也促使高校应当重视公证法律制度的教育,培养独立的公证人才。因此,高校应当将公证及其相关课程与其他课程独立开来,并进行更加专门细致的公证子项课程分类。

## 3. 增加公证实践教学课程

要实现应用型公证人才的培养目标,高校必须提升学生的公证职业实践能力。高校应当增设公证实践课程或环节,构建融合理论、实践和岗位要求为一体的课程体系,实现公证课程内容和公证职业标准的有效衔接。② 近年来,高校响应国家的"卓越法律人才教育培养计划",不断增加了实践教学在整个教学中的比重,采用了模拟法庭和法律诊所为主的实践教学模式。但是这些实践教学基本上都是针对法官、检察官、律师等角色和法庭等场景的模拟,缺少对公证实务的模拟和训练。因此,为了培养学生的公证职业能力,需要有针对性地增设公证实践教学课程。具体模式可以是开设公证实务课程,并充分运用模拟法庭、法律诊所等课程场地开展公证实务模拟。

### (二)加强校处合作

为了更好地实现高校和公证处之间的协同,高校与公证处应当保持紧密联系,充分发挥各自的优势,实现人才的联合培养。其实高校与公证处的合作是贯穿整个培养过程的,从师资力量的强化到课程体系的优化,再从学校教学方式的创新到人才的后期培养等,都离不开二者的互相合作与支持。笔者此处主要强调校处合作的两个方面,即建立联合培养基地以及建设兼具公证理论教学和实践教学的"双师型"师资队伍。

---

① 翟羽艳:《反思与选择:卓越法律人才目标下法学实践能力培养的困境与出路》,载《大连大学学报》2018年第2期。
② 李秋月、何颖、黄炎:《创新创业视域下高校法律人才培养模式研究》,载《教育教学论坛》2019年第6期。

1. 建立联合培养基地

高校与公证处形成常态化合作关系，有利于打破高校与公证机构之间的壁垒，实现优质公证实践资源向高校教育资源的转化。高校应当与公证处合作，建立联合培养基地。一则，让公证处成为高校法学院稳定的实习基地。除了第四学年的统一专业实习以外，学生可以经学校推荐在课余时间到公证处实习，亲自接触公证实务观摩实际操作，在提升公证职业技能的同时也能够加深对公证职业的认识。并且，公证处可以为实习并得到认可的学生提供毕业后在公证处留用的机会，这有利于公证处引进人才，也节省了公证处后续的培养成本。二则，让学校成为公证处扩大影响力的基地。公证处可以在高校法学院设立公证奖学金或者适当提高奖学金额度，在激励学生学习和研究公证制度的同时，扩大公证职业及公证处的影响力。[1] 三则，公证处可以联合高校举办一些社会活动，让学生作为志愿者积极参与，提升学生的人际沟通等公证服务技能。

2. 建设"双师型"公证师资队伍

学生的实践能力往往取决于高校教师的实践教学能力。高校可以采取"引进来，走出去"的办法，实行高校和公证处双方人员互聘的机制，建设"双师型"师资队伍，提升公证教师的实践能力。一方面，高校要将公证实务专家引进来。其一，高校法学院在教师的选任方面，在考虑科研能力的同时还应当重视公证实务能力，可将一些具有丰富公证实务经验的法律人才聘任为兼职或全职教师，专门教授学生公证实务课程。若兼职的公证实务教师遇到特殊情况，可以向学校申请远程视频或录音录像的方式教学。[2] 其二，还可邀请公证专家担任学院的客座教授，定期到高校授课或者开展讲座，扩大公证行业的影响力，提升学生对公证职业的认识。另一方面，高校要鼓励教师走出去。法学院应当鼓励和支持教师积极主动地参与公证法律实践。例如将老师派去公证处挂职锻炼，担任兼职公证员等，提升教师的公证实务能力。

（三）优化培养方式

1. 改善课堂教学方式

要提升学生的公证职业能力，不仅要求有兼具公证理论素养与实务技能的教师，还要求教师在教学方式上重视对学生公证实务能力的培养。一则，灵活

---

[1] 李大勇：《公证人才队伍建设与法学教育改革》，载《法学教育研究》2017年第3期，第366页。
[2] 方玮、常立飞：《地方高校卓越法律人才培养教育探析》，载《长春理工大学学报（社会科学版）》2017年第4期。

运用案例教学法。一方面,采取分散式案例教学方式,即在公证法律法规、职业道德等相关知识的讲授过程中,教师应当尽量穿插相关典型公证案例的分析探讨环节,[①] 引导学生正确适用公证法律法规,并树立崇高的职业精神理念。另一方面,采用集中式案例教学方式。在开设专门的公证实务课程时,由教师整编公证案例及其实务操作教材或资料。教师在课程前期主要是讲授公证案例的分析方法,讲解公证办证流程,并全程以案例示范;中后期主要是引导学生课前预习,课中分小组、分角色讨论发言,课后查找典型公证案例并进行分析。这样既能巩固所学的公证理论知识,又能锻炼公证思维能力。二则,落实场景模拟教学。在公证实务课程的理论教学基础上,还需要落实公证场景模拟教学。公证场景模拟课程可以一周或两周开展一次,给学生留下充足的准备时间,分公证类别和相关角色进行模拟,模拟时由公证实务专家进行指导和评价。

2. 采用"工学交替"的培养模式

公证职业能力的提升,不仅要靠理论的学习和场景的模拟,更需要走进公证机构真正接触公证业务。除了高校必须要求的专业实习以外,学生一般很少进行自发性地实习,这就导致学生无法真正提前步入公证行业,见识公证业务的办理,也无法实际验证学校所学的知识。建立在"校处"良性合作基础上的"工学交替"培养模式为高校提升公证人才的职业能力提供了一种新的思路。采用"工学交替"的公证人才培养模式,能够实现课堂学习和公证实践的有机结合,让公证理论学习与工作实践交替进行,这是一个由理论学习到公证实践再到理论学习的循环往复的过程。[②] 鉴于目前高校专业实习的管理不规范、效果不理想,可以结合高校的实际情况引进美国的这种"工学交替"模式,实行分阶段、分类别的实践能力培养。[③]

---

[①] 孙彩虹:《依法治国背景下实务型法律人才培养模式探究》,载《人才资源开发》2018 年第 5 期。
[②] 杜才平:《美国高等院校应用型人才培养及其启示》,载《教育研究与实验》2012 年第 6 期。
[③] 任海波:《应用型本科院校法学专业人才培养路径探索》,载《河南科技学院学报》2018 年第 6 期。

# 论公证机构人才培养中的问题及其机制构建

向海平　曾显东[①]

**摘　要**：公证人才是公证机构的核心竞争力，也是公证事业蓬勃发展的推动力。随着公证需求量日益增加以及社会经济关系日趋复杂，公证人才的重要地位愈加凸显。目前，公证机构存在着重使用、轻培养的思想，在公证人才培养方面缺乏战略性规划，培养内容存在不合理倾向，公证培训效果也有待提升。鉴于此，公证机构有必要从加强制定人才培养规划、完善人才培训制度、建立人才代际传承机制以及加强公证文化建设等方面出发，推动公证机构的人才培养，以期建成知识广泛、业务精湛、素质过硬的公证人才队伍。

**关键词**：公证人才；培养机制；培训；代际传承

## 一、公证机构人才培养的重要性

公证人才是公证机构发展的中流砥柱，培养公证人才具有重要意义。公证机构培养公证人才既是建设法治工作队伍的必然要求，也是实现公证职能的重要保障，更是公证机构持续发展的源动力。充分认识公证人才培养的重要性，有利于公证机构转变观念，重视人才培养，进一步构建人才培养机制。

（一）人才培养是建设法治工作队伍的必然要求

党的十八届四中全会提出全面推进依法治国，建设社会主义法治国家，明确了加强法治工作队伍建设的任务，要求创新法治人才培养机制，加强法律服务队伍建设，建设高素质法治专门队伍。公证人才队伍既属于法治工作队伍，

---

[①] 向海平，四川省成都市成都公证处主任公证员；曾显东，四川省成都市成都公证处公证员。

又属于法律服务队伍，是法治人才队伍中不可或缺的一部分，在全面推进依法治国、建设社会主义法治国家中发挥着重要作用。所以，培养公证人才，优化公证队伍，也是建设法治工作队伍的必然要求。在新时代背景下，公证机构更要肩负起建设法治国家的使命，积极响应党和国家的重大战略部署，完善公证人才培养机制，促进公证法治事业蓬勃发展。

（二）人才培养是实现公证职能的重要保障

公证的职能主要体现在证明法律行为、有法律意义的文书和事实的真实性和合法性，维护社会经济秩序和民事活动的顺利进行，预防纠纷、减少诉讼，维护社会稳定。公证职能体现了公证这一行业在社会发展中发挥的重要作用，而公证职能需要通过公证人员的一系列公证行为来实现，公证人员是公证职能能否妥善实现的关键。由于社会的不断发展，各类复杂的矛盾和纠纷层出不穷，新事物、新需求也相伴而生，这一趋势对公证人员的素质提出了更高要求。鉴于此，加强公证人才的培养，提高公证人员的综合素质，方能适应新时代的需求，为公证职能的实现提供有力保障。

（三）人才培养是公证机构持续发展的源动力

公证事业的发展不能只靠一朝一夕之力，应当进行持续发展，久久为功。人才是21世纪企业可持续发展最重要的一个要素，于公证机构也是一样，公证人员的质量会直接影响到公证事业的存续，是公证事业生命力的重要体现，同时也是司法公证形象的导航标。[①] 培养公证人才，为公证机构的持续发展提供源动力，保障公证机构乃至整个公证行业永葆旺盛生机。尤其是面对多元化、各行业深度融合的新时代，对复合型、创新型公证人才的培养既能符合时代发展的需求，也能促进公证业务的快速发展。同时，面对社会经济结构转型带来的挑战，产生很多新的公证需求，公证机构通过前瞻性的公证人才培养，并对新的变化和公证需求做出迅速的反应，能解决新的问题，立于社会发展的潮头，持续性地创造公证价值。

## 二、公证机构人才培养存在的问题

党的十八大报告提出，要"加快确立人才优先发展战略布局，造就规模宏大、素质优良的人才队伍，推动我国由人才大国迈向人才强国"。人才培养的重

---

[①] 陈惺惺：《论公证员队伍的建设》，载《办公室业务》2013年第21期。

要性日渐凸显，也引起了各行各业对人才培养的重视。近年来，公证行业、各公证机构开始重视人才的培养，也尝试着建立符合公证行业特色的人才培养机制。但是，在人才培养方面仍然存在一些问题，这些问题不解决会阻碍公证人才的培养和公证行业的发展。

（一）重使用、轻培养

大多数公证机构都认识到了人才的重要性，尽力引进和留住人才，而愿意多花时间和金钱去培养公证人才的公证机构还不多。高薪引进人才对解决眼前人才不足的问题有一定效果，但是从长远来看，行业人才总量不稳定，整个公证行业持续发展的推动力就得不到提升。纵观目前的公证实务界，因公证业务量的增加，有的公证机构为了逐利，让新入职的公证人员未经系统性培训和考核就跟随办理公证业务。还有一些公证机构重使用、轻培养，没有合理安排培训时间甚至根本不安排培训，使得公证人员忙于公证业务，没有提升综合素质的平台和机会。公证机构若不打破这种重使用、轻培养的观念，继续忽视公证人才的培养，最终会导致人才的紧缺，陷入无限的人才渴求中。究其根本，一些公证机构没有站在人才战略的高度，内部缺乏系统的公证人才培养机制，阻碍了人才各方面素质的提升，不利于行业的持续性发展。

（二）缺乏战略性规划

由于公证制度恢复重建的时间比较短，整个公证行业发展还未进入成熟阶段，与之相应的公证人才培养机制未建立健全，尤其缺乏统一性的人才培养战略性规划，没有明确的人才培养目标。在没有统一规划和明确培养目标的情况下，各公证机构的人才培养出现缺乏系统性培养机制的问题，没有与时代需求相符合的培养方案，也就会造成人才培养效果大打折扣。虽然已有国家人才培养规划，但公证行业也有其具体的特殊性，需要从行业角度量身定制人才培养规划。整个公证界，出台统一的公证人才队伍培养规划的省（市）寥寥无几，这对当前公证机构培养公证人才来说是亟待解决的问题。这也造成公证机构缺乏制定战略性人才培养计划的基础，面对日益激烈的行业竞争，淡化甚至忽视对公证人才的培养，缺乏进行公证人才培养长远规划的意识，这通常会导致公证人员知识结构单一、专业知识内容老旧，难以适应社会新的需求。公证行业现处于转型的节点，如果没有统一的公证人才培养规划，不做好战略性人才储备，便无法有效促进公证行业的可持续发展。

（三）培养内容存在不合理倾向

目前，公证机构在培养人才时存在明显的倾向，容易偏离公证行业的发展方向和公证人才的培养目标。其一，重实务、轻思想。公证机构往往比较重视业务实操技能的培训，轻视公证人员思想政治素养以及职业道德的提升。同时，在重业务、轻党建的倾向下，公证人员对党的政策、方针等缺乏与时俱进的认识，大局意识、服务意识、进取意识薄弱。其二，重业务、轻管理。对于大多数公证机构来说，培养的重点对象是业务型人才，未足够重视管理型人才的培养。这导致公证业务型人才多，而公证管理人才匮乏，有些公证机构的管理人员只熟悉公证业务但不懂管理，甚至有的既不熟悉公证业务也不懂管理。公证管理型人才也是公证机构所缺失的，也应是公证人才培养的重点目标。其三，重业绩、轻质量。公证机构致力于提高公证业绩的技巧，疏于进行服务技能、质量意识和风险意识的培养，不利于公证服务质量的整体提高。

（四）培训效果有待提升

"培养人才，教育是基础，培训是关键。"[①] 目前，许多公证机构加紧对公证人才进行培训，但出现了培训效果并不理想的问题，主要原因体现在以下三个方面。其一，培训缺乏针对性。大部分公证机构的培训是平面化的，没有划分人才培训类别，大多进行全员性培训。其二，培训内容结构单一。公证人才培训的内容往往偏重公证执业基础知识，对其他方面的知识例如外语、计算机、建筑等方面知识的培训力度不够，难以培养出复合型的公证人才。其三，培训效果巩固措施缺乏。一般而言，培训是为了达到拓宽知识面、提升业务能力，以提高公证人才的综合素质，这种效果的实现不仅需要培训前和培训中各种因素的合力，更需要进行培训后的效果巩固。但是在效果巩固方面，公证机构没有足够重视并采取有效措施，没有制定完善的培训考评和效果检验机制，也常常导致学用脱节，人才培训的效果难以保障。

## 三、公证机构人才培养机制的构建

由于培养公证人才具有战略性的重要地位和意义，加之目前公证机构在培养人才方面尚存在一些问题，公证机构有必要通过一系列措施来促进人才培养机制的完善，以促进公证人才培养产生良好的效果，储备更多复合型、先进型、应用型的公证人才，为公证机构的持续性发展提供坚实后盾。

（一）制定人才培养规划

"凡事预则立，不预则废"。制定公证人才培养规划，明确人才培养的阶段

---

① 刘颖：《新形势下公证人才培养模式探略》，载《中国司法》2013年第3期。

性目标，是推进公证人才培养的前提。目前出台统一的公证人才培养规划的省（市）较少，需要公证机构、行业协会以及相关部门合力推进统一规划的制定。值得关注的是，2018年12月江西省司法厅出台了《江西省公证队伍人才培养五年规划（2018－2022年）》，明确了八项人才培养举措，具有一定借鉴意义。在统一规划的基础上，公证机构更要积极制定符合实际的培养规划，并做好与时俱进的调整。

1. 纵向规划

纵向规划主要体现为有司法局、公证协会的培养规划与各公证机构的培养规划这两大不同层级的规划。从宏观目标的指引到微观措施的落实，层层递进，严格明确每个节点的培养方式、内容以及效果等。司法厅（局）、公证协会收集并分析行业人才数据，充分把握行业的宏观发展趋势，明确人才培养的目标和重点。公证机构在人才培养规划制定过程中，一方面应该积极配合司法局、公证协会的工作，主动上报本机构的人才储备状况、人才需求情况等，以使制定的人才培养规划更加科学、合理；另一方面公证机构要在司法局、公证协会制定的人才培养规划的指导下，结合目前自身各方面的实际情况，制定详细具体的人才培养时间表、任务书。

2. 横向规划

横向规划主要体现时间的横向跨度，就是要远期规划与近期规划相结合，兼顾稳定性与先进性。就公证机构的横向规划而言，远期规划和近期规划只是一个时间上的相对概念。一方面，公证机构的远期规划建议以三年到五年为宜，应当着眼于公证行业的未来发展方向和趋势，抓住公证领域的延伸方面，设立人才培养远期目标。因此，公证机构制定远期规划前需要对一段期限内业务数据进行分析，找出新的业务增长点；同时还需要对新出现的热点及其相关的法律进行必要关注；还需要对市场进行调研，识别市场上的新兴行业及相关业务。另一方面，公证机构的近期规划一般以年度计划为宜，针对近期公证机构和公证人员的情况制定出培养规划路线图以及阶段性目标。近期规划一般是比较详细的培养方案，具有较强的针对性和具体性。制定近期规划时要注意与远期规划的契合性，不能脱离远期规划设定的目标。

（二）完善培训制度

对公证人员进行培养，要提升他们的各方面素质，培训是必不可少的。完善培训制度必须关注的重点是，其应当具备较强的针对性与实效性。笔者曾尝试从培训对象、培训内容、培训方式以及培训效果的巩固这四个方面进行探索，以期推进培训的经常化、系统化与多样化,① 不断完善公证人才的培训制度,为公证机构培养公证人才提供参考。

1. 培训对象类型化

扁平化的全体员工统一培训模式会导致针对性不强,影响培训效果。将培训对象划分成多个类别,将统一培训与分类培训相结合,在普遍提高公证人员基本知识和业务水平的同时,针对性地增强各类人才的专业性。一方面,要根据岗位性质区分领导班子、公证员、后勤辅助人员等,设计相应的基础性培训内容和要求,分类实施岗位知识和技能的系统性培训。另一方面,根据个人性格、能力、职业规划等方面情况,分类培养管理型人才、专家型人才、复合型人才,进行各有侧重的专项培训,为他们提供充分发挥个人优势和潜能的平台。例如,对于沟通和管控能力好、善于应变的人员,其培养方向一般是管理型人才;对于善于钻研业务、勤于思考的人员,其培养方向一般是专家型人才;对于综合素质高、具有创新精神和大局意识的人员,其培养方向一般是复合型人才。②

2. 培训内容广泛化

在培训的过程中,需要注意培训内容的广泛化,这样方能培养出知识复合型的公证人才。其一,加强政治思想培训。开展保持共产党员先进性的教育活动,推进"两学一做"活动常态化,积极引导公证人员端正思想和作风,提高整体政治素质。其二,加强职业道德培训。正确的理想信念以及职业观念影响着公证执业行为,应当剖析错证、假证等典型案例,引导公证人员增强社会责任感、提升公证质量意识,强化公证人员的执业风险意识和执业纪律观念。③其三,加强业务技能培训。加快新上岗人员的岗位培训,并定期对新的公证业务技能进行传递,全面提高公证员队伍的业务素质。其四,加强服务技能培训。公证机构是法律服务机构,要对公证人员进行服务意识和服务技能培训,树立全心全意为人民服务的意识,提升其服务能力。其五,加强管理技能培训。公证管理技能培训需要得到重视,要着重培养"四个意识"和提升"四个能

---

① 闫峰:《八年大发展 以队伍建设促进公证工作》,载《中国公证》2013年第10期。
② 刘颖:《新形势下公证人才培养模式探略》,载《中国司法》2013年第3期。
③ 史晓鸣:《构筑公证队伍建设长效机制 促进提高公证执业水平》,载《科技信息》2013年第8期。

力"，① 建设专业的公证管理人才队伍，避免管理人才断层。其六，加强基础知识培训。促进公证人员对法律、外语、计算机、建筑、金融等领域基础知识的储备，并加快公证人员的知识更新。

3. 培训方式多元化

培训方式的多元化不仅有利于增加公证人员的培训兴趣，也能更好地实现培训目标。一则，可以邀请业务专家、业务模范、高校教授等进行讲授式主题培训，让公证人员打好多行业的理论和业务知识基础。二则，让公证人员在预定的时间内变换工作岗位，使其获得不同岗位的工作经验，这种轮岗式培训方式对于新进人员或者管理人才的培养有较好效果。三则，鼓励公证人员投稿参加行业主题研讨会、论坛或者年会，对行业内理论和业务进行互相交流。这种研讨式的培训有利于公证人员开拓思维，把握行业理论前沿，提高业务技能水平。四则，定期组织公证员、公证员助理等参加岗位理论和实操知识考试，引导参考人员积极备考，互帮互学，达到"以考代训、以考促学、优胜劣汰"的目的。② 五则，与优秀公证机构、律所以及高校等形成"帮扶培训"的合作关系，既可以派公证人员到优秀的公证机构跟班学习，又可以将公证人员派到律所等合作单位进行业务实践体验，还可与高校建立教育实践基地，促进公证人员的知识和学历提升。

4. 培训效果最优化

公证机构在人才培养过程中，受各种因素的影响，其培训效果不明显，没有达到预期目标。因此，有必要采取如下保障和巩固措施以求培训效果最优化。首先，必须有效规范培训，制定并贯彻执行严格的培训管理制度，建立完善合理的培训积分制度，重视培训考勤记录的完整性。③ 其次，除了进行严格地规范，还应当完善培训奖惩机制，客观评价公证人员参与培训的情况，奖励表现优秀的人员，合理惩罚表现较差的人员并要求其提交总结报告。同时，还应根据考评结果以及参培人员的反馈适时优化培训方案。再次，培训后多种效果检验方法相结合，比如培训结束后提交培训心得、组织比赛或实操考试等。

---

① "四个意识"包括政治意识、大局意识、核心意识和看齐意识；"四个能力"包括把握大局的能力、学习能力、创新能力、研究能力。参见雷恺：《陕西举行公证管理工作暨业务知识培训》，载央广网 http://news.cnr.cn/native/city/20161010/t20161010_523187279.shtml，访问日期 2019 年 10 月 22 日。

② 黑龙江省司法厅：《把创新培训模式作为主抓手 大力加强全省公证队伍建设》，载《中国公证》2014 年第 8 期。

③ 向海平、彭丽：《成都公证处深入实施公证人才四大工程》，载《中国公证》2016 年第 7 期。

## （三）建立代际传承机制

"代际传承"以往常常用于家族企业的更迭与传承，体现为企业多方面的更新换代与延续继承。在人才培养上升为战略高度的今天，也应当重视代际传承在公证人才培养中的作用。一方面，培养人才的周期较长，花费的成本较高，可以让经培养成才的人充分发挥引路人的作用，达到以人才促培养的目的。另一方面，公证机构促进公证人才言传身教、耳濡目染的代际传承，不仅有利于人才的价值实现、新进人员的培养，也有利于营造良好的传承文化和工作氛围，推动整个公证机构工作人员的和谐共进。

公证人才代际传承机制的构建，主要是通过公证人才"名师带徒"来实现。一则，制定优秀公证人才"训练员"标准，以确保"名师"的带徒能力。二则，制定公证人才"老带新"年度计划，给学有所长的优秀人才分配带徒弟的任务，开展一带一、一带多的师徒传承活动，[①] 致力于形成人才"教—学团队"。三则，在尊重新进人员个性、能力等基础上，实行"老人新人"双向选择，签订师徒结对协议，保障师徒双方关系融洽。四则，开展"传帮带"活动，"传"递智慧、"帮"助成长、"带"出修养。在日常工作中"传"，通过理论讲解、业务指导、现场演示、经验交流等形式，进行理论知识传授与业务经验分享，提升青年公证人员的理论水平、业务素养与工作能力。在思想和精神上"帮"，通过交心深谈等，了解青年公证人员所思、所想、所盼，为其建立工作信心，提供精神动力，助其克服困难并不断成长。在共事处事中"带"，突出优秀公证人才以身作则践行"爱岗敬业、恪守诚信、忠于法律、服务人民"，引导青年公证人员不断加强道德修养，提升业务水平，正确对待成绩。五则，落实考评与激励机制，对师徒双方全方位考核，按照各项任务与目标的完成情况、双方"教—学"情况等，评选年度"传帮之星""最佳组合""成长之星"，并进行适当的物质奖励。

## （四）加强公证文化建设

公证文化是公证机构发展的灵魂，加强公证文化建设具有增强公证机构内部凝聚力的作用，对于留住优秀人才来说大有裨益，也是确保公证机构持续发展的重要一环。科学的人才观是公证机构文化的核心，也是公证机构进行人才

---

① 吴春燕：《评选名家促进文艺人才的代际传承 广东建设岭南文化新高地》，载中国社会科学网 http：//www.cssn.cn/zx/shwx/shhnew/201602/t20160216_2867889.shtml，访问日期 2019 年 10 月 18 日。

管理的重要指导思想。① 公证机构应当构建特色鲜明的文化体系，同时符合公证机构所倡导的价值观念，加强公证人员的职业认同感与价值归属感，激励职工不断拼搏、努力奋进，从而激发公证人才主动争取培养的积极性，并促进公证人员加强自我培养。面临优秀人才流失率显著提高的时代趋势，公证机构应当积极加强自身文化建设，推进公证文化以及人才培养制度的宣传，为公证人才搭起激扬青春的舞台，② 既要培养出人才，也要留得下人才。

加强公证文化建设应当从队伍文化、品牌文化、宣传文化等方面着手。其一，公证队伍建设是文化建设的基础，文化建设能够促进公证人才的培养。加强队伍文化建设要求公证机构培养公证人的职业使命感、责任感和荣誉感，营造守望相助的团队工作氛围。要以人为本，贯彻执行有效的人事管理制度，保障公证人才的合法权益。其二，公证品牌文化的建设有利于加强人才对本行业及本单位的认同感，要严格管理公证质量，拓展业务领域，不断提升公证机构知名度与美誉度。其三，恰当的宣传有利于营造公证事业发展的舆论氛围，振奋公证人员精神。③ 公证人才的自我认同感不仅来自基础知识的积淀、业务技能的提升，还来自媒体的肯定与公众的认可。公证机构应当加大对优秀公证人才的宣传力度，包括将公证人才派出交流、鼓励发表文章、就社会热点从专业角度发表见解、深入社区开展知识宣讲等，提高公证人才知名度与公证认可度。

## 四、结语

公证人才是公证机构的血液，是公证行业发展的源动力。公证机构转变观念、重视人才培养已经是新时代人才战略的必然要求，而公证机构如何完善相关制度以促进公证人才的培养是关键性问题。公证机构通过预先进行规划，可以明确人才培养的路线和方向；通过不断完善人才培训制度，可以保障培训效果；通过构建人才代际传承机制，可以促进知识、技能等的传承和延续；通过加强公证文化建设，可以提升公证人才的职业荣誉感和工作单位认同感，留住公证人才。当然，时代瞬息万变，公证人才培养过程中涌现出的新问题，还需要我们共同努力解决。

---

① 赵村：《企业人才培养战略的分析与思考》，载《中国经贸导刊》2017年第8期。
② 李勇：《打造公证公信行业文化 为青年公证人才搭起激扬青春的舞台》，载《中国公证》2012年第5期。
③ 马立飞：《浅议公证文化建设》，载《中国公证》2018年第6期。

# 编后记

2018年9月17日，教育部、中央政法委发布《关于坚持德法兼修实施卓越法治人才教育培养计划2.0的意见》（以下简称《意见》）。其中，明确提出要"深化高等法学教育教学改革，强化法学实践教育"，而如何深化改革及强化实践教育成为法律实务界与法学教育界必须思考的重要问题。

四川师范大学法学院作为西部地区知名法学院，长期重视教学科研与人才培养，积极稳妥推进高等法学教育改革发展工作。2019年9月，为及时总结教学改革经验、汇集教学改革成果，师大法学院决定与成都市公证处合作编纂法学教育研究文集，促进高等法学教育改革持续深入推进。

本书主要辑录了师大法学院教师与成都市公证处同志在一线教学、工作的经验与思考，他们秉承立德树人初心，强调理论与实践的连接，围绕如何培养卓越法治人才、卓越公证人才，紧贴《意见》中"厚德育、强专业、重实践、深协同、强德能、拓渠道、促开放、立标准"的改革任务与重点举措展开论述。我们希望通过这本书，能为法学教育改革发展留存经验，能为法律职业共同体添砖加瓦，能为法治中国建设尽绵薄之力。

本书的编纂得到了师大法学院及成都市公证处的鼎力支持，如此我们才能在较短时间内顺利完成此书的编辑出版工作。在此，我们对为本书付出努力的所有同仁表示最诚挚的感谢！

作为本书编者，我们深感责任重大。从书稿征集、校读到体例调整，主编、副主编及各位编辑多次讨论，反复修改，力图让作者成果得到最好的展示。然而，由于编者能力与时间有限，疏漏之处恐仍难免，祈望专家和读者批评、指正！